U0518086

宁波大学法学文丛

宪法权利实施研究

朱全宝/著

中国社会科学出版社

导　论

法律不是为了法律自身而被制定的，而是通过法律的执行成为社会的约束，使国家的各个部分各得其所，各尽其应尽的职能……如果法律不能执行，那就等于没有法律。

——洛克

依法治国首先是依宪治国，而要达致依宪治国，宪法实施是核心步骤，所谓"宪法必须实施，否则不如无宪"①。列宁说过，"宪法就是一张写满着人民权利的纸"②，宪法权利③代表了宪法的基本精神和价值宗旨，

---

① 翟小波：《论我国宪法的实施制度》，中国法制出版社 2009 年版，第 1 页。

② 《列宁全集》（第 12 卷），人民出版社 1987 年版，第 50 页。

③ 有关宪法权利的称谓，学界的意见并不统一，有谓之"基本权利"、"基本权"、"人权"、"基本人权"等。为了避免上述称谓的多样性所可能带来的纷扰以及背后的各种意识形态色彩，我国也有学者已尝试采用"宪法权利"的概念。参见韩大元、林来梵、郑贤君：《宪法学专题研究》，中国人民大学出版社 2008 年版，第 286 页。国内涉及"宪法权利"的专著成果主要有林来梵：《从宪法规范到规范宪法——规范宪法学的一种前言》（法律出版社 2001 年版）；莫纪宏：《实践中的宪法学原理》（中国人民大学出版社 2007 年版）；刘志刚：《立宪主义视野下的公法问题》（上海三联书店 2006 年版）；马岭：《宪法权利解读》（中国人民公安大学出版社 2010 年版）；陆平辉：《宪法权利诉讼研究》（知识产权出版社 2008 年版）；朱应平：《澳美宪法权利比较研究》（上海人民出版社 2008 年版）等。而论文成果较为丰富，通过中国期刊网的检索，截至 2013 年 4 月 16 日，篇名为"宪法权利"的有 202 条，其中来自《法学研究》、《现代法学》等法学类核心期刊的文章也有近 60 篇。从国外研究来看，英美学者习惯把宪法权利称为"人权"（human rights），而德国学者一般称之为"基本权"或"基本权利"（grundrechte），日本学者则取其平衡，谓之"基本人权"。参见韩大元、胡锦光主编：《宪法教学参考书》，中国人民大学出版社 2003 年版，第 295 页。基于对宪法权利称谓的不同，形成了两大学派。分别以英、美、法、日学者为代表的"人权学派"和以德国学者为代表的"基本权学派"。从我国台湾学者（如陈慈阳、陈新民、李惠宗、许宗力等）的研究成果看，也大多采用德国的"基（接下页注）

"宪法的功能也可以被阐释为规定和维护人权的"①。进而言之，"宪法权利规范体现了整个宪法规范体系的核心价值，与此相应，作为一种宪法保障制度，违宪审查制度的核心目标和主要功能也就在于维护权利"②。也就是说，宪法权利实施实为宪法实施的主导价值，"宪法权利自由能否得到宪法的真正保护，是衡量一国宪法实施的关键标志"③。

一　研究缘起

宪法实施一直是我国宪法学理论研究中的一个显性概念，④有关宪法实施的概念，有学者认为，"宪法实施是法律实施的一种具体形式，是指宪法规范在现实生活中的贯彻落实，即将宪法文字上的、抽象的权利义务转化为现实生活中生动的、具体的权利义务关系，并进而将宪法规范所体现的人民意志转化为具体社会关系中的人的行为"。⑤也有学者指出，"宪法实施，又叫宪法适用，是指国家权力机关依照法定的方式和程序，从宪法规范的特点出发使其得以落实贯彻并发挥作用的专门活动"。⑥宪法实施概念的诸多表述说明：宪法实施即宪法规范的落实，关键是公民宪法权利在社会生活中的实现。也就是说，"保障人权，就必须完善和发展宪法实施机制，将宪法规范落实在社会生活中，使之成为真正意义上的最高法。"⑦

（接上页注）本权"一词。而国内使用"基本权利"一词的学者也为数众多，并且不少将基本权利与宪法权利等同使用。笔者以为，在"基本权利"之"基本"尚不能明确界定、基本权利的使用屡遭诟病的情形下，"宪法权利"的使用显得较为妥当。同时，相较于人权或基本权利，"宪法权利"意涵更丰富、语汇更优越、表述更规范。详细论述见本书第一章第一节。因此，除直接引用国内外研究文献或宪法文本而使用"基本权利"一词以示尊重原文出处外，本书均统一使用"宪法权利"一词作为分析和论证工具，特此注明。

①　［美］卡尔·J. 弗里德里希：《超验正义——宪政的宗教之维》，周勇、王丽芝译，生活·读书·新知三联书店1997年版，第15页。

②　林来梵：《从宪法规范到规范宪法——规范宪法学的一种前言》，法律出版社2001年版，第341页。

③　张千帆主编：《宪法》，北京大学出版社2008年版，第83页。

④　莫纪宏：《实践中的宪法学原理》，中国人民大学出版社2007年版，第585页。

⑤　周叶中主编：《宪法学》，高等教育出版社、北京大学出版社2000年版，第349页。

⑥　董和平、韩大元、李树忠：《宪法学》，法律出版社2000年版，第143页。

⑦　韩大元："宪法实施与中国社会治理模式的转型"，载《中国法学》，2012年第4期。

从决策层面看，贯彻实施宪法、保障公民权利已成为中央高层努力推进的重大事项。习近平总书记在首都各界纪念现行宪法公布施行 30 周年大会上的讲话中指出："宪法的生命在于实施，宪法的权威也在于实施。我们要坚持不懈抓好宪法实施工作，把全面贯彻实施宪法提高到一个新水平。"同时，针对宪法保障公民权利时强调："要在全社会牢固树立宪法和法律的权威，让广大人民群众充分相信法律、自觉运用法律，使广大人民群众认识到宪法不仅是全体公民必须遵循的行为规范，而且是保障公民权利的法律武器。"① 2013 年 3 月 17 日，张德江委员长在十二届全国人大一次会议闭幕会上进一步强调：加强对宪法和法律实施情况的监督检查，在法治轨道上推动各项工作的开展，保障公民和法人的合法权益。李克强总理在新一届政府答中外记者问的开场白上即指出：忠诚于宪法，忠实于人民。刚刚闭幕的党的十八届三中全会进一步提出：维护宪法法律权威。宪法是保证党和国家兴旺发达、长治久安的根本法，具有最高权威。要进一步健全宪法实施监督机制和程序，把全面贯彻实施宪法提高到一个新水平。在坚持党的领导、人民当家做主与依法治国三者有机统一的体制下，中央决策层对宪法实施的高度重视，对公民宪法权利的集体关爱，无疑对宪法权利的实施与保障带来新的契机。或许如有学者所言："在中国，宪法实施问题远非一个法律问题，而是一个政治问题。"② 因为，宪法实施于国家发展、政治文明同样具有十分重要的意义，"只有认真贯彻实施宪法，坚持和完善宪法确立的各项基本制度和体制，才能保证改革开放和社会主义现代化建设不断向前发展，保证最广大人民的根本利益不断得到实现，保证国家统一、民族团结、经济发展、社会进步和长治久安"③。最为重要的是，2014 年 10 月 23 日中共十八届四中全会通过的《中共中央关于全面推进依法治国若干重大问题的决定》明确提出：完善以宪法为核心的中国特色社会主义法律体系，加强宪法实施。……依法保障公民权利，加快完善体现权利公平、机会公平、规则公平的法律制度，保障公民人身权、财产权、基本政治权利等各项权利不受侵犯，保障公民经济、文

---

① 习近平："在首都各界纪念现行宪法公布施行 30 周年大会上的讲话"，载人民网：ht-tp：//politics. people. com. cn/n/2012/1204/c1024—19792087. html，2012 年 12 月 6 日访问。

② 陆平辉：《宪法权利诉讼研究》，知识产权出版社 2008 年版，第 3 页。

③ 韩大元："宪法实施与中国社会治理模式的转型"，载《中国法学》2012 年第 4 期。

化、社会等各方面权利得到落实，实现公民权利保障法治化。① 不可否认，推动宪法实施、保障公民权利已经成为中央高层的一项重大决策和集体行动。

从宪法层面看，"宪法是公民权利的保障书"，宪法的基本精神在于保障公民权利，宪法权利的实施理应成为宪法实施的主导价值。1982 年宪法即现行宪法确立了人民代表大会制度，这一制度也成为我国的根本政治制度。人民主权作为宪法的一项基本原则被确定下来，"民主"取得了最高法律的支持与保障。1999 年，宪法第三次修改时，明确将"依法治国，建设社会主义法治国家"写入宪法，确立了"法治"的永恒追求。2004 年 3 月 14 日，十届全国人大三次会议以高票通过新的宪法修正案。本次 14 条修正案中，其中 12 条与人权有关，"国家尊重和保障人权"作为一个概括性条款写进了宪法。"民主"、"法治"、"人权"这三个宪政层面的核心要素得到了宪法的关爱与保障。一是从民主角度看，"平等选举权"有了很大的实现，2010 年 3 月 14 日，十一届全国人大三次会议以赞成 2747 票、反对 108 票、弃权 47 票通过了《选举法修正案》。此次《选举法》修改最大的亮点在于确立了"城乡按相同人口比例选举人大代表"原则，将《选举法》第 16 条修改为："全国人民代表大会代表名额，由全国人民代表大会常务委员会根据各省、自治区、直辖市的人口数，按照每一代表所代表的城乡人口数相同的原则，以及保证各地区、各民族、各方面都有适当数量代表的要求进行分配。"二是从法治角度看，科学立法、严格执法、公正司法、全民守法等核心内容也迈出了实际性步伐。科学立法促进了宪法权利的全面落实，《物权法》的出台、《选举法》的修改彰显的是对公民宪法权利的高度关切。严格执法一方面限制了公职人员的越权，减少侵犯公民权利的可能性；另一方面也依法保障了公民权利的实现。公正司法是公民权利保障的关键环节，"司法是维护社会公平正义的最后一道屏障"，在遏制司法腐败的同时，国家加强了司法公开、司法公正的力度。全民守法的氛围日渐形成，公民法制意识与法治观念逐渐形成，对宪法与法律的敬畏正在培育。三是从人权角度看，人权入宪为宪

---

① 《授权发布：中共中央关于全面推进依法治国若干重大问题的决定》，载新华网：http：//news. xinhuanet. com/2014—10/28/c_ 1113015330. htm，2014 年 10 月 28 日访问。

权利的研究提供了契机，促进了相关研究成果的丰富。① "对最近一次修宪'国家尊重与保障人权'入宪所能够传递的信息分析，基本权利重要的宪法价值正由比较单纯的学理分析层面进入立宪者的视野中，并可能逐渐成为国家决策判断的依据之一，这种观念与思路的加强必然会推动未来时间对宪法基本权利部分的不断完善与修改。"② 宪法权利实施作为宪法权利研究中不可回避的一个重要课题得以呈现。

　　从制度层面看，宪法权利的保障制度还不完善，现行宪法的实施机制还不健全。首先，从宪法实施方式看，权利立法不够、行政侵权频发、司法腐败凸显。比如权利立法方面，"人权入宪"尽管对公民权利增长作出了一定程度的回应，但随着社会的发展和公民权利观念的变化，人们对宪法权利的期待日益高涨。比如，随着城市化进程的加快和户籍制度弊端的显露，农民对迁徙自由的呼唤更为强烈，迁徙自由权的"入宪"以及相关立法安排就成为无法回避的现实课题。其次，从宪法实施过程看，宪法解释现状不容乐观，宪法修改进程有些迟缓。比如宪法解释的主体不一、解释的专业化程度不高、对宪法解释的研究不够等问题还不同程度地存在着。在宪法修改方面，迄今为止，现行宪法共经历了四次修改，产生了四部宪法修正案。分别是 1988 年修正案、1993 年修正案、1999 年修正案和2004 年修正案。可以看到：自 1988 年开始，宪法的修改基本是每隔五年会有一次，这既适应了社会的发展变化，也维护了宪法的相对稳定。但是自 2004 年第四部宪法修正案产生后至今，将近 10 年的时间里宪法一直没有得到修改，这似乎并不能有力回应中国改革的深入与中国社会的变迁。而这近 10 年的时间正是中国全面建设小康社会、加快进入现代化的攻坚期，用中央高层的话说，是"大有作为的机遇期"，宪法是否可以"大有作为"，民众在期待，我们也拭目以待。最后，从宪法实施保障看，宪法诉讼制度未尝建立，违宪审查机制仍不健全。宪法诉讼与违宪审查或许在一些专业人士看来仍是西方的"舶来品"，但本着"多研究些问题，少谈

_____

　　① 通过文献检索，截至 2012 年 12 月 31 日，论及"迁徙自由"或迁徙自由权的论文有 198篇。其中，2004 年至 2012 年 8 年间，就有相关论文达 145 篇之多，而 2004 年之前的长达 90 年时间里仅有 50 多篇相关论文问世。这说明有关迁徙自由的大部分研究成果集中在 2004 年之后。即"人权入宪"在一定程度上促进了迁徙自由研究成果的丰富。

　　② 秦奥雷：《基本权利体系研究》，山东人民出版社 2009 年版，第 157 页。

些主义"的要旨，吸取世界宪政文明的有益成果，结合中国的实际情况作一些有益的尝试仍是非常必要的。宪法诉讼制度缺乏，违宪审查机制不健全，宪法权利单纯依赖普通立法进行解释和保障，使宪法无法纠正违宪侵权行为，也使宪法无法面对因立法延迟造成的宪法权利被虚置的难题。同时，对那些宪法权利遭到侵害而又面临"于法无据"障碍的当事人而言，因宪法权利未被具体化而丧失司法救济的请求权显然有违社会公平正义。因此，制度上的诸多问题对宪法权利实施保障产生了迫切需要。

从现实层面看，宪法权利的实施现状不容乐观，因宪法权利未得到有效实施所产生的问题较为突出，一些案例带有典型性，负面影响较大。"目前的宪法实施只完成了组织国家政权的任务，而宪法在保障公民权利以及宪法在维护法制统一方面基本上没有发挥作用，既缺少理论上的论证，也缺少必要的实施经验。"[1] 宪法在一定程度上还只停留在纸面上，宪法文本与社会现实存在距离，宪法规范与社会生活存在脱节，这种脱节现象在宪法权利上表现得尤为明显。当下，我国宪法只是对公民基本权利的确认，明确公民宪法权利的种类与范围，很大程度上只发挥了观念宣示作用，[2] 并未生动而贴切地走进公民的社会生活；当宪法权利受到侵害时，目前还不具备宪法救济的功能。宪法在社会现实中发挥的作用非常有限；特别是在最应该发挥作用的公民权利救济领域，宪法在社会生活中基本上处于无所作为的境地。转型时期的中国社会产生了各式各样侵犯公民权利的现象，既有来自一般社会主体对公民普通法律权利的侵犯，也有来自国家公民权力机关及其成员对公民宪法权利的侵害。如违宪立法侵害公民平等权；非法行政侵犯公民人格尊严和人身自由；枉法裁判损害当事人的合法权益等。例如，大学招生、学生就业方面就普遍存在着身高、地域、性别等方面的区别对待甚至是歧视性政策，明显违反了宪法关于平等权的规定，而受害人却无法用法律来维护自己的宪法权利。这种情况使当事人遭遇了"有权利无保障"、"有宪法无实施"的困境，伤害了公民的权利情感与维权意识。还有一些典型案例带给国人的深思是深刻而持久

---

① 晓红："中国法学会宪法学研究会1999年年会综述"，载《中国法学》，1999年第6期。

② 个别权利至今仍未得到宪法的正式宣示，如"迁徙自由权"1954年宪法曾予以确认，但1975年宪法取消了"迁徙自由"的规定，1978年宪法、1982年宪法也未恢复，至今仍未得到宪法的确认与宣示。

的。如被称为中国"宪法司法化"第一例的"齐玉苓案"，充分暴露了公民受教育权被侵犯的事实；曾经高票入选当年中国十大宪法事例的"山东淄川选举事件"，说明了公民对平等选举权的期待；曾经轰动全国的"湖南嘉禾暴力拆迁案"，严重侵犯了公民的财产权。还有震惊中外的"孙志刚事件"，一个公民以生命的代价换来了国家和社会对公民平等权、人身自由权的关切和尊重，也促成了一部违宪性法规《城市流浪乞讨人员收容遣送办法》的废除。以上的案例还有很多，有的饱含民愤，有的诉诸暴力，有的充满血泪，公民宪法权利遭受到形形色色的侵犯甚至是践踏的社会现实对宪法权利的实施产生了实际需要。毕竟，公民权利得不到保障、宪法权威得不到体现，归根到底还是宪法权利实施上的问题，是宪法权利保障机制上的问题。

承上所述，一方面，从中央到地方，逐渐形成了一股尊重宪法、崇尚宪法、实施宪法的良好势头和强大动力，国家尊重和保障人权的实践已迈出实际性步伐，这些对公民权利的成长和发展都是"利好"，也为宪法权利保障的机制构建提供了实践基础。某种程度上，可以说宪法权利实施正处于难得的发展机遇期，天赐良机，岂能等闲？而另一方面，制度弊端日益凸显，实践层面问题重重：宪法权利意识缺失、宪法文本存在缺陷、宪法保障机制缺位，而宪法回应相对"疲软"，权利实施刻不容缓。接下来，我们不禁要问：宪法权利实施的含义何在？国外宪法权利实施的经验怎样？国家在宪法权利实施方面有何作为？宪法权利实施在我国的现状如何？当前我国宪法权利实施的保障机制如何建构？等等问题，值得深入探讨和回应。

二　研究综述

有关宪法实施，学界多有论述，"它包括通过立法使宪法法律化、行政机关执行宪法、司法机关司行宪法等。宪法实施的具体机制包括宪法监督及宪法解释，或者是违宪审查和宪法诉讼等"。[①] 宪法实施方式具有多样性，"宪法实施的手段应当是综合的、多样的"。[②] 基于现有的文献检

[①] 蔡定剑："宪法实施的概念与宪法施行之道"，载《中国法学》，2004 年第 1 期。

[②] 陈云生：《宪法监督司法化》，北京大学出版社 2004 年版，第 25 页。

索，截至 2013 年 12 月 31 日，有关"宪法实施"的论文有 183 篇。比较
典型的有：蔡定剑："中国宪法实施的私法化之路"，载于《中国社会科
学》，2004 年第 2 期；韩大元："宪法实施与中国社会治理模式的转型"，载
于《中国法学》，2012 年第 4 期；莫纪宏："宪法实施状况的评价方法及其
影响"，载于《中国法学》，2012 年第 4 期；欧爱民："论宪法实施的统一
技术方案——以德国、美国为分析样本"，载于《中国法学》，2008 年第 3
期；范进学："宪法价值共识与宪法实施"，载于《法学论坛》，2013 年第 1
期；刘霞："宪法实施与依法治国关系探析"，载于《现代法学》，2000 年
第 3 期；肖北庚："宪法实施之评价"，载于《法学评论》，2001 年第 3 期；
童之伟："宪法实施灵活性的底线——再与郝铁川先生商榷"，载于《法
学》，1997 年第 5 期；温泽彬："行政复议与宪法实施的状况与反思"，载于
《华东政法大学学报》，2009 年第 5 期；韩秀义："中国宪法实施的三个面
相：在政治宪法学、宪法社会学与规范宪法学之间"，载于《开放时代》，
2012 年第 4 期。而专门阐述"宪法权利实施"的论文并不多见，只有 5 篇。
余延满、冉克平："论公序良俗对宪法权利的保护——以宪法实施的私法化
为视角"，载于《时代法学》，2011 年第 2 期；房宇："加强宪法实施监督、
保障公民基本权利"，载于《辽宁行政学院学报》，2009 年第 2 期；以及魏
建新博士的 3 篇论文："我国宪法权利的司法实施"，载于《理论导刊》，
2009 年第 7 期；"国外宪法权利的司法实施研究"，载于《河北法学》，2009
年第 9 期；"论宪法权利的实施"，载于《河北法学》，2011 年第 7 期。

　　就著作成果而言，直接以"宪法权利实施"命名的专著未尝见到，
与之相关的专著作品主要有五部：翟小波所著《论我国宪法的实施制度》
（中国法制出版社 2009 年版），书中对宪法适用、宪法司法化、违宪审
查、人权保障等现实问题进行了论述，既有理论思考，又有现实关照。作
者指出：必须通过虔敬地兑现民主承诺、实践公议民主和强化程序正义的
渠道，改革和完善我国宪法制度，真正激活纸面上的民主和法治①；魏建
新的《宪法实施的行政法路径研究——以权利为视角》（知识产权出版社
2009 年版）。书中作者运用了大量案例对宪法与行政法的关系、宪法权利
的立法实施和司法实施等问题进行了分析和探讨。作者认为：通过行政法

_____

① 翟小波：《论我国宪法的实施制度》，中国法制出版社 2009 年版，第 2 页。

实施宪法，是我国宪法实施的必然要求和现实选择。应把宪法权利确立为行政法的最高价值，在行政诉讼框架内完善救济宪法权利的机制①；陆平辉所著《宪法权利诉讼法研究》（知识产权出版社 2008 年版），作者将宪法权利诉讼作为宪法实施的一个重要方面进行学术上的探索和努力。作者认为：维护公民宪法权利应成为 21 世纪中国宪政实现的基本战略与策略。宪法权利诉讼就是这种基本战略和策略的基点。由此，作者阐述了宪法权利的本质与价值，分析了宪法权利诉讼的基础理论与现实依据，进而提出了中国宪法诉讼制度的构想；李湘刚的《中国宪法实施研究》（湖南人民出版社 2009 年版），书中作者对有关宪法实施的一系列研究范畴如宪法实施的概念、宪法实施的原则、宪法实施的条件、宪法实施的过程、宪法实施的评价、宪法解释、宪法修改、宪法救济等作了阐述和分析；胡正昌所著《宪法文本与实现》（中国政法大学出版社 2009 年版），作者在引言中指出：现实的问题不在于宪法有没有规定某一项具体权利，而在于宪法缺乏权威性，并导致宪法没有得到全面的贯彻落实。基于此，作者对宪法实施的问题进行了反思，并对相关典型案例进行了评析，对宪法实施与宪政关系进行了探讨。

不难发现，国内有关宪法实施的研究成果已非常可观。比如对违宪审查、宪法监督、宪法诉讼等宪法实施保障方面的研究成果就非常之多，诚如林来梵教授所言，在当下的我国法学界，有关"宪法监督"或"违宪审查"的著述，已有汗牛充栋之观。② 应该承认，国内学者的研究质量颇高，所发刊物不少是法学类核心期刊上的。但总体而言，在宪法实施的研究场域中，宪法权利实施的重要性并未得到凸显，相关论著仍然不足，专项研究更是匮乏。比如有关宪法权利实施的基础理论如宪法权利实施的内涵（包括含义、特征等），学界至今未能给予明确而合理的阐释。基于此，宪法权利实施需要进入我们的研究视域，得到更多的理论关切。

从国外研究来看，西方学者对宪法权利的研究从属于对人权的研究，

---

① 魏建新：《宪法实施的行政法路径研究——以权利为视角》，知识产权出版社 2009 年版，第 2 页。

② 林来梵：《从宪法规范到规范宪法——规范宪法学的一种前言》，法律出版社 2001 年版，第 324 页。

并在人权的保障与实现方面取得了丰硕的成果。我们查阅国外的相关研究文献，"不是为了复制她为自己设计的机构，而是为了能够更好地理解什么适合我们自己，让我们在那里寻求教诲，而非模式；让我们采纳她的原理，而非法律细节，……"① 但并不曾发现有宪法学者以宪法权利实施为题进行专门的研究。② 西方宪法学者对宪法权利的研究集中在宪法权利的基本理论与宪法权利的司法救济两个方面。而宪法权利的司法救济即是关于宪法权利的司法实施问题。英、美、法、日学者把宪法权利称为"人权"（human rights）或"公民权"（civil rights），而德国学者一般把宪法权利称为"基本权"或"宪法权利"（grundrechte）。基于宪法权利称谓上的差异，对宪法权利的研究形成了以英、美、法、日学者为代表的"人权学派"和以德国学者为代表的"基本权学派"。从人权法学派的研究来看，主要讨论了两个方面的问题：一是人权法律保障的一般原理。主要在宏观上研究了人权的性质、人权与法制的关系、如何对各种具体的人权进行司法保障等问题。比如根据法律对言论自由的限制方式，宪法对之采取的审查基准也会有差异，从而形成了著名的"双阶理论"。具体到实践中，美国联邦最高法院将限制言论自由的法律措施分为两类："基于内容的限制"和"内容中立的限制"。"基于内容的限制"是指法律直接对某一言论的发表加以限制，例如法律规定不得发表有损领导形象的言论。"内容中立的限制"是指法律只是对言论发表的时间、地点、方式等加以限制，而不限制某一思想或者议题的讨论或发表。③ 尔后，美国经过长期探索，构建起了保障宪法实施的"三重审查基准"，但大法官 Stewart 对之却持批评意见，"从理论上而言，是不够严密的；从实践上而言，是存在漏洞的"④。二是违宪审查制度的人权保障作用。主要从微观角度研究了司法审查制度如何实现其人权保障功能。比如，日本宪法学界在"二战"

---

① ［美］保罗·布莱斯特：《宪法决策的过程：案例与材料》（上册），张千帆等译，中国政法大学出版社 2002 年版，第 3 页。

② See Kenneth F. Ripple, *Constitutional litigation*, The Michie Company, Charlattesville, Virginia,1984.

③ 参见 ［美］吉尔摩等：《美国大众传播法：判例评析》，梁宁译，清华大学出版社 2002 年版，第 74—80 页。

④ 参见徐秀兰："平等权审查标准之解析与建构——以社会立法为中心"，台湾大学法律硕士论文，第 94 页。

后即广泛使用"宪法保障"和"违宪审查制度"的概念，芦部信喜即认为，所谓的宪法保障制度，是在宪法秩序中所预设的一种"担保宪法之实效性"的"装置或制度"中，包括作为事后救济装置的违宪审查制度。① 值得肯定的是，人权学派的研究所采用的实证分析方法以及对人权的司法保障问题的全面而深入的探讨具有重要的实践参考价值。而德国基本权学派强于宪法权利基本原理的抽象研究，比如关于基本权的类型、基本权的"主观权利"和"客观规范"的双重属性、基本权的功能体系、基本权的限制和保护等基础理论，即源于德国学者的深入研究。相比较而言，德国学者弱于宪法权利司法实施的实证研究。这大概与德国早期所建立的完整而成熟的宪法诉愿制度有关，"在德国，法律、行政法规乃至公法人的章程均可作为宪法诉愿的标的"②。但是，德国在发展宪法实施技术、解决宪法实施难题上仍然作了很大贡献。比如，为了使宪法原则更具有可操作性与规范性，自 1979 年"劳工企业参与权案"以来，德国联邦宪法法院便通过一系列宪法判例逐渐发展出一套宽严不同的审查密度："明显性审查"、"可支持性审查"、"强烈内容审查"。比如，"强烈内容审查"是指宪法法院在审查涉及人身的基本权利（例如生命权、人身自由等）以及民主自由制度的法律时，立法者必须在立法事实的认定、预测与评估等方面达到"充分的真实性"或"相当的可靠性"的程度，如果立法决定所依据的事实存在合理怀疑与不确定情形，那么就会面临被宣布违宪的危险。③ 总体上而言，德国宪法学者有关宪法实施保障的研究成果为许多国家开展宪法权利及其实施的研究提供了极有价值的学术资源。德国宪法实施的技术方案对大陆法系国家违宪审查制度的完善也起了重要作用，"德国公式是德国宪法法院创立并为许多大陆法系国家所援用的一套化解宪法难题的技术方案"④。

---

① ［日］芦部信喜：《宪法学》（1），有斐阁 1992 年版，第 60—61 页。
② 林来梵：《从宪法规范到规范宪法——规范宪法学的一种前言》，法律出版社 2001 年版，第 332—333 页。
③ 苏彦图："立法者的形成余地与违宪审查——审查密度理论的解析与检讨"，台湾大学法律研究所硕士论文，第 131—135 页。
④ 欧爱民："论宪法实施的统一技术方案——以德国、美国为分析样本"，载《中国法学》，2008 年第 3 期。

综上所述，国内外学者对宪法实施问题关注较多，研究成果也较为充沛，一些著作成果不乏对宪法实施相关问题的专门论述，有些论述还很深入、具体而精当。但从整个研究文献来看，学界对宪法权利实施的专门研究仍较为匮乏。虽然也有关于宪法权利实施的成果面世，但要么失之于宽泛、宏观性地谈论宪法实施，从而有可能出现"研究面面俱到、主题不够突出"的情形；要么过于微观，专门讨论宪法实施当中的某一个环节，从而有可能陷入"研究不够系统、思路比较单一"的境地。一言以蔽之，当前有关宪法权利的研究较为分散，尚未建立起专门而系统的以"宪法权利实施"为题的知识体系。因此，笔者在宏观与微观中选择了所谓的"中观"，即在宪法实施这一宏大课题中，择取宪法权利实施这一主题。在突出主题的前提下，力求论述的系统、研究的全面，尽可能呈现出：既考虑到宪法权利实施研究中的基本理论问题（如宪法权利实施的基本内涵），也注意到现有理论研究的不足（如宪法权利保障的国家义务），还要结合现实情况（宪法权利实施的事例与案例），重点阐述相关热点问题（如城市化进程中的公民迁徙自由权保障），一定程度上回应社会关切，这即是本书所要贯彻的一个基本思路。

三　研究内容

本书以我国宪法权利实施为主线，遵循从理论到现实、从制度到实践、从规范到案例、从问题到建议的研究理路。除导论外，本书拟分为五大部分，具体安排如下：

第一章主要是宪法权利及其实施的一般性论述。明确宪法权利的属性、主体以及内容是开展宪法权利实施研究的前提和基础。宪法权利作为宪法学研究中使用频率极高的语词，是开展宪法理论研究必须厘清的前提问题。通过对宪法权利的属性、主体、内容三个维度的分析，有利于深化对宪法权利的认识。笔者拟将宪法权利的认识总结为：首先，从权利属性上看，宪法权利本身包含宪法公权利与宪法私权利，宪法公权利即公民权利，或称之为政治权利，是国家赋予的；宪法私权利是天赋的自然权利，从这个意义上说，宪法私权利具有人权的基本属性。其次，从权利主体上看，宪法权利因其属性上的分类，主体上不是单一的。当论宪法公权利时，其主体自然是全体公民；当论宪法私权利时，则指向所有的自然人，包括一国境内的无国籍人士、外国人等。需要指出的是，当我们在谈及妇女、儿童、老人、残疾人等特殊群体的宪法权利时，实际指的是这一"类"群体的个人权利。最后，从权利内容上看，宪法权利可划分为基本权利与非基本权利。但对基本权利与非基本权利的具体内容仍是富有争论的领域，有待学界的进一步研讨。此外，第一章中还就宪法权利实施的内涵、特征与条件等基本问题作出阐述，这也是开展宪法权利实施所无法回避的前提问题。

第二章着重对国外宪法权利实施情况进行了考察。"他山之石，可以攻玉"，从国外资源中寻找一些解决问题的方案仍是一种有益的尝试。这一章主要是从国外的制度和案例中寻找一些可资借鉴的经验，为我国宪法权利的实施提供帮助。宪法案例是西方宪政国家宪法实施的主要载体，宪法实际上是通过宪法案例来实现对宪法权利的救济和对国家权力的违宪审查，西方宪法实施的历史发展过程都是围绕这两个方面展开的。而国外宪法实施的案例多是由于权利而引发，因为宪法权利是宪法中最容易产生纠纷和诉讼的地方。比如对人格尊严的宪法保障、对限制言论自由的司法审查，以及对宪法中的财产权利的追求、对侵犯公民迁徙自由权的合宪性审查，等等。这些案例充分彰显了国外宪法权利实施的刚性与可操作性。从国外宪法权利实施的案例中，我们可以得到：立法实施是首要方式，行政实施是重要内容，而司法实施则是关键环节。从发展经验看，保障和实现公民权利是宪法权利实施的动力源泉，而社会转型是实施权利实施的机遇所在。

第三章以具体的宪法权利——迁徙自由权为主线，从国家义务层面探讨公民宪法权利的实施保障问题。国家义务是宪法权利实施的重要保障，也是宪法权利研究的范式转换。基于德国宪法权利理论和国内相关研究成果，将国家义务确定为尊重义务、保护义务和给付义务三种类型。本章内容也此展开。首先，国家尊重义务方面，基于理论基础和宪政实践的阐述，梳理出防御权功能是民主立宪国家宪法权利的首要功能，进而得出：国家的尊重义务是宪法权利保障的基本前提。其次，国家保护义务方面，阐述了国家保护义务的缘起，通过对迁徙自由权的"主观权利"与"客观规范"性质的分析，得出：宪法权利呼唤国家保护义务。进而探讨了国家保护义务的层级体系。最后，国家给付义务方面，回溯了国家给付义务的逻辑起点即"社会国原则"及其具体化的"社会权"的产生。对国家给付义务的类型如制度性给付、物质性给付、服务性给付与程序性给付四个内容进行了探讨。此外,还分析了国家给付义务的判别基准,提出了纵向基准即给付的范围和横向基准即给付的程度双重向度。

第四章主要从现实层面阐述我国宪法权利实施的背景、事例与问题。本章首先分析了我国宪法权利实施的背景,从市场经济的发展到政治体制的改革,从社会结构的转型到权利意识的成长,四个方面共同凸显了我国宪法权利实施的背景。伴随着社会基础的转型,公民对宪法权利产生了迫切需求,此为宪法权利的实施带来了契机。一些关涉宪法权利实施的宪法性事例①逐渐增多。本章选取了平等权、人身自由权、受教育权、迁徙自由权等几个典型事例进行了分析和评述。事例评析主要遵循"案情介绍—法院判决—个案评析"的结构,试图对宪法权利实施的事例进行立体的阐析。通过宪法权利实施的事例分析,我们不难发现,我国宪法权利实施上的问题,既有公民宪法权利意识的缺失,也有宪法权利规范的缺陷,还有来自制度层面的宪法保障机制的缺位。有学者不无感叹,"我们国家没有一个权威机构来审查违反宪法的法律法规,我们向全国人大上书的时候,发现全国人大没有任何相关的接待机构、反馈机构和审查机构"。② 因此,在问题反思上,我们侧重于呈现出"观念层面—规范层面—机制层面"的分析理路。以此表明:在权力秩序优于权利保护的价值取向的传统宪法理念下,不仅在理论上更要在制度上完善宪法权利救济实施机制来促进公民权利的保护。

第五章从机制层面探讨公民宪法权利实施的保障。本章在前述关于宪法权利实施相关理论的基础上,结合我国的立宪实践,就迁徙自由权的保障机制问题作探讨。本章遵循"发展趋势—路径选择—机制建构"的基

---

① 这里用"事例"而不用"案例",主要着眼于我国目前还没有真正意义上的"宪法案例"。我国既不存在宪法诉讼,也没有启动过违宪审查,因而不存在制度意义上的宪法案例。对此,著名宪法学老前辈张友渔教授曾感叹道:"我活了80多岁,都没有看到中国有一个完整的宪法案例。"参见焦洪昌:"抓住契机加强宪法实施和解释",载《法制日报》,2003年5月22日。有关"事例"一词的使用可参见韩大元:《中国宪法事例研究》,法律出版社2009年版序言。

② 参见贺卫方:"没有违宪审查机制的宪法难成最高法",载《领导决策信息》,2003年第23期。

本思路，首先阐述了迁徙自由权保障的发展趋势或者说基本规律：从一元
保障到三元保障。这里要说明的是，由于迁徙自由权并未取得我国现行宪
法的确认，当前对迁徙自由的保障（如果说放开对迁徙自由权的限制也
是一种保障的话）更多的是一种行政法意义上的保障。它们主要以政府
为主导力量，以行政法规或规章或规范性文件形式出现。所以，就当下中
国而言，"一元"实指"行政一元"而非"宪法一元"。此外，迁徙自由
权的保障趋势上还有从政治保障到司法保障，从国内保障到国际保障。其
次给出了中国公民迁徙自由权保障的基本路径：恢复"入宪"是前提，
深层"户改"是突破，制度"嵌入"是条件。最后是中国公民迁徙自由
权保障机制的建构。宏观上，需要确立宪法保障机制，包括宪法修改、宪
法诉讼和违宪审查；中观上，需要推进法律实施机制；微观上，需要培育
公民身份机制。

四　研究方法

"工欲善其事，必先利其器"，任何理论研究都离不开方法论的指导、
帮助与支持。本书将综合运用功能性的比较法、历史分析法、规范分析
法、实证分析法等多种研究方法，具体而言：

一是功能性的比较法。对于法学研究而言，尤其从比较宪法学角度，
比较分析的研究方法是必需的，也是常见的。只有通过比较才能更全面、
更深刻地认识事物。比较可以深化对法的认识和扩大法的视野。[①] 比如宪
政、宪法权利诉讼等概念，一方面，作为"舶来品"，其制度根源在西
方，发达国家的立法制度及理论研究经过几百年的发展已经趋于成熟和完
善，而作为后发国家，我们的立法实践及理论研究起步较晚、起点较低，
这决定了只有在充分吸引、借鉴国外成熟的法律规范的基础上，才能真正
取长补短，并在基础上实现法律制度的本土化拓展。另一方面，宪法权利
的实施问题虽然有些制度源于西方，但作为一个共性的问题，却是全世界
实行宪政的国家所共同面临的一大课题。当然，宪法权利实施机制的建立
仍然需要立足于中国的现实国情，国情与特色决定了本书研究的立足点。
因此这种中西制度之比较研究是非常必要的。比较是功能性的，具有目的

---

① ［日］大木雅夫：《比较法》，范愉译，法律出版社 1999 年版，第 100 页。

导向、问题导向的特征，"'真正的比较法'不能单纯停留在'认识'或'介绍'外国法制阶段，也不能只从表面'观察'与'平行对照'不同法秩序之间的差异，而必须呼应一个在个案中被运用的'比较法'所赋予解决本国特定问题任务与功能，基于认清问题本质、协助解决该问题的目的，着眼于探查比较对象之间差异背后的形成原因。'真正的比较法'因此预设问题之提出，并重视问题的深刻认识与解决；换言之，'真正的比较法'即指功能性的比较法"①。因此，通过对国外宪法权利实施制度的考察与比较，找到可以借鉴的经验和做法，从而以为我所知、为我所用。

二是历史分析法。"只有坚持历史的分析方法，才能把握宪法存在的时空背景，才能把握现代国家发展与宪法生成的关联及受到的挑战，才能赋予理解宪法与宪政之间所存在的区别所背负的历史缘由，才能提供我们发现宪法的制度构造以及价值规定的真实理由的学术视野，才能与现代社会的发展状态保护生动的联系。"② 国外宪法权利的保障及其经验自然离不开历史的积淀与时代的发展。因此，首先，对国外宪法权利实施的考察离不开历史的分析。其次，在对宪法权利国家义务层面分析上，国家尊重义务的产生、国家保护义务的缘起、国家给付义务的由来，这些都要借助历史分析的方法。最后，在迁徙自由权为例建构宪法权利保障机制的阐述中，仍然需要运用历史分析法对迁徙自由权在我国的"入宪"变迁进行分析，对公民迁徙自由权保障的发展趋势进行预判。

三是规范分析法。规范分析有利于我们深入到宪法条文背后，去窥探其所承载的价值或利益，有利于透过现象看本质。规范分析充分彰显了宪法学对公平、正义等核心价值的追求。本书第一章中即运用了规范分析方法对宪法权利的属性与内容进行辨析。宪法权利是宪法规范体系的核心，是宪法的价值与宗旨所在。宪法权利代表着公民在国家政治、经济与社会生活中的地位和作用。其中"宪法私权利具有人权的基本属性"即基于规范分析得出的结论。此外，在讨论宪法解释的必要性时，本书也对宪法解释的价值与意义进行了分析，如通过宪法解释以维护法制统一、适应社

① 黄舒芃："比较作为法学方法"，载黄舒芃：《变迁社会中的法学方法》，元照出版公司2009年版，第252页。

② 潘伟杰：《宪法的理念与制度》，上海人民出版社2004年版，第79页。

会变迁、改正宪法缺陷等方面。显然，这种规范分析，正是宪法权利实施的价值所在，一定程度上凸显了问题意义与研究价值。

　　四是实证分析法。实证分析法是社会科学研究的重要方法，它着眼于当前社会或现实，通过事例或经验等从理论上推理说明。于宪法学研究而言，"如果宪法可以看作是一所建筑物，实证方法就旨在客观地描述这所建筑物的结构、形状和地理位置"①。本书对国外宪法权利实施中所产生的一些宪法案例进行了阐述与评述，同时对国内宪法权利实施过程中所产生的一些典型案例进行了认真的分析与解读，同时以案例为依据，以现实为基础，通过实证分析的研究方法，有力地论证了宪法权利的实施现状，同时探讨了宪法权利实施的改进建议。在对我国宪法权利实施的问题进行反思时，也运用了实证分析法，通过调查数据得出相关结论。当然，需要指出的是，本书所运用的实证研究方法并不囿于分析实证而排斥社会实证，或仅社会实证而排斥分析实证，而是以实证为视角，以社会为平台，以分析为支点，力图建构宪法权利实施的多维图层。

---

　　① 杨心宇等：《法理学导论》，上海人民出版社 2002 年版，第 212 页。

第一章　宪法权利实施概述

通过宪法的形式，将"自然权利"转化为"宪法权利"，是权利发展史上的巨大进步。但如果宪法仅仅限于宣示权利为"神圣不可侵犯"的话，被宣示的宪法权利也并不比自然权利好多少。宪法宣示权利的意义在于权利需要获得宪法的最高实施。权利被宪法规定的目的不在于宣言，而在于能得到宪法的实施①。如果缺乏制度实施，那么法律中权利是形同虚设。"从来政府以一纸公文宣布人身自由应有权利的存在，并非难事。最难之事是在如何能见诸实行。倘若不能实行，此类宣布所得无几。"②

第一节　宪法权利"新"辨

宪法权利，通常被称作基本人权或基本权利，是宪法学的基本范畴，也是开展宪法学研究的重要概念工具。在以人为本、尊重和保障人权的理念下，宪法权利愈加受到学界的青睐和社会的关注。然而，从目前的研究来看，学界对宪法权利的认识并未达成共识，"目前学界对基本权利的认识并不清晰，甚至'基本权利'这一提法本身也不能满足宪法学研究的需要，造成了基本权利的理论研究和宪法实践上的争议和困难"③。笔者以为，宪法权利与人权、基本权利等概念有着一定的区别，本不应混同使用。宪法权利相较于人权、基本权利，其意涵更丰富、语汇更优越、表述

---

① "宪法文件中受重视的那些公民权利项目的存在，并非就等于实际上被落实的权利清单。"参见 Derek heater：《公民身份》，张慧芝、郭进成译，韦伯文化国际出版有限公司2006年版，第55页。

② ［英］戴雪：《英宪精义》，雷宾南译，中国法制出版社2001年版，第262页。

③ 夏正林："从基本权利到宪法权利"，载《法学研究》，2007年第6期。

更规范。宪法权利语词的统一规范使用，无论对开展宪法实施研究，抑或宪政实践都具有十分重要的意义。

一　问题的提出

宪法权利是宪法规范体系的核心，是宪法的价值与宗旨所在。宪法权利代表着公民在国家政治、经济与社会生活中的地位和作用。何谓宪法权利？学界对此有不同的表述，有学者认为，宪法权利是"宪法规范所确认的一种综合性的权利体系，所谓基本权利是指宪法赋予的、表明权利主体在权利体系中重要地位的权利"[1]；有的学者认为，"宪法权利，简而言之，就是被宪法确认并受宪法保障的权利"。[2] 从比较法的角度视之，宪法权利的称谓也不尽相同，德国宪法称为"基本权利"；日本宪法称为"国民之权利"；意大利宪法表述为"公民的权利"；我国现行宪法表述为"公民的基本权利"。关于宪法权利的本质，国内外学者对之有过一些研讨，但表述上也不尽一致，归纳起来主要有以下四种观点：一是认为宪法权利主要指的是人权，"宪法权利从本质上看就是人权"[3]。二是将宪法权利与公民的基本权利等同，"宪法权利，又称为公民的基本权利"[4]，"宪法权利，又称基本权利"[5]。三是认为宪法权利是政治道德权利与法律原则性权利的统一体。"宪法权利反映了民族国家的社会政治理想和法治理念，它既是一种政治道德权利，又是一种针对国家的法律原则性权利。"[6]国外也有学者持此观点，"宪法权利是一种原则性的权利，其保障内涵存在着从道德权利提升到法制化的权利的开放的部分，具有一定的自然权利属性"[7]。四是将宪法权利、人权与基本权利等概念等同使用。如日本宪

① 董和平、韩大元、李树忠：《宪法学》，法律出版社 2000 年版，第 308 页。
② 翟国强："新中国宪法权利理论发展述评——以方法论为视角"，载莫纪宏、刘春萍主编：《宪法研究》（第 11 卷），黑龙江大学出版社 2010 年版，第 16 页。
③ 马岭：《宪法权利解读》，中国人民公安大学出版社 2010 年版，第 5 页。
④ 朱应平：《澳美宪法权利比较研究》，上海人民出版社 2008 年版，第 13 页。
⑤ 刘志刚："论宪法权利的本质"，载《政治与法律》，2004 年第 3 期。
⑥ 陆平辉：《宪法权利诉讼》，知识产权出版社 2008 年版，第 21 页。
⑦ See Michal. S. Moore, Nature Rights, Judicial Review, and Constitutional Interpretation, Legal Interpretation in Democratic States, Jeffry Gold Sworthy and Tom Campbell, ed. Dartmouth（2002）, pp. 207 – 223。

法学家芦部信喜即是在同一意义上使用人权、基本人权和基本权利三个概念。①

　　作为宪法学的一个非常重要的基础理论，宪法权利理论的研究正不断深化并日趋成熟，"近年来的宪法权利理论研究已经开始将宪法权利的保障理念渗透至国家机构和各种公法制度中进行研究，进而试图构建以宪法权利为轴心的宪法学"，② 但无论从定义的表述上还是本质的理解上看，对宪法权利的认知并未达致广泛共识。这至少表明，对宪法权利理论问题的研讨仍有一定的学术空间。我国宪法界多用"基本权利"来表述宪法权利，个中缘由，如有学者所言，"考虑到中国宪法文本的规定、学术传统和学术界约定俗成的提法"③。然而，宪法权利真的可以与人权、基本权利、公民权利等概念等同吗？如果可以等同，择其一使用倒无妨；倘若并不相同，甚至有一定的区别，却要倔强地"等同"使用，则是一种混同，其结果必然有害于理论界对宪法权利的深入研究；就宪政实践而言，宪法语词上的混淆不清对社会公众也是一种误导和伤害。鉴于此，笔者不揣浅薄，拟对宪法权利的内涵作一些学理上的探讨和"新"④ 辨，以期深化对宪法权利的理解，并厘清围绕该问题所产生的一些认识上的不足或偏差。

二　宪法权利的属性

　　鉴于认识的角度、理解的维度以及学术的开放度，对同一语词的表述或是定义，从来是一个见仁见智的问题，更何况，"在宪法学的理论研究中，长期困扰宪法学者的一个最基础的理论问题就是'什么是宪法权利？'"⑤ 近些年，学界对宪法权利属性的研讨主要表现在："宪法权利是

　　① 参见［日］芦部信喜：《宪法》，林来梵、凌维慈、龙绚丽译，北京大学出版社 2006 年版，第 5 章。
　　② 翟国强："新中国宪法权利理论发展述评——以方法论为视角"，载莫纪宏、刘春萍主编：《宪法研究》（第 11 卷），黑龙江大学出版社 2010 年版，第 29 页。
　　③ 韩大元："基本权利概念在中国的起源与演变"，载《中国法学》，2009 年第 6 期。
　　④ 给"新"加引号，原因在于：一是本课题的研究不是与以往相关研究的决裂，而是在充分借鉴已有研究成果的基础上展开的；二是这种"新"更多是本人的一种期许，存在一定的相对性，是否达到"新"的标准，有待学界同人的批评指正。
　　⑤ 莫纪宏：《现代宪法的逻辑基础》，法律出版社 2001 年版，第 287—288 页。

公权利还是私权利？① 宪法权利是否等同于人权？② 宪法权利是母体性权利吗？③ 宪法权利与法律权利有何区别？"④ 这些问题的提出，一方面说明研究者学术研究角度的迥异；另一方面也是宪法权利性质复杂多元而难以一言蔽之的表征。更主要的是，在已有对宪法权利性质的研究中，并未有获得广泛共识的成果面世。基于此，有必要对宪法权利的性质再作一番审视。

从经验的视角或一般意义上理解，将宪法权利称之为公权利可能并不会引起多大的疑问，理由很简单：宪法是公法，宪法上的权利理应视为公权利。但从宪政发展的历史去考察，事实并非如此简单。回顾西方的宪政发展史，基本上可将宪法权利划分为宪法公权利（citizens' rights）与宪法私权利（constitutional civil rights）。社会契约理论认为，自然状态下的个人享有一些自然 civil rights，如生命、自由、财产等权利。问题是如何捍卫和保障这些权利不被侵犯呢？"要寻找出一种结合的形式，使它能以全部共同的力量来维护和保障每个结合者的人身和财富，并且由于这一结合而使得每一个与全体联合的个人又只不过是在服从其本人，并且仍然像以往一样自由。"⑤ 于是，人民通过契约建立政治国家，以捍卫 civil rights 不受任何其他个体的冒犯。同时，当人民组建国家后，社会契约的使命还在于抵御来自国家或政府的侵犯。这样，不受个体间的冒犯的权利就成为民法上的 civil rights，而不受国家或政府侵犯的权利就成为了宪法上的 civil rights。也即，宪法私权利本意指的是人民防御国家或政府侵犯的人身和财产权利。这些权利是在政府社会之前就已经存在，是人的一项自然权利，只不过在人类组建政治国家后，这一权利获得了法律规范的形式。但宪法公权利 citizens' rights（也译为公民权利）则不同，按照西方民主传统，公民是一国享有一定政治和经济特权地位的一部分人，并不是所有自然人都可以成为公民，都能享有公民权利。在古代雅典，奴隶、妇女和异

① 刘志刚："论宪法权利的本质"，载《政治与法律》，2004 年第 3 期。

② 张晓玲："宪法权利与人权"，载《理论视野》，2004 年第 5 期。

③ 欧爱民："立宪主义语境下对我国宪法权利属性的考问"，载《法学评论》，2006 年第 2 期。

④ 马岭："宪法权利与法律权利：区别何在？"，载《环球法律评论》，2008 年第 1 期。

⑤ ［法］卢梭：《社会契约论》，何兆武译，商务印书馆 2010 年版，第 19 页。

邦人就不能成为公民。在古罗马，公民的范围仅限于罗马城的贵族，那些异邦人和被释放的奴隶属于平民阶层，不能被纳入公民范畴。同时，公民权利也主要限于政治权利。在古希腊，公民权利具体指的是：有权出席民众大会；被选举担任各种公职；向国家领取津贴；参与国家的生产和分配；获得各种荣誉。根据古希腊的法律，公民只有在 18 岁以后才能享有上述公民权利。① 因此，宪法公权利不同于宪法私权利，它不是天赋的，并不是所有人都能享有的，而是国家赋予一部分特权的人所持有的一种权利。或许法国 1789 年《人权和公民权利宣言》的命名是一个更好的诠释。显然，《人权和公民权利宣言》从名称上区分了"人"与"公民"。对此，法国著名法学家狄骥解读为，人权显然是指作为人所应享有的权利，无须以加入某一政治社会为前提，脱离这个政治社会也不受影响。公民权利相反，它指的是作为某一政治团体成员的个人所享有的权利，一旦他不再是这个政治社会的一员，他就不再享有这种公民权利。② 正是基于自然法思想的影响，人类早期所制定的宪法法典、宪法性法律也都只规定宪法私权利，如美国《权利法案》除第 9 条和第 10 条体现联邦主义的条款外，其余都是宪法私权利。而公民权利则限于国家赋予的一种政治权利，正因为不是每人都能享有，所以它有很多限制条件，"几乎所有的西方国家在宪政早期，公民权利都是具有许多限制性条件的，这些条件一般为年龄、性别、财产、受教育程度、居住期限等。至今，公民权利的限制条件还是存在的，只是数量大大减少了"③。因此，被誉为《人权法案》的美国联邦宪法前十条修正案，没有一处出现过"公民"的字眼。也正是从这个意义上，美国著名法学家德沃金在其专著《自由的法——对美国宪法的道德解读》之"美国宪法的内涵"一章中，就有 30 多处使用了"宪法权利"④；另一位著名学者路易斯·亨金在《宪政与权利》的"导

---

① 徐显明主编：《公民权利义务通论》，群众出版社 1991 年版，第 89—90 页。
② ［法］狄骥：《宪法学教程》，王文利等译，辽海春风文艺出版社 2000 年版，第 175 页。
③ 欧爱民："立宪主义语境下对我国宪法权利属性的考问"，载《法学评论》，2006 年第 2 期。
④ 参见［美］罗纳德·德沃金：《自由的法——对美国宪法的道德解读》，刘丽君译，上海人民出版社 2001 年版，第 59—77、103—161 页。

论"部分，也有 10 处直接使用了"宪法权利"①。

综上所述，在西方，宪法性私权利是天赋的自然权利，它先于国家和政府而存在；而公民权利则是国家赋予的宪法权利，它是国家成立以后才有的宪法权利。因此，将宪法权利等同于公民权利，就会导致将人民所享有的自然权利（如生命权、自由权、财产权）视为国家赋予的宪法权利，国家可以如限制公民权利一样限制自然权利。如此一来，人民的人格尊严和生命、财产等权利的保障就在于国家和政府的一念之间。这种观念显然有违立宪主义的宗旨与精神。因此，在立宪主义的语境下，我国现行宪法将宪法权利标示为"公民的基本权利"在一定程度上体现出我国立宪者对宪法权利性质认识上存有误区。

从上述分析中不难得出：宪法权利本身即存在着"公"与"私"之分，宪法公权利指的是公民权利或政治权利，而宪法私权利指的是自然权利。因此，宪法权利实际上兼具公权利与私权利的双重属性。对此，国内有研究者从德国宪政理论与实践出发，将基本权利的双重属性归纳为"主观权利"与"客观法"②。基于研究角度上的差异，笔者对之不作过多评述，但要说明的是，笔者的分析对象是宪法权利，而不是一般意义上的基本权利；也有学者在分析美国的宪法传统后认为，"宪法权利是一种公权利，原则上不能被用来调整私人之间的关系，但是应创设相应的制度机制来应对社会的变迁所带来的对宪法权利私法适用的内在要求"③，需要指出的是，这里作者所言的"公"，更多的是基于个人与国家关系层面的考量，即"宪法权利的规定完全是针对国家而设立的，该条款本身包含有纯粹针对国家的性质，而不是针对人民的性质"④。同时，作者阐明了宪法权利对"私法"适用的内在要求。以笔者之见，这种要求恰似可从宪法私权利那里找到依据或根源。从这个意义上说，单纯地将宪法权利定位于公权利或私权利并不十分妥当，在政府职能日益转变、宪法"私法"适用问题日益突出的今天甚或将来，定位宪法权利属性尤需谨慎。

---

① 参见［美］路易斯·亨金等：《宪政与权利》，郑戈等译，生活·读书·新知三联书店 1996 年版，第 1—21 页。

② 张翔："基本权利的双重性质"，载《法学研究》，2005 年第 3 期。

③ 刘志刚："论宪法权利的本质"，载《政治与法律》，2004 年第 3 期。

④ D. Merten, Annerkung, Njw 1972, 1799.

三　宪法权利的主体

关于宪法权利的主体，马岭教授在其著作第一章作了专门论述，她认为宪法权利的主体是整体性的个人；"集体人权"作为宪法权利主体主要是指集体中的个人权利，而不是集体权利；国家不是宪法权利的主体[①]。就制宪层面而言，认为"宪法权利的主体是整体性的个人，法律权利的主体是个体化的个人或部分个人的集合体（法人）"固然不错，但是，为什么有的国家宪法如德国《基本法》却规定了法人的宪法权利呢？进一步说，法人享有的宪法权利是何种性质的宪法权利，或者说是属于宪法权利中的哪一个类别呢？对于这些问题，马岭教授似乎并没有给出充分的论证。而要获得充分的论证，对宪法权利属性的追根溯源应是一个基本前提。

基于笔者之前的分析，宪法权利兼具宪法公权利与宪法私权利双重属性，因此，就宪法公权利即公民权利而言，主体当是全体公民，这应该是没有疑问的；问题是，如果从私权利角度观之，将宪法权利主体归纳为全体公民则并不妥当。因为宪法私权利指的是自然权利，是天赋权利，是所有自然人都该享有的权利，从这个意义上说，宪法私权利就具有了"人权"的属性。显然，这个时候的权利主体范围发生了变化，如有的学者所言，"人权概念的入宪拓宽了我国宪法中基本权利体系的主体范围"，"人权条款入宪后，宪法中的人权的主体变成了'人'，不仅仅是公民，也包括外国人和无国籍人等"[②]。

接下来，需要对法人的宪法权利主体地位进行分析。人类宪政早期，法人是不享有宪法权利的。后来，法人在现代社会中地位与作用日益突出，许多国家宪法相继承认法人也能享有宪法权利。德国在魏玛宪法时代，并不承认法人享有宪法权利，但是"二战"以后，德国《基本法》却规定法人在一定情况下也可享有宪法权利。美国在19世纪初并不承认法人为宪法权利的主体，但到19世纪末，美国联邦法院通过判例认为平等条款中的person包括法人，而且法人还享有受正当法律程序保障的财

---

① 参见马岭：《宪法权利解读》，中国人民公安大学出版社2010年版，第3—16页。
② 韩大元："基本权利概念在中国的起源与演变"，载《中国法学》，2009年第6期。

产权。此外，法国、瑞士、奥地利、日本等国，尽管在宪法条文中并没有规定法人享有宪法权利，但是理论界和司法界均认为法人可以成为宪法权利的主体。在世界大多数国家里，除了那些纯粹与个人相结合，且只有个人才能行使的宪法权利如生命权、选举权、思想自由、人身自由、婚姻自由等，法人不能成为主体外，其他宪法权利如平等权、财产权、隐私权、诉讼权、学术自由、新闻自由、言论出版自由等，在与法人本质特性不相冲突的情形下，应赋予法人的宪法权利主体地位。据此，法人享有宪法权利是当今立宪主义的一个基本趋势。

此外，关于妇女、儿童、老人、残疾人等特殊群体的宪法权利主体地位问题也是宪法学界讨论较多的一个话题，这实际上是马岭教授所言的"集体人权"问题。笔者同样认为，集体人权作为宪法权利主体，实际指的是集体中的个人权利。一方面，集体本质意义上是个人的集合体，一个没有人的集体（包括法人）基本上是不存在的，也是没有多少意义的。妇女、老人、儿童、残疾人等特殊主体以"一类人"的身份出现，表征的仍然是一部分人中的个人权利。另一方面，普遍的个人权利是特殊主体宪法权利享有的基础和前提，"没有普遍的个人权利，妇女、老人、儿童、残疾人等特殊群体的特殊权利也很难存在；相反，普遍的个人权利如果得到实现，妇女、老人、儿童、残疾人等的权利也就有了基本的保障（但不等于有了完全的保障）"①。

综上所述，宪法权利的主体如同宪法权利的性质一样，依然较为复杂，不能一概而论。要取得对宪法权利主体的准确归属，辨别宪法权利属性是一个基本前提。从属性分析得知，宪法权利的主体既有公民，也有自然人，还有法人。妇女等特殊群体的宪法权利主体地位也不容忽视，只是在谈及他们的宪法权利时，主要指的是集合体中作为个体的人的权利。

四 宪法权利的内容

分析了宪法权利的属性和主体后，作为解构宪法权利所不可回避的一个问题便展现在我们面前：哪些权利属于宪法权利？宪法权利是否限于宪法明文规定的权利？这些都是关于宪法权利内容的问题。而要把握宪法权

---

① 马岭：《宪法权利解读》，中国人民公安大学出版社 2010 年版，第 11 页。

利的内容，对宪法权利进行归类或划分是一个关键环节。西方宪政史上对公法权利体系作出分类者，首推德国著名公法学家耶里内克。耶氏在《主观公法体系》一文中概括了个人相对于国家的四种地位：被动地位（个人对国家的服从）、消极地位（个人的自由权利）、积极地位（个人对于国家有服务请求权）、主动地位（个人参加政治活动），由此而推演出个人相对于国家的三种权利：自由权、受益权与参与权。① 此种分类自问世以来即得到了公法学者们的推崇。美浓部达吉、宫泽俊义和凯尔森等人关于基本权利分类的观点就是以此为基础的。② 不可否认，耶氏的这种分类在当时的历史条件下是深刻而富有影响力的。但随着经济的发展和社会的进步，人类对生活保障、劳动、生态环境等方面的权利需求大大增长，耶氏的"三分法"已经不能适应宪法权利的发展和人类对宪法权利的需求。在宪法权利范围扩展、权利类别增加的情况下，有关宪法权利的分类标准也呈现出多样化。从国内的宪法学研究来看，对宪法权利进行分类的标准与方法也是多种多样，有基于宪法权利的主体、性质、内容进行分类的，也有基于宪法权利的地位、形式、效力等进行分类的，由此而出现了二分、三分、四分、五分甚至更多的划分。③ 限于篇幅，笔者无法在此对已有分类作一一评述，倒是有一位学者最近的相关研究成果引起了笔者的关注与兴趣。该学者指出："既然关于中国宪法权利的研究状况需要改变，既然造成中国宪法权利研究缺陷的一个重要原因是分类的针对性与科学性不足，既然现有的关于中国宪法权利的分类不能弥补这种不足，那么，重新提出并考虑中国宪法权利的分类在学理上就具有了必要性，相应地，在学术实践上也到了刻不容缓的地步。"④ 他认为，当前关于宪法权利分类存在两个方面的问题：一是分类标准不统一，导致分类缺乏科学性；二是对宪法权利的本质属性理解不深，导致分类的内容针对性不足。

---

① ［德］格尔德·克莱因海尔、扬·施罗德：《九百年来德意志及欧洲法学家》，许兰译，法律出版社2005年版，第223页。

② ［日］阿部照哉等：《宪法》（下），周宗宪译，中国政法大学出版社2006年版，第36—38页。

③ 邓联繁："论宪法权利学理分类之重构"，载《湘潭大学学报（哲学社会科学版）》，2008年第6期。

④ 韩秀义："中国宪法权利'新'类型的划分、解释与应用"，载《现代法学》，2012年第6期。

于是，作者受张恒山教授解读"法律权利"①之启发，认为宪法权利是一种综合性权利，是单一宪法权利与复合宪法权利的综合体。不仅如此，作者在借鉴王海明教授之"贡献论"②的基础上得出：在权利内容层面，宪法权利是基本权利与非基本权利的综合体。③韩秀义教授的此番言论无疑是近些年宪法学界关于宪法权利研究方面的最新成果，其独特的视角让人耳目一新，其研究的广度与深度令人钦佩。诚然，笔者无意于在此推崇并宣传该学者的学术新作，只是其研究思路的确丰富了笔者的研究视域，其研究结论也让笔者产生了一定的共鸣。总体而言，笔者赞同：从权利内容层面看，宪法权利可划分为基本权利与非基本权利。但在基本权利与非基本权利的具体内容上，笔者并不完全认同韩教授的提法，如韩教授将基本权利具体化为平等身份权、生存条件权与平等机会权，将非基本权利具体化为政治参与权、政治表达权、政治结社权、自由选择权与受教育权。一方面，从基本权利角度来看，通常认为，平等身份权与平等机会权在一定程度上均归属于宪法上的"平等权"，没有必要将之细分并单列出某项具体的平等权内容，正如作者自己所提到的："如果要对基本权利的精神实质做出提炼的话，那么，可以认为，平等乃为基本权利的灵魂。"④另一方面，从非基本权利角度视之，政治参与权、政治表达权、政治结社权与自由选择权，无论从现有的宪法文本还是国内外学术研究而言，基本上是纳入到"自由权"加以阐释的，"虽然对自由权的认定不同，但将自由权作为基本权利的一个类别在学术界比较常见，可以说已形成共识。"⑤韩教授基于独特的分析理路而得出的宪法权利分类，至少在他那里是论证充分、顺理成章的，但宪法权利内容作为一个有机的体系，仍然需要从系统论的角度去看待，既要关心要素在系统中的基础性，又要重视结构在联系要素、

---

① 张恒山：《法理要论》（第 2 版），北京大学出版社 2006 年版，第 340 页。

② 王海明：《公正与人道：国家治理道德原则体系》，商务印书馆 2010 年版，第 171—172 页。

③ 韩秀义："中国宪法权利'新'类型的划分、解释与应用"，载《现代法学》，2012 年第 6 期。

④ 同上。

⑤ 邓联繁："论宪法权利学理分类之重构"，载《湘潭大学学报（哲学社会科学版）》，2008 年第 6 期。

形成系统中的重要性。从现有对宪法权利的分类现状来看，重要素轻结构或者说重"分"而轻"合"的现象较为普遍，这样的分类形式也许较为完善，但难以形成一个既相对独立又联系紧密的宪法权利体系。也就是说，宪法权利分类既要"一分为二"，更要"合二为一"。这样才符合"简明、整体、严谨"的分类习惯和分类标准。

因此，笔者赞同将宪法权利划分为基本权利与非基本权利，但对基本权利与非基本权利的具体内容而言，笔者与韩秀义教授所持观点并不一致，至少在自由权的划分上如此。就基本权利与非基本权利的具体内容，学界也有过激烈的讨论："我国宪法以明示的方法列举了公民行使的27项基本权利。那么，是否公民的基本权利仅仅限于宪法所列举的这27项？学术界仍存有争论。"[①] 甚至在宪法所列举的这27项基本权利中，是否都称得上"基本"权利，也是意见不一。本书因篇幅所限，在此不作进一步探讨。

需要指出的是，对于"宪法未明文规定的权利，是否属于宪法权利"之问题，或许在有着制定法传统的中国，回答"宪法权利即宪法明文规定的权利"是一件简单而自然的事情。然而从世界宪政实践来看，大多数国家的宪法在宪法权利方面均采用"具体列举式"和"概括规定式"相结合的立法模式。美国宪法第一修正案至第八修正案明确列举了人民所享有的各种宪法权利，第九修正案则概括规定了人民应当享有的其他宪法权利。该修正案规定："宪法对权利的列举，不能理解为对人民所保留的其他权利的拒绝或蔑视。"德国现行宪法明确规定了人民应当享有的各种宪法权利，第2条则概括性地规定："任何人发展人格之权利（行为自由权），在不侵犯他人权利、不违反合宪秩序及风俗的前提下，皆拥有之。"显然，一方面，"概括规定式"适应了不断发展变化的宪政实践的需要，避免了"具体列举式"的挂一漏万；另一方面，与人类生存发展直接关联的"生命权"、"思想自由权"、"生存权"、"发展权"等基本人权，若因各种原因而暂时没有获得宪法的确认与保护，这些人类的"元权利"价值何以体现，人类的生存与发展又何以得到最大限度的保障？值得注意的是，有学者提到应将"尊重和保障人权"这一宪法条款作为我国宪法

---

① 韩大元："基本权利概念在中国的起源与演变"，载《中国法学》，2009年第6期。

的概括性条款进行解释，以适应宪政实践的变化和发展。"将没有写入宪法典但对人的尊严与价值又密不可分的那部分权利——如生命权、罢工权、迁徙自由、诉权等——从人权条款中解释出来"，[①] 这至少表明，学界已经充分认识到宪法权利体系的开放性。因此，宪法权利不能狭隘地理解为宪法明文规定的权利，如有学者所指出的，"宪法权利是一种底线性权利，而不是一种穷尽性权利"[②]。从这个意义上说，宪法权利，简而言之，是指应被宪法确认并给予宪法保护的权利，这既是对宪法权利的简单定义，也是对宪法权利范围的界定。

五　结语

宪法权利作为宪法学研究中使用频率极高的语词，是开展宪法理论研究必须厘清的前提问题。通过对宪法权利的属性、主体、内容三个维度的分析，笔者拟将宪法权利的认识总结为：首先，从权利属性上看，宪法权利本身包含宪法公权利与宪法私权利，宪法公权利即公民权利，或称之为政治权利，是国家赋予的；宪法私权利是天赋的自然权利，从这个意义上说，宪法私权利具有人权的基本属性。其次，从权利主体上看，宪法权利因其属性上的分类，主体上不是单一的。当论宪法公权利时，其主体自然是全体公民；当论宪法私权利时，则指向所有的自然人，包括一国境内的无国籍人士、外国人等。需要指出的是，当我们在谈及妇女、儿童、老人、残疾人等特殊群体的宪法权利时，实际上指的是这一"类"群体的个人权利。最后，从权利内容上看，宪法权利可划分为基本权利与非基本权利。但对基本权利与非基本权利的具体内容仍是富有争议的领域，有待学界的进一步研讨。需要指出的是，宪法权利各内容之间构成一个开放的有机体系，宪法权利并不限于宪法明文规定的权利，中国现行宪法应当有意借鉴世界宪政实践的通常做法，实行"列举式"与"概括式"相结合的立宪模式，以不断适应宪政实践的需要。在分析与总结的基础上再看宪法权利与人权、基本权利等概念的异同，显然，宪法权利与人权、基本权利语词有一定的区别。其一，宪法权利与人权既有交叉又有不同。从本质

---

① 韩大元："基本权利概念在中国的起源与演变"，载《中国法学》，2009 年第 6 期。
② 刘志刚："论宪法权利的本质"，载《政治与法律》，2004 年第 3 期。

属性上说，宪法上的私权利与人权基本等同，但从范围上看，人权并不都被纳入宪法私权利，或许正是从这个意义上讲，我们称宪法权利为"基本人权"，[①] 而不能泛称为人权，但基本人权同样不能与宪法权利等同，就如基本权利不能取代宪法权利一样。其二，宪法权利包含基本权利与非基本权利，宪法权利的范围比基本权利要广，内容更为丰富。尽管学界对于基本权利之"基本"存有不同看法，"这里所谓的'基本'到底是什么含义呢"[②]，"有些权利虽然写进了宪法但很难说是最基本的。同样，有些权利没有写进宪法也不能说就不是最基本的"[③]。显然，对基本权利"学术传统"与"既定事实"上的使用并不能成为其"维持现状"与"一成不变"的充分理由，而用宪法权利取代基本权利，[④] 既是二者本质内涵有别的要求，也是"基本权利"屡遭诟病的一种解决路径，更是宪法学研究与宪政实践的理性需要。也正是从这个意义上讲，笔者认为，宪法权利作为应被宪法确认并受宪法保护的权利，内涵上不同于人权、基本权利，语词上比人权、基本权利更优越，表述更规范。

第二节　宪法权利的实施

宪法权利必须被实施，否则不如无宪。诚如戴雪在《英宪精义》中所言："从来政府以一纸公文宣布人身自由应有权利的存在，并非难事。最难之事是在如何能见诸实行。倘若不能实行，此类宣布所得无几。"[⑤] 作为宪法权利实施的基础理论，宪法权利实施的含义、特征与条件等内

---

① 中国人民大学宪政与行政法治研究中心：《宪政与行政法治研究》，中国人民大学出版社 2003 年版，第 210 页。

② 强世功："基本权利的宪法解释"，载赵晓力：《宪法与公民》，上海人民出版社 2004 年版，第 16 页。

③ 夏正林："从基本权利到宪法权利"，载《法学研究》，2007 年第 6 期。

④ 需要说明的是，这里所言宪法权利取代基本权利，主要是从避免将宪法权利与人权、基本权利等概念混同使用之角度出发的。但在宪法权利体系内部，基于"当今各国宪法文本大都以'公民的基本权利'或'公民的权利'作为宪法结构的一部分"以及我国宪政实践的既有模式，仍然可以将宪法权利划分为基本权利与非基本权利。也就是说，并不是要将"基本权利"这一语词从学术研究与宪政实践中剔除出去而完全弃之不用。引文参见郑贤君："试论宪法权利"，载《厦门大学法律评论》（第 4 辑），厦门大学出版社 2002 年版，第 192 页。

⑤ ［英］戴雪：《英宪精义》，雷宾南译，中国法制出版社 2001 年版，第 262 页。

容，我们有必要对之有一个基本的认识。

一　宪法权利实施的含义

要了解宪法权利实施的基本含义，首先要对与之相关的一个概念——宪法实施有所认识和理解。宪法实施作为宪法学范畴中的一个基本概念，学界至今没有定论，"国内学界对宪法实施有不同的看法"[①]。如有学者认为："宪法实施是将宪法文本落实到社会生活、国家政治生活中的一套观念和制度，它不是简单的技术与程序，而是一种公共理性的生活。"[②] 有学者进一步阐述为，"宪法实施是法律实施的一种具体形式，是指宪法规范在现实中的贯彻实施，即将宪法文字上的、抽象的权利义务关系转化为现实生活中生动的、具体的权利义务关系，并进而将宪法规范所体现的人民意志转化为具体社会关系中的人的行为"[③]。也有学者解释为，"宪法实施是相对于宪法制度而言的概念，是指宪法制定后转变为现实制度的一套理论、观点、制度和机制"[④]。对此，有学者认为，此种定义是广义的宪法实施。而真正宪法意义上的宪法实施则相对狭窄，即宪法实施不包括"宪法监督"和"宪法适用"，但包括"宪法执行"和"宪法遵守"，而且宪法实施主要是指议会实施宪法的相关行为[⑤]。显然，对宪法实施概念的表述存在不同意义，但无论如何，宪法实施实际上都包括了实施的内容、主体及方式等。

国内有关宪法权利实施的专门研究仍然匮乏，更未见学者对宪法权利实施的概念进行界定。从现有的宪法学教材来看，专章阐述"宪法实施"的有之，但"宪法权利实施"这一语词极少见之。令人欣慰的是，在张千帆教授主编的面向 21 世纪的全国高等学校法学核心课程教材《宪法》（北京大学出版社 2008 年版）一书中提到了"宪法权利自由的实施"[⑥]，

---

① 参见杨海坤主编：《跨入新世纪的中国宪法学》（下），中国人事出版社 2001 年版，第613 页。

② 韩大元："宪法实施与中国社会治理模式的转型"，载《中国法学》，2012 年第 4 期。

③ 周叶中主编：《宪法》（第三版），高等教育出版社 2010 年版，第 339 页。

④ 蔡定剑："宪法实施的概念与宪法施行之道"，载《中国法学》，2004 年第 1 期。

⑤ 参见马岭："'违宪审查'相关概念之分析"，载《法学杂志》，2006 年第 3 期。

⑥ 张千帆主编：《宪法学》，北京大学出版社 2008 年版，第 83 页。

但并未对宪法权利实施的概念进行界定；而从中国期刊网的检索来看，直接论述宪法权利实施的只有魏建新博士的 3 篇论文①，但在魏博士的文章中也未见阐述宪法权利实施的基本含义。鉴于宪法权利实施是宪法实施的关键和标志，是宪法实施的重中之重，事关社会主义中国宪政事业的兴衰成败，"宪法权利自由是否得到宪法的真正保护，是衡量一国宪法实施的关键标志"②。我们认为，作为一项专门、系统研究宪法权利实施的著作成果，有必要在此对宪法权利实施的概念进行初步界定。

在借鉴国内学者有关"宪法实施"定义的基础上，我们认为，宪法权利的实施指的是将宪法上的抽象的权利规范转化为社会关系中的具体的人的行为，是宪法权利规范在现实生活中的贯彻落实，是宪法实施的关键标志。基于这个定义，可从三个层面去理解：

一是关于宪法权利实施的内容。宪法权利实施的内容或者说对象即宪法权利规范。与宪法实施的内容（包括宪法原则、制度和政策以及宪法权利等）不同的是，宪法权利实施的内容直接指向宪法权利。从内容上看，宪法权利实施从属于宪法实施，是宪法实施的重要方面。而有关何谓宪法权利、宪法权利的内容怎样，本章第一节已经作了阐述，这里不再赘述。

二是关于宪法权利实施的主体。由于社会关系是参与社会生活的各主体之间形成的关系，而宪法权利实施的内容涉及各种社会关系中一切主体的行为，因此宪法权利的实施也需要通过社会关系中一切主体的行为来实现。我国现行宪法序言中明确规定："全国种族人民、一切国家机关和武装力量、各政党和各社会团体、各企业事业组织，都必须以宪法为根本的活动准则，并且负有维护宪法尊严、保证宪法实施的职责。"由此可知，在我国，一切国家机关、社会组织和公民，均负有保障宪法权利实施的责任。也就是说，宪法权利实施的主体指的是一切国家机关、社会组织和公民。正如德国法学家耶林所言，"为了弘扬法和正义，光靠法官坐在法官席上，警察从事刑事侦破工作是不够的。无论是谁，都必须发挥他们各自

----

①　魏建新博士的这 3 篇文章分别是"我国宪法权利的司法实施"，载《理论导刊》，2009年第 7 期；"国外宪法权利的司法实施研究"，载《河北法学》，2009 年第 9 期；"论宪法权利的实施"，载《河北法学》，2011 年第 7 期。

②　张千帆主编：《宪法学》，北京大学出版社 2008 年版，第 83 页。

的作用。当恣意、无法这条'九头蛇'一伸出头，任何人都负有踩住它并将其踩碎的使命和任务。受到权利这一恩惠的人，都必须为维护法律的力量和威信而作出各自的贡献。简言之，无论是谁，都应当成为为社会的利益主张权利而生活的战士"①。

三是关于宪法权利实施的方式。宪法权利实施的基本方式可分为行为实施和规范实施。行为实施指的是主体以具体的行为实施宪法权利；而规范实施指的是特定主体（主要是有立法权的国家机关）依据宪法规定制定法律、法规、规章等规范性文件以贯彻落实宪法权利规范，也即通常所说的"基本权利的具体化"。根据宪法权利实施主体的不同，常见的宪法权利实施方式主要有如下几种：

（一）国家元首实施宪法权利。国家元首是现代各国的重要国家机关，它在名义上或实质上发挥着重要作用。国家元首对宪法权利的实施指的是国家元首按照宪法赋予的职权和职责，行使职权履行义务，主要包括颁布法律甚至否决法律、领导立法、维护宪法尊严等。公布法律是国家元首实施宪法权利的一种形式，主要有以下几种情况：第一，国家元首无权对需要公布的法律进行审查，即没有不批准公布的权力。如日本《宪法》第7条规定：天皇根据内阁的建议和承认，公布法律。中国《宪法》第80条规定：国家主席根据全国人大及其常委会的决定，公布法律。第二，国家元首对议会通过的法律拥有否决权。有的国家元首实际上没有行使过，如英国国王；有的国家元首行使过，如美国总统有权对议会通过的法律行使否决权，实际也行使过。美国《宪法》第1条第7款规定：总统行使行政否决权有两种方式：其一，经国会所通过的法案，如果总统认为违背其政策时，可连同不同意见，送还原提出议案的议院；其二，总统既不签署，也不在10天以内送还原提案的议院，而直接搁置，即"口袋否决"（Pocket Vote）②。不过，此种方式的否决，只有国会将法案送达总统后10天休会的情形下，才能适用，否则总统如不能行使有意见的否决权，该法案即自动生效。

---

① 转引自郭道晖："为权利而斗争就是为法治而斗争"，载《政治与法律》，1997年第6期。

② 张千帆主编：《宪法学》，北京大学出版社2008年版，第86页。

（二）立法机关实施宪法权利。由于立法机关是民意代表机关，而宪法是一国民意的最高体现，所以两者之间有密切的关系。正是在这个意义上，有学者认为，"宪法实施主要是指立法机关实施宪法的行为"①。立法机关实施宪法权利的形式主要有两个方面：首先是立法。由于宪法是根本法，它通常只对国家的根本性问题作出规定，不可能对所有问题作详细具体的规定，这就要求立法机关制定相应的法律，将宪法的权利规范具体化。各国宪法都确立了立法机关的立法权。我国《宪法》第 58 条规定：全国人大和全国人大常委会行使国家立法权。《宪法》第 62 条和第 67 条分别对它们的立法权限进行了分配。其次是立法机关对宪法的解释。有的国家宪法确认了立法机关解释宪法，这是立法机关实施宪法的重要方式。中国《宪法》第 67 条规定：全国人大常委会行使宪法解释权。不过，从实践情况看，立法机关解释宪法的体制并不能使宪法权利得到有效实施。

（三）行政机关实施宪法权利。行政机关依据宪法执行法律、行使行政管理权是实施宪法权利的重要形式。与其他国家机关相比，行政机关对宪法权利的实施更加高效、频繁。行政机关执行宪法，通常包括制定行政法规、规章和其他规范性文件。行政机关制定法规、规章和其他规范性文件必须有宪法和法律依据，违宪无效，不得限制公民权利和设定义务。中国《宪法》第 89 条规定：国务院有权根据宪法和法律，规定行政措施，制定行政法规，发布决定和命令。还可以行使全国人大和全国人大常委会授予的其他职权，包括委任立法权。此外，行政机关还可以履行宪法规定的其他职权职责以实施宪法权利，如法国总理有权向宪法委员会提起违宪审查权，法国《宪法》第 61 条第 2 项授权总理和国会议员在此方面行使相同的权力。

（四）司法机关实施宪法权利。司法机关实施宪法权利的主要形式有民事审判、刑事审判和行政审判。宪法审判则属于宪法监督范畴。例如法国宪法委员会的主要功能包括：审查确认选举的合法性；对法律合宪性进行审查；对总统行为进行审查，等等。我国《宪法》第三章第七节"人民法院和人民检察院"对法院和检察院的职责作了相关规定。尽管没有明确规定法院是否有权适用宪法，但不可否认的是，法院依据宪法法律行

---

① 马岭："'违宪审查'相关概念之分析"，载《法学杂志》，2006 年第 3 期。

使审判权的行为也是贯彻实施宪法权利的行为。早在 1989 年全国人大常委会工作报告中指出:"当前法律建设的一个突出问题是,有些已经制定的法律没有得到很好的实施。……各级人大、政府、法院、检察院都负有保证宪法和法律实施的重要职责。"2004 年中共中央政治局常委召开学习和贯彻实施《宪法》会议部署工作时,除了提出在全社会普及宪法之外,更明确提出了贯彻实施宪法的三大措施:进一步研究制定监督宪法和法律实施的措施;全面推进依法行政;坚持执政为民、公正司法、维护社会公平和正义①。2012 年 12 月 4 日,习近平总书记在纪念现行宪法公布施行 30 周年大会上强调:各级国家行政机关、审判机关、检察机关要坚持依法行政、公正司法,加快推进法治政府建设,不断提高司法公信力。② 由此可见,公正司法已经成为我国宪法权利实施的重要措施和基本途径。当然,我国学术界对法院是否有宪法权利实施的权力一直存在争议,不少学者予以回避或否认。③ 其理由是《宪法》第 62 条关于全国人大具有监督宪法实施和第 67 条规定全国人大常委会有解释宪法和监督宪法实施的职权。也就是说,《宪法》没有明确规定法院有监督宪法实施、解释宪法或违宪审查的权力,以此类推,法院无权实施宪法权利。其实,我认为这一理由缺乏足够的依据。实际上,宪法一些条文规定暗含着法院有实施宪法及宪法权利的权力。《宪法》第 123 条规定,法院是国家的审判机关。既然是审判机关,就要处理纠纷。那么涉及宪法方面的纠纷也不例外,宪法并没有排斥法院实施宪法权利的规定。有学者早就主张:"法院应该'依宪判决。'"④ 这里需要说明的是,就中国目前实际情况而言,法院适用法律法规处理案件的活动属于一般的宪法实施活动,还不构成严格意义上的宪法监督或违宪审查活动。

在上述定义中,我们还能发现宪法权利实施的重要价值——宪法实施的关键标志。理由在于:其一,立宪的本意就是为了通过宪法制约公权,保护公民权利的自由。其二,相对于公权来说,公民处于弱势一方,在权

---

① "中央提出监督宪法实施措施",载《报刊文摘》,2004 年 4 月 5 日。

② 习近平:"在首都各界纪念现行宪法公布施行 30 周年大会上的讲话",新华网:http://news.xinhuanet.com/politics/2012—12/04/c_113907206_2.htm,2012 年 12 月 5 日访问。

③ 参见杨海坤主编:《宪法学基本论》,中国人事出版社 2002 年版,第 374—376 页。

④ 王振民:《中国违宪审查制度》,中国政法大学出版社 2004 年版,第 187 页。

利的实现上，对国家权力有很大的依赖性。其三，公民宪法权利的实施程度与宪法文本规定并不总是一致。有的国家宪法规定了公民享有诸多权利和自由，但由于没有可行的保障机制，宪法规定只能沦为画饼充饥。只有公民宪法权利真正得到保护，宪法的实施才是完整的、健康的。比如美国1787 年宪法颁布后，在马伯里诉麦迪逊案之前，1792 年最高法院审理了第一件人权案。[①] 该案争议是：罗德岛州一位债务人担心他所欠的债务到期无力偿还，乃向州议会请愿，把他对债权人的偿还期限延长三年。州议会允其所求，并专为此一延期偿还之事，制定一项特别法加以实施。债权人控告州议会的该项特别法违宪，因而发生本案。官司打到联邦最高法院，联邦最高法院把罗德岛州的该项特别法宣告无效，理由是破坏契约义务，违反联邦宪法的契约条款。[②] 由此可见，美国最高法院一开始就是以保障宪法权利为目的。1803 年的马伯里诉麦迪逊案同样是当事人维护自己权利自由的斗争。因此，"在世界各国中，美国在运用宪法保障公民权利方面的实施效果最好"[③]。而澳大利亚宪法尽管早在 1900 年即颁布施行，但由于联邦宪法中没有专门的《权利法案》，影响了高等法院依据宪法保障公民权利。直到 20 世纪 80 年代末，高等法院才注重对公民宪法权利的保护，运用宪法中有限的明示性权利和宪法中引申出的默示性权利保护人权，从而使宪法实施才真正进入良性运作状态。

二　宪法权利实施的特点

宪法权利实施作为宪法实施的一个关键环节，既有与法律实施、宪法实施相似的共同特征，也具有"权利实施"所表现出来的特殊性，概括来说，宪法权利实施的特点主要表现在如下方面。

（一）主体的广泛性

宪法是调整国家最基本社会关系的国家根本法，与普通法律往往只调整国家生活中的一个或几个方面不同，宪法调整的范围涉及国家政治、经济、文化和社会生活等各个方面，也就是说，国家与社会生活各个领域的

---

① Champion & Dickason v. Casey, CCDRI. 1792.

② 参见朱瑞祥：《美国联邦最高法院判例史程》，台湾黎明文化事业公司 1984 年版，第 10 页。

③ 张千帆主编：《宪法学》，北京大学出版社 2008 年版，第 84 页。

活动都必须遵循宪法的规定，因此宪法实施范围的广泛程度是普通法律所不能比的。与宪法实施范围的广泛性相联系，宪法权利实施的主体也非常广泛。由于社会关系是参与社会生活的各主体之间形成的关系，而宪法权利实施的内容涉及各种社会关系中一切主体的行为，因此宪法权利的实施也需要通过社会关系中一切主体的行为来实现。我国现行宪法序言中明确规定："全国种族人民、一切国家机关和武装力量、各政党和各社会团体、各企业事业组织，都必须以宪法为根本的活动准则，并且负有维护宪法尊严、保证宪法实施的职责。"由此可知，在我国，一切国家机关、社会组织和公民，均负有保障宪法权利实施的责任。也就是说，宪法权利实施的主体指的是一切国家机关、社会组织和公民。这里要特别指出的是，公民尽管在一般法律实施中大多只是充当守法者的角色，在宪法权利实施中，公民不仅有守法的义务，还有适用和执行的权利。比如在瑞士，"复决是一种由宪法所确立的宪法监督制度"，公民参与复决既不是履行义务的守法行为，也不是一般的权利主张，而是对宪法权利的实施发挥监督作用，行使一种宪法监督权。

（二）内容的原则性

"宪法实施的原则性是由宪法的内容和地位决定的。"[①] 由于宪法调整的社会关系十分广泛，在具体规定过程中，只能规定调整社会关系的一般原则，例如，宽泛性原则性的授权规定，许多国家宪法都规定公民的基本权利和基本义务。这里的"基本"意味着内容不具体、边界不严格。美国《宪法》第9条修正案明确规定：宪法所列举的某些权利，不应被解释为剥夺或取消人民所保留的其他权利。[②] 显然，此条关于不能把宪法列举的权利作为否定和轻视人民保留的其他权利的规定，当然也是宽泛到不能再宽泛，原则到不能再原则的程度了。许多国家宪法对国家机关的授权采取列举的形式。而列举常常不能穷尽所有应当规定的内容，或者无法尽数许多相对不太重要或者在一定时期不太受重视的内容。因此，制宪或修宪的人们采取了一个补救的办法，即写一个拾遗补阙的条款。例如，我国《宪法》第62条授予全国人大的职权除说明具体权力内容的14项外，还

---

① 周叶中主编：《宪法》（第三版），高等教育出版社2010年版，第340页。
② 张千帆：《西方宪政体系》（上册），中国政法大学出版社，第727页。

有一项是"应当由最高国家权力机关行使其他职权"。

（三）方式的综合性

宪法权利的实施不可能只采用一种方式，而是多种方式的综合运用。如前所述，常见的宪法权利实施的方式主要有四种，就国家元首而言，主要以公布法律、否决法案、领导立法等方式实施宪法权利。对立法机关而言，行使宪法和法律授予的立法权、法律解释权即实施宪法权利的一种方式。在我国，宪法授予了全国人大及其常委会国家立法权与法律解释权。而行政机关主要通过行使行政管理权来实施宪法权利，也就是一种执行的方式实施宪法。对司法机关来说，宪法的权利实施也免不了宪法的司法适用，这也是宪法权利实施构成的基本内容，"把宪法实施构成概括为三个部分：宪法执行、宪法遵守和宪法适用"①。尽管学界对司法机关能否适用宪法存有争议，但从宪法文本规定与世界各国的宪政实践来看，司法机关的宪法适用是宪法权利实施的基本途径和重要方式。除上述四种常见方式外，公民作为宪法权利实施的主体，同样需要贯彻实施宪法权利，只不过，公民主要是以一种宪法遵守的方式来实施宪法权利，比如我国《宪法》第51条规定：中华人民共和国公民在行使自由和权利的时候，不得损害国家的、社会的、集体的利益和其他公民的合法的自由和权利。任何公民对他人权利的尊重和对宪法规范的恪守同样是实施宪法权利的体现。

（四）过程的创造性

如果说所有的法律适用都是拿抽象量具体、用一般裁个别，那么，在宪法权利实施的过程中，被运用来量、裁的尺度就更抽象、更一般。许多宪法条款都没有具体尺度。一些人之所以责怪宪法缺乏可操作性，就是因为它许多规定没有给出具体的行为模式，更不要说明确的行为后果了。宪法权利实施之所以比其他法律的实施更需要解释，最重要的原因就是宪法的规范操作性不明显，不进行解释就难以与具体的事件或行为建立直接的联系，从而便无法运用宪法去解决有关的实施问题。许多国家宪法都规定了某方面的事务由法律规定，某权利要依法律加以限制，等等。这些规定显然是把进一步的创制任务，包括完善宪法的任务，交给了立法机关。立法机关制定普通法律并不只是做宪法之外的工作，而是同时在完善宪

---

① 李湘刚：《中国宪法实施研究》，湖南人民出版社2009年版，第19页。

法。显然，普通法律所规定和限制的权利并非宪法所不关心。比如1919年的德国《魏玛宪法》对迁徙自由权的规定。《魏玛宪法》第111条规定：一切德国人民，在联邦内享迁徙自由之权，无论何人。第112条规定：德国人民有移住国外之权。此项移住，唯联邦法律得限制之。[①]不难发现，《魏玛宪法》将迁徙自由分为国内迁徙自由和国际迁徙自由，同时对迁徙自由的限制作了概括式规定。这种概括式规定即将迁徙自由的具体限制交由法律规定，是对法律的一种授权，立法机关可据此进行创制，创造性得以彰显。

（五）机制的保障性

"所谓的宪法保障制度，其核心目标和主要的功能也正是在于维护权利。"[②]宪法权利的实施如同宪法实施一样，离不开保障机制的运作，只有建立有效的保障机制，实施权利才能得到真正贯彻和落实。"历史经验表明，克服宪法实施的离散性缺陷的最佳方式，就是建立相应的宪法实施保障制度。"[③]宪法权利实施保障机制的有效运作具有三项基本功能，即实现宪法权利实施的具体化、违宪行为的客观化和违宪制裁的法定化。宪法权利实施保障机制实际上是整个宪法实施问题的关键和重心。离开宪法权利实施保障机制来谈宪法实施，很大程度上可以说是纸上谈兵。这也是众多国家重视宪法实施保障制度的重要原因。就我国的实际情况而言，宪法诉讼、违宪审查等机制的建立和完善是目前的当务之急，它既是宪法权利实施的重要保障，也是宪法实施的基本内容。正为宪法诉讼制度的缺失和违宪审查机制的"冷冻"，宪法权利实施的效果一直是困扰我国宪政实践的一大难题，也成为社会公众最关注的社会问题之一。从2002年中国人民大学宪政与行政法治研究中心进行的"中国公民宪法意识调查"来看，通过宪法实施二十多年的实践，公民的宪法意识有了一定的提高，约有45%的公众认为宪法实施效果好或比较好，但也有约45%的公众对宪法实施的效果并不满意，认为差或比较差。其重要原因在于宪法实施的保障机制不健全，各种违宪行为没有及时得到纠正，违宪行为的危害性没有

---

①　陈云生：《宪法学学习参考书》，北京师范大学出版社，第343页。

②　林来梵：《从宪法规范到规范宪法——规范宪法学的一种前言》，法律出版社2001年版，第323页。

③　周叶中主编：《宪法》（第三版），高等教育出版社2010年版，第341页。

引起足够的重视。在"如果我国今后再次修改宪法，您认为最需要完善的是哪部分内容"的提问（共有 10 个选项）中，认为应该完善宪法监督机制的意见占第一位，[①] 表明公众对宪法监督机制的关注与期盼。回顾宪法实施三十周年的历程，我们需要认真研究完善宪法实施保障制度的问题，积极转变观念，尽快建立适合中国国情的宪法实施保障制度。

三　宪法权利实施的条件

宪法权利实施的条件指的是影响和制约宪法权利得以实施的各种内外在因素。宪法权利实施的高度综合性和极端重要性决定了宪法权利实施的条件也相应具有自身的特点。据此，宪法权利实施的条件主要包括自身条件和外部条件。

（一）自身条件

内因是事物变化发展的根源和动力。宪法权利实施的自身条件主要有：

一是宪法规范的正当性。宪法的正当性是指宪法内在应然价值取向，即宪法规范应体现公认的平等、自由、权利精神，充分表达人民的意志和利益。它首先表现为制宪程序的正当性，即代表民意的宪法是通过一系列的步骤和方式而形成的，这些步骤和方式必须符合法治精神；其次表现为宪法权利规范的内容的正当性，即宪法权利规则的内容要符合"公民权利保障书"的宪法精神，彰显"自由民主平等"的价值理念。

二是宪法结构的科学性。宪法结构在体系和文字表述上应该合理、准确。从宪法渊源的角度看，宪法结构指的是宪法体系；从成文宪法典的角度看，宪法结构指的是一国宪法典各组成部分的外部排列和内部组合，包括形式结构和内容结构两个方面。一部宪法典无论长短，都由几个相对独立的部分组成。各个组成部分内容相对独立、前后连贯。宪法结构的科学性是宪法权利实施的必备条件。

三是宪法自我保护的完备性。宪法权利只有通过一定的运行机制才能有序地实施，如果宪法自身能够确立比较完善的实施机制，那么不仅能赋

[①]　韩大元、林来梵、郑贤君：《宪法学专题研究》（第二版），中国人民大学出版社 2008 年版，第 279 页。

予这一机制应有的权威和尊严，而且能为宪法权利的有效实施提供有力的制度保障。宪法解释制度、宪法修改机制、宪法诉讼制度、违宪审查机制等均是宪法权利实施的基本保障。

四是法律体系的完备性。法律体系的完备是一国法制健全的基本标志。宪法权利实施有赖于各部门法对宪法权利规范的进一步细化，此即"基本权利的具体化"，根据宪法制定出与之配套的法律、法规和规章，进而建立统一的法制，对实施宪法权利具有重要的意义。

（二）外部条件

外因是事物变化发展的条件。宪法权利实施的外部条件主要包括：

第一，市场经济的发展是宪法权利实施的经济条件。宪法权利实施的经济条件既包括宪法和宪法权利实施得以生存的物质基础，也包括经济发展本身提出的对于宪法和宪法权利实施的内在要求。马克思主义认为，法最终的决定因素是社会的物质生活条件，是由一定的社会经济关系所决定的，而且这个关系是不以人的意志为转移的。市场经济实质上是法治经济。市场经济的内在规律即在于自由、平等地交换，而这一规律就必然在社会经济关系中产生社会利益主体的多元化、平等化、自由化，时代地，就必须确立权利本位的经济体制。这样，就要求国家在政治生活中确认与保障他们的自由、民主、平等等权利。而对这些政治权利的保障，其最有效的方式就是通过法律途径，尤其是通过根本大法的宪法予以保障。对此，我们可以从英国宪法的产生历程中得到阐释。17世纪的英国，经济出现了前所未有的新变化。在残酷的资本原始积累的基础上，资本主义商品经济关系取代了封建经济关系。而统治者依然实施的是专制统治、等级制度，这肯定妨碍了商品经济的发展，结果是不可避免地出现新的生产关系与旧的上层建筑之间的矛盾。而人身自由、法律平等、主体自治等是当时经济规律的必然要求。1628年，国会为适应这一要求，向国王提出了《权利请愿书》，明确要求：（1）国王非经国会同意，不得强迫任何人提供捐税和纳税；（2）不得任意监禁、扣押与强迫人招供；（3）不得以戒严令判死刑，并废除戒严令；（4）不得强占民房驻军。而英王却倒行逆施，竟宣布讨伐国会。国会在资产阶级的领导下，取得了农民、城乡手工业者的支持，用武力打败了英王，于1649年1月处死查理。为了限制王权，保障人身自由，国会于 1679 年通过了《人身保护法》，此后颁布的宪法性文件，都不是偶然的，而是当时阶级力量对比关系的反映，都建立在正在形成的近代市场经济的基础之上。

第二，民主政治的确立是宪法权利实施的政治条件。民主政治不仅对宪法制定起着决定作用，而且对宪法权利实施具有极大影响。政治的民主化程度决定宪法权利实施的程度，加强民主政治建设的过程，也是宪法权利实施的过程。需要指出的是，我们所指的民主政治还包括稳定的政治环境，保持安全的政治局面对宪法权利的实施具有重要的意义，这已为世界各国宪政实践正反两个方面的经验教训所证明。宪法是人类为了克服不确定性、追求秩序而要求规则体系和谐的产物，是为了配置权力、反对滥权而期求制度生成的结果。近代宪法主要源自于近代民主，而近代民主制度是自由主义民主的产物，是民主与自由的复合体。自由主义是培育近代民主的酵母。直到 19 世纪，人类社会的人民主权观念才作为积极的建设性因素进入政治进程之中，但是这一原则是在经过重要转换之后才成为积极因素的。经过自由主义修正后的民主便从"一切权力属于人民"变成了"一切权力不属于任何人"。不再是"人民的统治"，而被规定为谁也不能选择自己进行统治，谁也不能授权自己进行统治，因此谁也不能自我夺取无条件的和不受限制的权力。① 这种修正蕴含以下三个方面的含义：（1）人民不被看作一个有机的整体，而被具有操作性的有限多数原则所代替。也就是说，多数人的权利和受宪法保护的少数人的权利共同构成人民的权利。（2）由直接民主变成间接民主即代议制民主，或者说由统治的民主变成被统治的民主。（3）由人民直接行使权力变成通过监督和更换掌权者来行使权力，或者说由直接行使权力变成对权力的制约。由此可见，民主政治既可以构成宪法产生发展的环境，同时也是宪政发展的一种成果，没有宪法的完善和良性演进，是不可能完成限制国家权力、保护人民权利这一民主政治的伟大目标的。②

第三，宪政文化的培育是宪法权利实施的文化条件。宪政文化是一种

① 参见［美］萨托利：《民主新论》，冯克利等译，东方出版社 1993 年版，第 397 页。

② 参见秦前红："关于宪法与民主政治关系的随想"，载法律教育网：http://www.chinalawedu.com/news/16900/171/2005/7/ma23381020441227500244540_171514.htm，2012 年 10 月访问。

法律文化。宪政文化蕴含着丰富的法的内容和精神。孟德斯鸠曾经说过："法律应该和国家的自然状态有关系：和寒、热、温的气候有关系……和立法者的目的，以及和作为法律建立的基础的事物的秩序也有关系。应该从所有这些观念去考察法律。……这些所有的关系综合起来就构成所谓的'法的精神'。……因为我所讨论的不是法律，而是法的精神。"① 诚然，法律的生成有着诸多因素，但所谓"法的精神"无疑是重要条件。宪法权利实施需要"法的精神"的统领和宪政文化的积淀。宪政作为人类文明发展的产物，其植根于西方文化传统，同时其本身又是西方文化的一个重要组成部分；作为一种文化形态，它由基于人们心理活动的价值观念以及现实中存在的一系列制度规范构成，其体现着西方基本的价值准则和观念，蕴含着他们对人与社会、公民与国家关系的理解，是西方世界对个人与集体、公民与国家、私域与公域之间关系的思考、体悟和对基本秩序的建构。宪政文化培育的一个首要使命即在于增强公民的宪法权利意识。强化宪法权利意识，了解掌握宪法精神，学会运用宪法保护权利，这对于宪法权利实施尤为重要。在公民宪法权利意识方面，中国的现实情况不能令人满意。尽管现行宪法已经颁布实施 30 年了，但是很多公民不知道宪法是什么，整个社会特别是国家机关很少关注和尊重宪法。公民参与国家宪法生活的机会很少，参与热情不高，对于重要的政治活动随意放弃、委托或者漠不关心。如不少公民很少行使过自己的选举权，也很少有人去"讨个说法"。公民宪法权利意识的淡化、漠视、错位和缺位的现象也得到学者们的调查结果的证实，"我们可以得出一个初步而基本的结论：当前中国公民的宪法意识有喜有忧，总是不容乐观"②。而要改变这种状况，必须使公民认识到，权利只有斗争才能获得，不能被动消极地等待权利的自发实现，"争权"即"护法"，既是权利，也是义务。诚如耶林所言，"无论是谁，都应成为为社会的利益主张权利而生活的战士"③。宪法权

---

① ［法］孟德斯鸠：《论法的精神》（上），张雁深译，商务印书馆 1987 年版，第 7 页。

② 参见上官丕亮："关于中国公民宪法意识的调查报告"，载《苏州大学学报特刊·东吴法学》2003 年号；徐向华主编：《观念与行为：宪政意识与普法宣传教育研究》，中国社会出版社 2003 年版；韩大元、王德志："中国公民宪法意识调查报告"，载《政法论坛》，2002 年第 6 期。

③ 转引自郭道晖："为权利而斗争就是为法治而斗争"，载《政治与法律》，1997 年第 6 期。

利实施要求人们有强烈的宪法权利意识，要学会争取权利。它要求公民树立强烈的诉讼意识，不应该害怕到法庭上去争取自己合法的权利。只有充分了解宪法是保障公民宪法权利的最有力武器，宪法是人民的法律，公民才能自觉去维护宪法的权威，宪法才能真正走进老百姓的日常生活。

第四，市民社会的成长是宪法权利实施的社会条件。纵观西方宪政发展的历程不难发现，有一部较为完善的宪法仅仅是实现宪政的前提条件，而宪法的真正实施还依赖于市民社会的成熟。宪政作为政治国家的一种形态，它决定于成熟的市民社会。美国学者巴林顿·摩尔认为，"英国的市民社会比法国的市民社会发展成熟，传统的贵族和农民在商业化过程中消失殆尽，而法国的传统贵族和农民在革命前仍然存在，所以法国的民主政治发展付出了比英国更为沉重的代价"①。亚洲某些新兴国家和地区一般致力于市场经济发展培育坚固的市民社会基础，然后顺理成章地推进民主政治和法治的发展，虽然其过程不尽如人意，但没付出太大的代价。苏联、东欧的代价颇大，原因之一就是在政治变革之前没有市民社会作为基础。② 市民社会与宪政的关系极为密切，这已为西方国家宪政历史所证明。通过西方宪政实践的考察，我们可以看到，市民社会铺垫了宪政之路，为宪法权利实施提供了社会基础。美国的宪政实践和宪法权利实施也表明了市民社会的基础作用。美国独立后，于1787年制定了世界上第一部成文宪法，但由于美国当时在整体上还是一个农业社会，英国的殖民专制的影响尚未从根本上消除，美国宪法和宪政都受到了严峻挑战，虽然在1803年的马伯里诉麦迪逊案中确立了宪法监督，但宪法实施仍然存在诸多障碍。自19世纪中叶以后，美国宪法监督与宪法权利实施发生了良性互动。可以说，美国市民社会的逐渐成熟是关键性因素。正因为美国形成了成熟的市民社会，而市民社会强调对个人权利和财产的严格保护，抵抗国家权力对个人事务的干预和对自由权利的侵犯，则要求实现社会自治、社会成员之间的平等、崇尚对自由的追求和自我价值的实现。而宪法的价

① ［美］巴林顿·摩尔：《民主和法制的社会起源》，拓夫等译，华夏出版社1987年版，第125页。

② 储建国："市场经济、市民社会和民主政治"，载《武汉大学学报》，1999年第1期。

值即在于对国家权力滥用的制约和对公民权利的周密保护，强调对自由、平等、人权、法治等价值的尊重。因此，我们可以说，在市民社会中得以萌芽、发育和形成的自由、平等、人权、契约等民主宪政理念对宪法权利实施起着不可或缺的重要作用。

第二章　国外宪法权利实施的考察

不可否认，我国的宪政发展在历史传统与基本路径上与西方发展迥异，但"有些基本的经验必定是相通和可资借鉴的"①。更何况，学习借鉴西方，"不是为了复制她为自己设计的机构，而是为了能够更好地理解什么适合我们自己，让我们在那里寻求教诲，而非模式；让我们采纳她的原理，而非法律细节……"② 从国外宪法实施的案例来看，宪法实施多因宪法权利而引发，因为宪法权利是宪法中最容易产生纠纷和诉讼的地方，国外宪法权利通过立法、行政和司法等实施方式，产生了有益的经验。基于此，作为我国法治中最重要的环节——宪法实施，应当从西方的宪法权利实施中借鉴经验。③

第一节　国外宪法权利实施的方式及经验

从国外的宪政实践来看，国外的宪法权利主要通过立法、行政和司法三种方式加以实施。其中，立法实施是首要方式，行政实施是重要内容，而司法实施则是关键环节。从发展经验看，实现权利是宪法权利实施的动力源泉，而社会转型是宪法权利实施的机遇所在。

---

① 袁曙宏、韩春晖："社会转型时期的法治发展规律研究"，载《法学研究》，2006 年第 4 期。

② ［美］保罗·布莱斯特：《宪法决策的过程：案例与材料》（上册），张千帆等译，中国政法大学出版社 2002 年版，第 3 页。

③ 因为"西方国家的法治经历了漫长的演化历程，在此期间，许多制度理念和制度模式经过了试验和检验，能够保留下来的思想资源和制度形态是有其一定合理性和科学性的，从中选取可资借鉴的内容，可以使我们少走弯路，节省摸索和试验的成本"。参见罗豪才：《行政法与公法精要》，辽海出版社、春风文艺出版社 1999 年版序言。

一　宪法权利的立法实施

宪法权利的立法实施主要是通过立法将宪法上的权利规范具体化，首先是通过议会立法得以实现的。十七八世纪的欧美国家宪法主要体现了议会主导的权力配置，资产阶级革命后，议会主权代替君主主权。"增加议员们的权利，也就等于在国家中增强民主因素的影响，限制行政权的权限也就等于在国家中减少专制因素的作用。"[①] 通过议会来规定公民的宪法权利并对之加以限制。

（一）宪法权利立法实施的发展历程

议会立法实施宪法权利可以从两个层面来理解：一是议会有义务制定法律去落实宪法权利或通过制止侵权行为以实施宪法权利；二是议会不得任意制定法律来限制宪法权利。进入 20 世纪以后，随着社会实践的展开，为了维护社会经济秩序，保障社会经济的正常发展，解决市场难以解决的社会问题，满足公民积极权利实现的要求，迫切需要大量的规则调整各种社会关系，但议会精力与时间有限，加之规则的专业性与技术性等要求，行政机关及其工作人员拥有专门知识、经验和技术，更能适应现代立法技术性强的要求，议会不得不授予行政机关立法权，行政立法的灵活性适应社会快速发展的需要。行政立法的快速发展，一方面，促进了宪法权利实施；但另一方面，也给宪法权利实施带来了挑战，"议会制度之颓废式微，必然促使行政权力的大举扩张，这当然会使基本人权之保障范畴萎缩减少"[②]。因此，为了防止行政立法的快速发展对公民宪法权利的伤害，充分发挥行政立法保障公民宪法权利的积极作用，行政法上逐步建立起各种对行政立法的控制机制：一是行政立法权限的控制，议会在授予行政机关立法权时，明确行政立法的范围、条件等，行政机关不得越权立法，不得违反法律保留；二是行政立法程序的控制，通过规范行政立法的程序，加强对行政立法过程的监督，扩大利害关系人的参与；三是行政立法的事后控制，主要是在诉讼中，当公民的宪法权利受到行政立法侵害时，对行

---

① 转引自［意］萨尔沃·马斯泰罗：《当代欧洲政治思潮》，社会科学文献出版社 1998 年版，第 123 页。

② 李鸿禧：《宪法与人权》，元照出版公司 1995 年版，第 234 页。

政立法进行违宪审查。对于行政立法的控制，既是避免行政权倾轧立法权的重要途径，更是保障宪法权利的基本手段。

（二）宪法权利的立法限制

无论是议会立法还是行政立法，立法实施宪法权利的根本宗旨均在于保障公民宪法权利。然而，立法保障宪法权利必然要面对的是宪法权利的限制问题，"基本权利的限制是指为了维护社会公共利益和国家的安全，根据宪法和法律的规定，在特定情况下，对基本权利的行使进行适当的限制，或在一定的范围之内停止行使，以维护公共利益和实现宪法秩序"[①]。如果将宪法权利当作一枚硬币，保障与限制则是这枚硬币的两个面。保障意味着不能过多限制，适度的限制也是为了保障，权利限制与权利保障如影随形。宪政实践也表明，如何对宪法权利进行限制，如何来对宪法权利的限制进行限制，是各国宪法实施中的关键问题，也是宪法权利保障中最核心的问题。但有一点是明确的：立法对权利限制应该遵循审慎原则，限制只是为了更好地保障。诚如张友渔先生在《对"集会游行示威法（草案）"的意见》中所说的，"限制也是为了保障，限制和保障是辩证的统一"[②]。程燎原与王人博二位学者同样认为，"限制权利的目的不在于取消权利，而在于实现权利；不在于削减和缩小权利，而在于扩大权利"[③]。洛克也说过："哪里没有法律，哪里就没有自由，但是正如人们告诉我们的，并非人人爱怎么样就怎么样的那种自由。"[④] 台湾学者陈慈阳亦认为："人民存在于国家社会中，自由是不能不受限制的，否则国家存在将受人民自由权利滥用而有崩溃之虞，所以基本权就必须予以限制。"[⑤]

对此，我们以迁徙自由权为例加以论证。尊重和保护公民的迁徙自由权已经成为宪政民主国家的普遍共识，迁徙自由权也获得了大部分国家宪法的确认，并在国家人权法体系中居重要位置。但是，迁徙自由权作为一项宪法权利，许多国家宪法在确认迁徙自由权的同时，也对其作出了限制性规定，国际人权法亦有相关规定，如《公民权利和政治权利国际公约》

① 周伟：《宪法基本权利司法救济研究》，中国人民公安大学出版社 2003 年版，第 48 页。
② 郭道晖：《法的时代挑战》，湖南人民出版社 2003 年版，第 351 页。
③ 程燎原、王人博：《权利及其救济》，山东人民出版社 1998 年版，第 211 页。
④ ［英］洛克：《政府论》（下篇），叶启芳、瞿菊农译，商务印书馆 1964 年版，第 35 页。
⑤ 陈慈阳：《宪法学》，元照出版公司 2005 年版，第 315 页。

第 12 条第 3 款规定："上述权利，除法律所规定并为保护国家安全、公共秩序、公共卫生或道德、或他人的权利和自由所必需且与本公约所承认的其他权利不相抵触的限制外，应不受任何其他限制。"因此，我们有充分理由怀疑并设问，限制迁徙自由权的正当性何在？立论依据是什么？

　　1. 人性的预设：法哲学的依据

　　人的本性究竟是"恶"还是"善"，存在两种截然不同的回答。人是上帝的造物，有着不可侵犯的灵魂与尊严；但人又生而有罪，有着与生俱来的罪恶潜能与堕落趋势。人是一种可上可下的"居间动物"，但其中"可上"是有限度的，人可以得救，但却永远不可能变得像神一般完美。①人的堕落性是无限、随时的，人可以通过自己的努力和神的恩宠"得救"，但不可能"神化"。在恶的程度上，人人平等，既无具善而无恶的人，亦无具恶而无善的人。即人性又有善的一面，希望通过有效的机制对"恶"予以矫正。诚如孟德斯鸠关于人是"局限存在物"的论断，"作为一个'智能的存在物'来说，……他是一个有局限性的存在物；他和一切'有局限性的智灵'一样，不能免于无知与错误。他生来就是要过社会生活的；但是他在社会里却可能把其他人忘掉；立法者通过政治的和民事的法律使他们尽责任"②。从西方法律文化发展看，宪政的产生及发展无不建立在对人性悲观估计的基础上。英国大卫·休谟（David Hume）提出了著名的"无赖原则"，他认为："政治作家们已经确立了这样一条准则，即在设计任何政府制度和确定几种宪法的制约和控制时，应把每个人都视为无赖——在他的全部行动中，除了谋求一己之私利外，别无其他目的。"③ 如果说"无赖原则"是以一种"是什么"的判断方式，对人与制度关系提供逻辑结论的话，美国宪政学家詹姆斯·麦迪逊（James Madison）则以一种"不是什么"的方式对人与制度关系予以阐析，他认为："如果人都是天使，就不需要政府了。如果是天使统治人，就不需要对政

————————

　　① 参见《旧约全书·创世记》，载《新旧约全书》，中国基督教协会印发（1994 年·南京）。

　　② ［法］孟德斯鸠：《论法的精神》（上册），商务印书馆 1961 年版，第 3 页。

　　③ ［美］斯蒂芬·L. 埃尔金等编：《新宪政论》，生活·读书·新知三联书店 1997 版，第 27—28 页。

府有任何外来的或内在的控制了。"① 从权利的角度看，基于利益的驱动和人的欲望的无限性，亦将使权利的享有者无节制地滥用权利。因此，以权利制约权力，抑或权力正当、合理地限制权利都是构建法治国家良好宪政秩序的必然选择。

2. 法治的诉求：宪法规范的依据

在现代民主法治国家，对宪法权利的限制是一个重要问题，很多国家宪法都直接和明确规定了宪法权利是可以限制的，但又对限制宪法权利设置了诸多条件。最早规定限制宪法权利的法律性文件是法国的《人权宣言》，如第 4 条规定："自由包括从事一切不损害他人的行为的权利。因此，行使个人的自然权利只有以保证社会的其他成员享有同样的权利为界限。这些界限只能够由法律确定。"这一规定是法治原则的具体展现，同时包含了宪法权利是可以限制的，但只能由法律加以限制。意大利《宪法》和德国《宪法》在规定基本权利的同时，几乎任何一个权利条款之后都附有"只可由法律予以限制"的字样。在美国，对宪法权利的限制主要以"正当法律程序原则"和"平等保护"条款为依据，如美国《宪法》第 14 条修正案规定：不经正当法律程序，不得剥夺任何人的生命、自由或财产；对于在其管辖下的任何人，亦不得拒绝给予平等法律保护。正当程序和平等保护条款对保障公民的迁徙自由发挥了积极作用。正如哈兰法官在 1883 年的"民权系列案"中的反对意见中指出，第 14 条修正案的主要目的是授权中央政府采取积极措施，以禁止种族歧视等其他抵触全国公民权的地方措施。② 比如在 1876 年的案例中，③ 缅因州最高法院判决地方政府关于流浪者法定居住地返还安置费的规定侵犯了联邦第 14 条修正案的正当程序条款，因为这项规定允许地方在对方缺席的情况下单方面确定有关收容费用。再看 1969 年的"福利居住期限案"④，州法要求本州的居住者必须住满一年以上才能获得福利救济。原告认为这种法律根据居民在州内的居住期区分福利权，构成了不公歧视并侵犯了其受法律平等保护的权利。最高法院的判决同意原告的主张，判决州法所促进的利益不

---

① ［美］汉密尔顿等：《联邦党人文集》，商务印书馆 1980 年版，第 264 页。

② Civil Rights Cases, 109 U. S. 3.

③ Portland v. Bangor, 65 Me. 120, 121 (1876).

④ Shapiro v. Thompson, 394 U. S. 618.

是令人信服的政府利益，也构成了对公民迁徙自由权的不当限制。

　　3. 公益的规约：宪法权利理论的依据

　　在德国有"保留限制"的原则，主要指在内涵性限制下，得到限制的明确要件后，再直接依宪法或基于宪法规定，于法律上所形成的限制。基于此，所谓"公益"的限制是依据宪法或基于宪法，为实现秩序、福利以及公序良俗等而对迁徙自由权所必须设定的并且以法律形式作出的限制。此处的"秩序、福利、公序良俗"可统称为"公共利益"或"公益"，公共利益是现代宪法权利配置的基本原则。早在倡导个人自由的近代，资产阶级启蒙思想家就已阐明了这一思想。如格劳秀斯、孟德斯鸠都有相关论述。当自由资本主义发展到垄断资本主义后，承认公共利益支配个人利益的人越来越多。如英国学者米尔恩曾言："共同体的每个成员所负有的一项义务就是使共同体的利益优先于他的自我利益，不论两者在什么时候发生冲突都一样。"[①] 公共利益何以成为迁徙自由权限制的正当性理由呢？笔者认为，可归结为三点：（1）资源的稀缺性决定基于公共利益可限制个人利益。尽管说个人利益是公共利益的前提与基础，公共利益是个人利益的一般存在形式和保障手段，然而，基于资源的稀缺性，个人利益和公共利益本身即是"利益"冲突的结果，为了满足各自的需要必然导致矛盾、竞争和冲突。因此，为了避免冲突，有时可基于公共利益而限制个人利益。（2）个人利益与公共利益的比例平衡是良好宪政秩序的表现。个人利益与公共利益分别以"权利"与"权力"为载体，在国家法权结构中，权利与权力必须保持平衡。为了从根本上维护和促进个人利益，权力的规模和强度必须足以防止个人滥用权利，防止出现无政府状态或严重破坏宪法秩序的情形出现。因此，为了个人利益与公共利益的协调发展，对个人利益予以限制是必要的。（3）从世界各国宪政实践看，大多在确认宪法权利、明确国家义务的同时，又以公共利益为由对宪法权利予以限制。如日本 1947 年《宪法》第 12 条规定："本宪法所保障的国民自由和权利，国民必须以不断的努力保持之。此种自由和权利，国民不得滥用，并应经常负起为公共福利而利用的责任。"

────────────

① ［英］A. J. M. 米尔恩：《人的权利与人的多样性》，夏勇、张志铭译，中国大百科全书出版社 1995 年版，第 52 页。

（三）宪法权利立法限制的限制

对迁徙自由权的限制，尽管存在一定的立论依据，或者说理论正当性，但这种限制显然是有条件的，不能任意扩大或泛化，更不能减损迁徙自由权的实现。因此，有必要对迁徙自由权限制的合宪性予以进一步分析。

1. 特别法律保留：迁徙自由权限制的形式合宪性

"法律保留"起源于法国 1789 年的《人权宣言》，其概念则为 19 世纪德国行政法学家奥托·迈耶所创。作为实现宪政主义的宪法工具，法律保留对于权力分配、协调具有重大的政治和宪法意义，是公法上的一个重要理论和制度。"法律保留"若就其最基本含义而言，是指对于某些事项只能制定法律加以规定。① 在我国，"法律保留"是指某些事项只能由全国人大和全国人大常委会通过立法加以规定。迁徙自由权的限制需符合"法律保留"原则，这是最起码的"形式上"的合宪性，亦是解决由谁来限制迁徙权的问题。根据规范限定的繁简程度，德国学者将宪法权利的法律保留区分为"简单法律保留"、"特别法律保留"与"无法律保留"。所谓"简单法律保留"是指宪法权利条款中仅规定该项权利"可由法律或基于法律"限制，对于"法律保留"中的"法律"未作进一步限定，如德国《基本法》第 12 条第 1 款第 2 句规定的职业自由。与之相对，"特别法律保留"是对"法律保留"中的"法律"作了进一步的规范和限定，如要求该项法律应满足一定的前提要件、追求特定的目的或使用特定的方式，例如《基本法》第 11 条规定的"迁徙自由"：（1）所有德国人在联邦领土内均享有迁徙之自由。（2）此项权利唯在因缺乏充分生存基础而致公众遭受特别负担时，或为防止对联邦或各邦之存在或自由民主基本原则所构成之危险，或为防止疫疾、天然灾害或重大不幸事件，或为保护少年免受遗弃，或为预防犯罪而有必要时，始得依法律限制之。"无法律保留"即该项权利除了宪法权利本身蕴含的内在限制外，连立法机关制定的法律亦不得予以限制，如《基本法》第 1 条规定的"人性尊严"。

"特别法律保留"原则将限制迁徙自由权的权力授给了代表民意的立

---

① 许宗力：《法与国家权力》，元照出版公司 1993 年版，第 117—213 页。

法机关，然而立法机关也有可能滥施限制，从而使迁徙自由权被彻底排除和掏空。德国立宪者在《基本法》宪法权利一章的结尾，第 19 条第 2 款对法律保留作了一般性限制，将立法者纳入限制范围。德国《基本法》第 19 条第 2 款："在任何情况下，不得危及基本权利的本质。"立法机关可以出于公共利益对基本权利予以限制，但这种限制也是有界限的。如果这种限制是无边界的，将使基本权利完全被掏空而名存实亡。因此，认为基本权利应有一些不可限制的内容，这些内容如果被限制，则该基本权利实际上就不存在了。这种内容可以称为"本质内容"或"核心内容"。[①]如果立法机关对本质内容进行了限制，则这种限制构成违宪。那么，究竟何谓本质内容？判断本质内容的标准是什么？这一问题的争议从未停息。联邦宪法法院最初给出的答案是：基本权利的本质内容是法律在作出对该项权利的限制性规定时，必须保障该权利的核心要素及价值。而这种不可侵犯的核心要素究竟为何，应当从每项权利在基本权利体系中的特殊位置和所占比重中获得。而且，对于基本权利的核心要素不能一概而论，必须在个案中进行具体判断。[②]台湾地区陈慈阳认为，基本权利的核心是要使基本权利主体享有最低限度的有弹性的空间，也就是德国《基本法》第 2 条第 1 款所规定的人格发展权。换言之，个人在人格上的自由发展是基本权利的核心，对基本权利的限制只有在保留了基本权利主体实现自由权的足够可能性的时候，才不构成对基本权利本质内容的侵犯。[③]基于学者们的分析，结合迁徙自由的含义，笔者以为，迁徙自由权的本质内容，主要有离开居所权、选择居所权、迁徙运动权、享有与迁入地居民的同等待遇等权利。

2. 比例原则：迁徙自由权限制的实质合宪性

国家对迁徙自由权各种干预职权的行使，除符合上述法律保留的形式合宪性外，也应经得起实质合宪性的检证。而实质正当性更多表现在比例

[①] 高烊辉："本质内容保障作为基本权利限制之实质界限"，载《宪政时代》，1993 年第 3 期。

[②] 赵宏："限制的限制：德国基本权利限制模式的内在机理"，载《法学家》，2011 年第 2 期。

[③] 陈慈阳：《基本权核心理论之实证化及其难题》，翰芦图书出版有限公司 1997 年版，第 166—167 页。

原则，是国家在限制迁徙自由权在本质上所必须考量的要件，也是一种恣意禁止的表现。比例原则拘束所有国家权力的行使，不仅表现在对自由权层面的迁徙权的干预行政上，社会权层面的迁徙自由权之给付行政以及迁徙自由权的国家保护义务亦必须符合比例原则。

比例原则源于德国警察法，旨在强调国家在进行干预行政时，"不得为达目的而不择手段"。西方有谚云"不必以大炮打小鸟"，我国亦有俗语"杀鸡焉用牛刀"，都可用以说明比例原则的真义。比例原则包括三个层面的含义：（1）适当性原则，又称合目的性原则（Zwecktauglichkeit），此原则认为在干预行政的目的上，需有合宪之依据。如果立法者的"限制条款"根本无法达成立法"目的"，则即认为该手段"不适当"。（2）必要性原则，又称侵害最小原则，是指限制迁徙自由权固然已合乎宪法所揭示的目的，但仍须检讨：达到相同目的的手段可能有几种；各种手段对迁徙自由权会有如何的限制；选择一种侵害最小的手段。经此三个阶段的检证，即可确定某一手段是否必要，换言之，必要性原则在强调选择一侵害最小的手段。（3）过度禁止原则，亦即狭义的比例原则，是指一个措施虽然是达成目的所"必要"的，但不可予人民"过度的负担"，到底一个限制法律如何才符合过度禁止原则？德国学者 U. Zimmerli 认为，所谓"过度的负担"是指法律（或公权力措施）所追求的"目的"和所适用的方法，在造成人民权利损失方面，是"不成比例"的。① 换言之，过度禁止原则是一种"利益衡量"的方式，衡量"目的"与人民"权利损失"两种有无"成比例"。比例原则运用的典型是德国 1958 年的"药房案"，形成了著名的"三阶理论"。其中的"三阶"指的是："职业执行自由的限制职业"、"选择自由的主观许可要件"、"职业选择的客观许可要件"。越属于前阶段的营业权事项，人民权利越小化；相对地，国家干预的权限就越大。②

需要指出的是，比例原则所包含的适当性原则（合目的性原则）之合宪目的一般表现在：（1）防止妨害他人自由；（2）增进公共利益。"国

---

① 陈新民：《宪法基本权利之基本理论》（上），元照出版公司 2002 年版，第 242 页。

② 李意宗："论营业许可基准之司法审查——荣论宪法上营业自由之限制"，载《经社法制论丛》，1990 年第 1 期。

家对于人民在国内自由行动的限制，必须基于公共利益之理由，并依法律方得为之"①，立法实践上一般存在下列情形：第一，国防与军事目的，如依国家安全法对叛逃人员进行控制；第二，基于刑事目的，如对罪犯限制其活动范围；第三，保护他人权利，如宣告破产之人不得离开居住地等；第四，其他公共利益，如天灾、事变、卫生及公安发生变故之场所地区，根据《消防法》、《传染病防治法》等可限制公民的迁徙自由。《公民权利与政治权利国际公约》第12条第3款规定："上述权利，除法律所规定并为保护国家安全、公共秩序、公共卫生，或道德、或他人的权利和自由所必需且与本盟约所承认的其他权利不抵触的限制外，应不受任何限制。"这是对迁徙自由权进行限制的合"公共利益"目的之体现。1949年德国《基本法》对迁徙自由的限制性规定也是如此：此项权利唯在因缺乏充分生存基础而致公众遭受特别负担时，或为防止对联邦或各邦之存在或自由民主基本原则所构成之危险，或为防止疫疾、天然灾害或重大不幸事件，或为保护少年免受遗弃，或为预防犯罪而有必要时，始得依法律限制之。

　　上文以迁徙自由权为例对立法限制宪法权利的依据及限度作了分析，这种分析及其结论对其他宪法权利同样是适用的。也就是说，行政立法可依人性、法治与公益三个方面限制宪法权利，但这种限制需同时符合形式上的法律保留原则和实质上的比例原则。唯其如此，立法限制才是合宪的，才有利于真正保障宪法权利的实现。

二　宪法权利的行政实施

　　需要说明的是，这里谈的行政实施不包括前述的行政立法，因为行政立法本质上应归属于立法实施。尽管西方国家大都以司法方式实施宪法权利，但宪法权利实施并非司法机关的"专利"，前述立法机关实施宪法权利即是一个明证，而行政机关同样是实施宪法权利的重要力量。以美国为例，美国宪法的实施并不是由司法机关独自享有，除法院外、国会、行政机关在监督宪法实施上均发挥着影响。美国的宪法学家普遍认为美国二百多年来政局稳定得益于美国制宪者的"天才"，我们不能否认美国多年的

---

①　陈新民：《宪法学导论》（修订二版），三民书局1997年版，第101页。

政局稳定与美国宪法创立的立法、行政、司法三权"分权制衡"的政体密切相关。但是，美国宪法之所以能够得到较好的实施，不仅仅是长期以来我们所认为的是由美国司法机关独享监督宪法实施的权力，还有美国行政机关在监督宪法实施上对美国宪法监督所发挥的影响。在监督宪法实施的领域里同样实现着美国"分权制衡"的宪法理念，也正是这种保障宪法实施领域里的"分权制衡"才使得美国每每遇到宪法危机时，总能"平滑"过渡，从而避免社会的激烈动荡，也因此表现出美国宪法以及宪法所创造出的宪政体系的优势。

在美国，政府是包括立法、行政、司法三个机构在内的概念，事实上美国政府的三个部分均在通过自己权力的运用实现和其他两个部门分享着保障宪法实施的权力。在美国的政治体系中，鼎足而立的三个组成部分——司法、行政、立法在宪法权利实施上都扮演着不可或缺的角色，宪法问题的决定往往是司法机构与其他两个机构互动的过程，这个过程充满了对话、妥协和斗争。① 最高法院既不是唯一的，在某些情况下甚至也不是主导的宪法监督解释机构。总统和议员都有合法的权力和足够的能力监督解释宪法，而且他们的解释既可能发生在法院的决定之前，也可能发生在其后。宪法问题的复杂性在于它更多地不是对特定法律条款的纯技术性的分析，而是需要在相互冲突的政治和社会价值之间作出选择。因此，司法机构客观上需要立法和行政机构必要的参与和支撑。历史地看，美国的立法和行政机构也确实从来没有停止过对宪法的解释和重新解释。美国宪法价值的形成有赖于政府三大机构的共同作用。由于人们总是将行政与专断独裁相联系，易为研究者忽视的是行政机关对宪法实施监督的作用。事实上，美国行政系统在宪法监督方面起着不可替代的作用。以总统为首的行政机构通常通过以下方式解释和影响宪法：提名最高法院的大法官；提出法律或宪法修正案的建议；行使否决权；公布行政条例等等。② 总统的否决权利一方面是为了保护行政机关的权力；另一方面是为了制约议会通过总统认为违宪的法律。1832 年，安德鲁·杰克逊总统以违反宪法为理

---

① Louis Flsher , Constitution Dialogues：*Interpretation as Political Process*, Princetion University Press, 1988.

② 5U. S. C. k3331（1994）.

由否决了继续授予美利坚银行特许权的法案，虽然最高法院 1819 年的判例支持这种特许，① 乔治·布什总统曾经否决过五个允许联邦资金资助堕胎的法案。某些时候仅仅是否决的威胁，就足以使议会重新修改法律草案。如果在最高法院认为一项联邦法律合宪后，议会又对该法律进行了修改，总统可以根据自己的独立判断否决该法案。

美国联邦的法官都是总统提名、参议院通过而产生的。大多数州的州法官也是州行政长官任命、州立法机构通过而产生的。联邦最高法院的九位大法官，一经任命便终身任职。即使在大法官触犯刑法的情况下，也必须由国会经过与罢免总统同样烦琐的弹劾程序，才能罢免大法官。最高法院之所以能够在很大的程度上保持政治独立性，不受总统或政党的控制，终身制是其原因之一。美国的开国元勋们对大法官采取非选任命而且终身制的理由，是为了使司法权，尤其是司法对宪法的解释权不但独立于立法机构、行政机构之外，也独立于公众压力之外。因此，大法官从理论上说在做出判决时可不受任何政治因素的干扰，而是根据宪法、道德以及个人良心来行事。当然，对于二百多年前制定的美国宪法的解释，总是有相当多的余地。因此每位大法官的个人道德观念与政治立场便会在法律解释中起重要的作用。这也是为什么人们在谈起大法官时，总要提到他是哪位总统任命的缘故。但是，大法官的任命需要参议院批准，其通过程序包括极其详尽的调查以及反复听证。在这个过程中，候选人的历史与人品受到层层推敲。因此，即使总统任人唯亲，在大法官人选上也不得不谨慎行事。况且，最高法院共有九位法官，他们由不同的总统任命，个人政治倾向也相应有很大差别。更何况大法官通常在位数十年，在这期间他们本人的观点也往往随着社会政治的变化而改变。这或许也是在尼克松时代联邦最高法院九名大法官，虽然其中有四名出自尼克松的任命，但"水门事件"的表决结果却是罕见的一边倒的原因。美国宪法所规定的立法、行政和司法权或职责不得互相委托，这是分权原则的基本要求。但是从 20 世纪二三十年代开始，国会一直依靠"立法否决"来控制委托出去的立法权，

---

① Meculloch v. Maryland, 17 U. S. (4 Wheat) 316 (1819), 11, 23, 31 – 44. 转引自 Daan Braveman, William C, Banks, Rodney A. Smolla, *Constitutional Law: Structure and Rights in Our Federal System*, Fourth Edition, Lexis Publishing, 2000.

保持对行政当局的监督。国会广泛授权行政当局立法，但同时规定国会要进行审查，并可否决（通过两院决议或一院决议甚至一个委员会的决议）按照此授权所采取的行政行动。诸如《战争权力决议》和 1974 年的《扣押控制法》都是利用这种"立法否决"的手段来控制行政行动的。但是，1983 年在"移民和归化局诉契达案"中，联邦最高法院以 7 比 2 票裁定"立法否决"是违宪的。契达是一名东印度人，他承认因学生签证过期应被遣送回国，移民和归化局签发了遣送令。1974 年，契达按照《移民和国籍法》申请并成功获得了司法部部长批准的中止遣送令。然而，该法同时授权参议院或众议院可以作出决议"立法否决"此项行政决定。1976 年，众议院通过了一项否决中止遣送的决议。面临被遣送的局面，契达向法院提起诉讼。[①]

美国行政机构能够对宪法权利进行实施，还在于行政机构中的"独立管制机构"可以制定和公布行政条例，通过行政条例解释和影响联邦宪法。在这方面，行政机构本身的制度约束和行政官员对法律的信仰也是重要的条件。在美国的权力结构中，存在着"独立管制机构"，这些"独立管制机构"并不真正属于总统行政机构的管辖。"独立管制机构"的章程必须受到政府权力的立法机构——国会的批准，国会对于他们的活动有严格限定，运作也必须受到国会的监督。即使是行政体系中的司法部，在法律的制约下，也不见得就对白宫言听计从。"水门事件"发生后，由于可能涉及行政部门的高层犯罪刑事调查和起诉，由独立检察官负责。而当时法律规定独立检察官由司法部部长任命。这样，从理论上来讲，独立检察官是尼克松行政体系的一名"下属"。"水门事件"的第一任独立检察官是哈佛大学的法学教授考克斯，当他在司法程序上步步紧逼时，尼克松曾经要求司法部部长解除他的职务，为此司法部部长和两位司法部副部长均向总统提出辞呈。这种结局显然与国会、媒体以及民众的监督有关，与法律工作者的职业道德以及法律职位的职业神圣感也不无关系。

---

① 美国联邦最高法院裁定"立法否决"规定违宪。"立法否决"被裁定是违反宪法的送交条款（《宪法》第 1 条第 7 款第 3 项）和两院制条款（《宪法》第 1 条第 1 款第 7 项）的，而这些条款是"宪法实施权力分立宗旨不可分割的部分"，载 Louis Fisher, *Constitution Dialogues：Interpretation as Political Process*, Princeton University Press, 1988。

三　宪法权利的司法实施

司法实施是西方国家宪法权利实施的主要途径，也是最常用的方式。宪法案例成了西方宪政国家宪法权利实施的主要载体，宪法权利实际上是通过宪法案例来实现对宪法权利的救济和对国家权力的违宪审查，西方宪法实施的历史发展过程都是围绕这两个方面展开的。①

英国普通法院在处理公民权利与行政权力争议的权利诉讼中是不区分行政诉讼和宪法诉讼的。换言之，权利的行政诉讼与宪法诉讼是混合在一起的。由于英国是不成文宪法国家，公民的宪法权利与一般权利没有明确区别，权利诉讼中宪法诉讼与行政诉讼没有区别。普通法院在权利救济、保障方面发挥着举足轻重的作用，"宪法的通则形成于普通法院的判决"，"英宪的通常原理（譬如以人身自由的权利，或公众集合的权利为例）的成立缘由起于司法判决……"宪法权利是普通法院判决的结果。英国普通法院虽无明确宣布议会立法无效之权，但其依靠坚实的司法独立理念和较高的司法威望，通过一个个案例的判决积累来维护公民权利。普通法院救济使英国宪法权利获得现实保障。"在英宪之下，法律以全副精神注意救济方法。这就是说，法律无须有一定方式进行，然后法律下之权利方见尊重，然后名义上的权利可化成实在权利。"英国普通法院发展了独特的诉讼程序，例如出庭状就是人身权利的救济方法之一，依靠这种方法抵制公职人员对个人权利的侵犯，人身自由应有权利得以强制执行②。并且随着《人权法案》宪法地位的确立，意味着法院在诉讼中保护权利有了更明确的审查标准。

在澳大利亚，宪法权利实施的过程即法院适用宪法处理案件的过程。澳大利亚联邦高等法院主要通过两种方式实施宪法权利。一是直接适用宪法权利条款。澳大利亚联邦宪法只包含少量明确规定的权利条款：第51条第31项：只有在正当条件的基础上，联邦才能取得财产；第80条：公民在受到联邦刑事控告时，有获得陪审的权利；第116条：公民有宗教自由；第117条：不得因为居住在其他州而受到歧视。如果联邦立法不在宪

---

① 参见蔡定剑："中国宪法司法化路径探索"，载《法学研究》，2005 年第 5 期。

② ［英］戴雪：《英宪精义》，雷宾南译，中国法制出版社 2001 年版，第 239—261 页。

法赋予的立法权力事项范围内，并侵害包含在宪法中的自由时，它就可能是无效的。高等法院也运用这些规定实施宪法权利。二是法院从宪法中发现宪法默示性权利。默示性权利是指宪法没有明确规定的权利，它是澳大利亚高等法院在适用宪法过程中，从宪法有关原则、精神和制度中发现默示包含在宪法中的权利（implied rights）。这些条文包括第 24 条、第 25 条、第 51 条第 2 项和第 3 项、第 86 条、第 88 条、第 90 条、第 109 条等。法院发现的默示性权利主要包括：优先适用联邦法律，维护法治统一，以保护公民权利；政治交流自由；平等权。比如在里斯和联邦案件中，[①] 迪恩和托海两位法官认为，法律平等的原则是宪法的"必要含义"。还认为这个原则有两方面含义：所有的人都要服从法律；在法律之下和法院面前，所有人都有默示的和内在的理论上的平等。这两位法官举了大量的例子证明这个含义的存在：宪法是人民自由和平等的协议，平等的原则内在于联邦司法权的平等保护观念中，如果人民的权利在州得到非歧视的保护而得不到联邦的保护，那是十分可笑的。

　　德国则在普通法院之外设立了行政法院，专门对行政侵害的权利进行诉讼保障，"宪法的现实效力，也在多种意义上有赖于行之有效的行政法院"[②]。德国行政法院是司法机关。德国的权利保障在行政诉讼和宪法诉讼中的具体做法是：（1）在有法律将宪法权利具体化的情况下，权利被行政侵害，公民先寻求法律救济——向行政法院提起行政诉讼。在行政诉讼中，公民如果认为行政依据的法律违反宪法，可以向行政法院提出。行政法院有两种做法：一种做法是中止行政诉讼，将法律向宪法法院——"基本权利守护者"[③] 提出，由宪法法院依据宪法对该法律进行合宪性审查——宪法诉讼，行政法院根据宪法法院的判决，继续行政诉讼审理被中止的行政案件；另一种做法是行政法院认为该法律并不违反宪法只依据该法律作出判决。对于后一种做法，公民可以在行政法院作出终审判决后，以行政法院的判决依据违反宪法为由，向宪法法院提出控诉——宪法诉

----

　　① Leeth v. Commonwealth（1992）174CLR455—85；107ALR672.

　　② ［德］弗里德赫尔穆·胡芬：《行政诉讼法》，莫光华译，法律出版社 2003 年版，第 5 页。

　　③ Christoph Degenhart："联邦宪法法院的功能与地位"，载《月旦法学杂志》，2003 年第 7 期。

讼，宪法法院依据宪法对行政法院判决所依据的法律进行合宪性审查，如果宪法法院判决该法律违宪，行政法院需要重新适用有效法律作出判决，如果宪法法院判决该法律合宪，就直接驳回当事人的诉讼请求。（2）在没有法律将宪法权利具体化的情况下，公民如果认为自己的宪法权利受到行政权力的侵犯，而又无法通过行政诉讼救济自己的宪法权利，在此种情况下，公民可以直接依据宪法权利向宪法法院提起宪法控诉——宪法诉讼①。行政法院之所以不能在行政诉讼中为公民提供宪法救济，主要是因为行政法院不具有宪法解释权。德国宪法法院与行政法院之间有着严格的分工，前者只处理宪法案件，后者只处理法律案件，但宪法权利的最终救济需要由宪法法院来保障。

苏联解体后，当代俄罗斯国家废除了最高国家权力机关保障宪法实施的模式，设立宪法法院作为保障宪法实施的专门机关。在当代俄罗斯，对宪法权利实施问题高度重视，法学界认为，宪法监督就是"保护国家宪法成为具有最高法律效力的专门化机制"。而宪法保障的主要形式就是宪法审判，"正是这种形式保障了宪法实施监督的客观性和公正性"，因此，"宪法审判，就是宪法监督的最高形式"②。俄罗斯宪法法院通过受理公民诉愿保障公民宪法权利的方式，可以说与德国宪法法院的运作状况有异曲同工之妙。如果说在俄罗斯设置宪法法院之前，公民权利和自由的保障仅仅停留在制度或者原则层面上的话，那么，在俄罗斯设置宪法法院之后，则为公民提供了保障其宪法权利和自由实现的救济途径。从现行的俄《联邦宪法法院法》的规定看，公民向宪法法院提出的关于侵犯其宪法权利和自由的诉愿，需要具备两个重要的前提条件：一是必须是在普通法院审理案件的诉讼过程中涉及相关法律的适用；二是公民认为在具体案件中已经适用或者应予适用的法律侵犯其宪法权利和自由。在这种情况下，公民有权向联邦宪法法院提起申诉，请求宪法法院对该法律的合宪性进行审查。宪法法院对法律进行的合宪性审查既包括法律的内容也包括法律的形式。如果宪法法院的审查结果认定该法律的全部或者部分内容不符合联邦

---

① 龚祥瑞：《比较宪法与行政法》，法律出版社 2003 年版，第 119 页。
② 转引自刘春萍："俄罗斯宪法实施的司法路径评述"，载《俄罗斯中亚东欧研究》，2009年第 2 期。

宪法，则会产生三种结果：一是由普通法院根据一般程序对该具体案件进行重新审理，而已经被认定为违宪的法律或者其某些条款就不再适用；在对该法律进行修订或者补充前，应直接适用俄联邦宪法的条款规定。二是公民提起宪法诉愿的费用由联邦财政支付。三是宪法法院对法律进行的合宪性审查，在审查结果确定之前，不得中断具体案件的诉讼程序。由此可见，俄《联邦宪法法院法》从实体到程序的具体规定，为公民宪法权利和自由的实现提供了一条较为有效的保障途径。

对于俄联邦宪法法院保障宪法权利实施模式的积极效果，H. B. 维特鲁克教授曾作出了概括性的评价："俄联邦宪法法院的活动和其判决，在建立民主社会和法治国家过程中，在实施尊重人和公民的权利和自由的宪法原则中，在该领域实现国际法准则过程中，在保障人民主权中，特别是在国家权力和地方自治、宪法的联邦制形式中，为了中央权力和俄联邦主体利益的和谐一致，曾经发挥着并且正在发挥着积极的作用。而且，俄联邦宪法法院作为行使司法权的专门机关，在正式解释宪法、审查最高国家权力机关的各种类型的法律以及其他规范法律文件、解决实施公权力领域中的权限纠纷方面具有特殊的权力。正像任何一种其他的司法机关一样，俄联邦宪法法院通过自己的判决以及在判决中坚持的法律立场，不仅恢复了合宪性秩序，而且积极地促进了目前立法在法律原则和宪法原则基础上的发展，并且对于法的一般理论和部门法理论的发展，对于宪法和宪法学理论的发展以及整体上的宪政主义理论的发展都作出了巨大贡献。"[①]

四　宪法权利实施的域外经验

各国宪法实施保障体制源于各国不同的文化背景，但是不同国家的宪法实施保障体制的相互启示是可能的，"必须注意到发源于一种文化背景的法治观念突破其原有的体系而对其他社会具有普遍有效的可能性"[②]。

（一）司法实施是宪法权利实施的关键途径

这里的宪法司法实施实际上指的是宪法的司法适用，或者说司法适用

---

① 转引自刘春萍："俄罗斯宪法实施的司法路径评述"，载《俄罗斯中亚东欧研究》，2009年第2期。

② 王宝明、孙春柳："美国的行政机关与宪法实施的监督"，载《行政法学研究》，2001年第4期。

是宪法权利司法实施的基本方式。国外的宪政实践表明，没有司法上的适用，宪法很难转变为实践中的宪法，宪法权利很难变成人们生活中的利益享有，宪政也就无法实现。当然，从国外来看，宪法在司法中的适用，主要是指在宪法诉讼中的适用。我们认为，宪法司法适用既包括宪法在宪法诉讼中的适用（即用于违宪审查），又包括宪法在普通诉讼中的适用。"也就是说，宪法司法适用是指宪法在宪法诉讼和普通诉讼中的适用。"①

　　从世界范围内看，宪法权利效力已从传统的纵向"国家—公民"关系开始向横向"公民—公民"关系扩散，如德国的"第三人效力"、美国的"国库行为"、日本的"私人间效力"。在"个人得向国家主张"的意义上，宪法权利即一种"主观权利"，也就是个人得依据自己的意愿向国家提出要求，而国家必须按此要求作为或不作为。宪法权利的这种主观权利属性包含了两个基本内涵：首先，个人得直接依据宪法上的基本权利条款要求公权力主体作为或者不作为一定的行为；其次，个人得请求司法机关介入以实现自己的要求。② 通常认为宪法明确规定了迁徙自由权的保护义务，迁徙自由权自然就可作为保护请求权而存在。然而现行宪法并未确认公民的迁徙自由权，使得我们对这一问题的分析需另辟蹊径。从国际文件来看，《世界人权宣言》（以下简称《宣言》）第 8 条规定：任何人当宪法或法律所赋予他的基本权利遭受侵害时，有权由合格的国家法庭对这种侵害行为作有效的补救。依此，迁徙自由权作为宪法权利，当其受到侵害时，公民有权请求国家给予补救。《宣言》第 28 条规定：人人有权要求一种社会的和国际的秩序，在这种秩序中，本宣言所载的权利和自由能获得充分实现。也就是说，为了迁徙自由能获得充分实现，公民有权请求国家给予社会秩序的保护。而《公民权利和政治权利国际公约》等其他相关国际文献亦有类似规定，这里不一一列出。显然，从国际文献上可以导出迁徙自由权的"主观权利"功能。此外，德国宪法法院的司法实践或许能继续给我们以启示。

---

　　① 杨海坤、上官丕亮、陆永胜：《宪法基本理论》，中国民主法制出版社 2007 年版，第 360 页。

　　② See, Helmut Goerlich, *Fudamental Constitutional right*: *Content*, *Meaning and General Doctrines*, *in The Constitution of the Federal Republic of Gemany*, Ulrich Karpen ed. Nomos Verlagsgesellschaft (1988), pp. 49 – 50.

德国联邦宪法法院指出：人民享有的主观保护请求权，与客观法上的国家保护义务，具有相对应的关系。这种客观法的主观化最早可追溯到 1956 年"路特判决"①，此判决虽与立法者的保护义务无关，仅涉及法律解释法律的问题，但实际上，该判决的焦点在于国家负有保护个人免受到第三人侵害的义务。在这一判决中，联邦宪法法院将客观法规范变迁为主观权利。这在理论上称为客观法的"再主观化"，我国台湾学者陈慈阳认为："国家保护义务乃客观法上的国家义务，于其中则可得个人主观公权利。"②

宪法权利作为"客观规范"的基本意涵是：宪法权利除了是个人的权利之外，还是基本法所确立的"价值秩序"，这一秩序构成立法机关建构一系列国家制度的基本原则，也成为行政机关和司法机关在执行和解释法律时的上位原则。从这个意义上说，"主观权利"具有"个人权利"的性质，而"客观规范"则是约束国家公权力的"法律"。德国《基本法》第 1 条第 3 项被明文地确定，所有的基本权都有法的拘束力特征，且整体的国家权力都被课以义务。而德国早在 20 世纪 50 年代有一些公法学者，已发展出基本权作为客观价值决定的学说，认为基本权对于整体法秩序的决定性方针具有拘束力，并且在立法、解释与适用法律规定时，必须作为被尊重的价值决定。③ 宪法权利是国家整体制度价值的基础，是宪法价值的表征。宪法权利的适用，不再局限于国家因公权力而产生的关系，原则上对私人相互间的法律关系也适用。就此而言，宪法权利影响了整体法秩序，获得法的普遍适用。

上述对宪法的司法适用产生的背景作了一个分析。我们从英国、德国、澳大利亚、俄罗斯等众多国家的宪政实例中已经清晰地看到了司法实施对于宪法权利保障的重要意义，这样的案例还有很多，本章第二节将予以详细介绍并作评述。

（二）宪法诉愿是宪法权利实施的基本保障

宪法诉愿源于德语"Verfassungs beschwerde"一词，起源于奥地利的

① ［德］Christian Starck：《基本权利的保护义务》，李建良译，载 Christian Starck：《法学、宪法法院审判权与基本权利》，元照出版公司 2006 年版，第 432 页。

② 陈慈阳：《宪法学》，元照出版公司 2005 年版，第 358 页。

③ 许育典：《宪法》，元照出版公司 2006 年版，第 104 页。

个人诉愿制度，经过瑞士的国法诉愿制度的发展，最后成熟于德国。[①] 最初出现在 1818 年 5 月 26 日的巴伐利亚王国宪法规定的"宪法权利保护的诉愿"。该宪法规定，公民在其宪法赋予的权利受到侵害时，具有诉愿权。1849 年《法兰克福宪法》第 126 条中规定：帝国宪法有权制裁"侵害联邦宪法所规定的权利"的行为。[②] 1885 年，宪法学者 Max von Seydel 在其学术著作中使用"诉愿权"概念，宪法诉愿开始成为学术界使用的学术用语。在宪法诉愿制度建立初期，宪法诉愿的理念中不仅包含着对个人权利救济的内涵，同时也体现着宪法制度下各种权利救济的形式与功能。1919 年巴伐利亚的新宪法将诉愿权规定为宪法诉愿。该邦宪法中规定，宪法诉愿案可以向国事法院提起。经过历史的变迁，宪法诉愿作为严格的法律概念得到普及是 1949 年以后。1949 年 12 月，德国宪法法院法草案中曾使用"宪法诉愿"的用语。1951 年 3 月通过的《联邦宪法法院法》第 90 条规定了"宪法诉愿"，并经过各个州的宪法实践活动，于 1969 年 1 月宪法修改时，补充了第 94 条第 2 款，将宪法诉愿制度规定在基本法中，使之正式成为具有宪法地位的制度。

　　从德国等国家宪法诉愿制度发展的历史和经验看，宪法诉愿功能与个人的地位的确定，即宪法体制中个人权利的保护有着密切的关系，其制度设计的重要目的是在多样化的权利保护体系中开辟个人接近国家的途径，扩大控制"公权力"的范围，体现国家尊重与保障人权的基本理念，保障个人的主体地位。在宪法法院的职权中，以个人的名义能够提起基本权利救济的只有宪法诉愿制度。在这种意义上，宪法诉愿制度是个人通过宪法程序寻求基本权利救济的有效形式之一，"是扩大公民基本权保障的近代宪政史发展的历史产物"[③]。

　　宪法诉愿对个人基本权利的救济并不是在一般意义上进行的，除具有事后性、现实性等特点外，还需要具备提出诉愿的要件。根据《德国宪法法院法》和《韩国宪法法院法》的规定，公民个人提起宪法诉愿要具备基本权利被侵害的事实、相互的关联性与现在性等基本要件。

---

　　① 参见丁泰镐："宪法诉愿的概念与历史的发展"，载《宪法研究》，1996 年第 4 期。
　　② 刘兆兴：《德国联邦宪法院总论》，法律出版社 1998 年版，第 308 页。
　　③ 韩大元、林来梵、郑贤君：《宪法学专题研究》，中国人民大学出版社 2008 年版，第 266 页。

　　首先，个人向宪法法院提起宪法诉愿时，要说明其宪法上保护的基本权利受到了侵害，客观上存在具体的侵害事实。"宪法上保护的基本权利"是广义的概念，合理地确定其范围是认定个人诉讼资格的前提。根据《德国联邦宪法法院法》第 90 条第 1 款的规定，任何人都能因其基本权利或者在《基本法》第 20 条第 4 项、第 3 条、第 38 条、第 101 条和第 104 条中规定的权利，受到公权力的侵害时，向联邦宪法法院提起宪法诉愿。① 韩国宪法法院对基本权利的侵害范围的规定是"宪法上规定的基本权利"，可以解释为宪法文本上规定的基本权利和通过宪法解释可以推导的基本权利。为了在基本权利和法律权利之间确定合理的界限，奥地利宪法法院在判例中确立了如下标准：行政行为以法律为基础时发生；行政行为依据违宪的法律为基础；行政行为表面上具有法律基础，但其法律的适用是不可能的情况；行政行为可能基于使法律成为违宪的解释；行政厅作出任意的行为；行政厅对法律的解释存在瑕疵，其适用的法律违背了平等原则等。如不存在上述情形中的一种，就不能认定存在宪法保障的基本权利受侵害。侵害基本权利与侵害法律权利是两个不同的问题，仅仅违反法律而导致的侵害应通过一般的法律程序解决。从实体法的角度看，基本权利的解释应在严格的范围内进行，首先在"文本"的框架内，就具体的侵害事实判断其权利的性质。韩国宪法法院在能否以宪法基本原理来判断公权力行使或不行使违宪性问题上，明确提出"仅仅以公权力的行使或不行使违反基本原理为由提起宪法诉愿是没有依据的，即使存在一定的违宪性，但不具有基本权利主体的人，也不能提出权利主张"。一般意义上讲，基本权利受侵害包括内容上的侵害与程序上的侵害。如某一法律程序上没有瑕疵，但在实体内容上存在着违宪的内容，就需要违宪审查机关的判断。形式的侵害是指法律或行为的内容没有瑕疵，但在程序上存在着违宪的内容。对内容上具有正当性的法律，如没有严格按照法律程序适用时，也可通过宪法诉愿提出救济。

　　其次，个人提起宪法诉愿时，必须证明基本权利的侵害与自己利益之

---

　　① 在 1993 年 8 月 11 日以前，未经修改的《联邦宪法法院法》第 90 条第 1 项规定中未包括《基本法》第 20 条第 4 项。转引自刘兆兴：《德国联邦宪法法院法总论》，法律出版社 1998 年，第 311 页。

间存在关联性。其基本要求是：被侵害的基本权利是自己行使的权利形态；该基本权利的侵害是由于公权力的行使或不行使而导致的；这种侵害是现实存在的。按照德国和韩国的宪法诉讼理论，这种关联性包括自我关联性（Selbst betroffenheit）、直接关联性（unmittelbare Betroffenheit）与现在关联性（gegenwartige Betroffenheit）。自我关联性强调侵害事实与请求人有关系，即因公权力的行使或不行使请求人自己的基本权利直接受到了侵害，第三者利益或间接的利益不能成为提起宪法诉愿的理由，否则宪法诉愿有可能变为一般性的民众诉讼。直接关联性强调请求人能够直接证明基本权利受侵害，一般在对法律或规范提起的宪法诉愿中具有实际的意义。在具体的诉讼活动中合理地判断"直接性"因素是十分重要的，有的国家确立了相关的判断标准。如德国宪法法院把"直接性"量化为可操作的具体规则，使之成为法律上具有直接性价值的因素。[①] 现在关联性指的是，提起宪法诉愿的请求人的基本权利因公权力的行使或不行使现实上（现在）受到侵害，不是指未来受侵害或具有受侵害的可能性。如果以未来潜在的侵害为由提起的诉愿是不能成立的，实行宪法诉愿制度的国家通常对此作了具体的规定。如认为公权力行使或不行使的依据是违宪时，提出挑战的法律必须是"现今适用的法律，即审判联邦议会以 2/3 通过的已经生效的法律。在宪法诉愿中涉及将要颁布的法律条文时，法院一般作驳回处理"[②]。由于宪法诉愿制度具有向个体开放的性质，在整个宪法诉讼的案件中宪法诉愿的数量是最多的，德国宪法法院每年受理的宪法诉愿案件约 6000 多件，其中成功获得权利救济的不到 5%。1984 年，奥地利宪法法院受理的案件总数为 1214 件，其中 962 件是宪法诉愿事件。

　　与宪法诉愿相联系的是违宪审查（judicial review of constitutionality）。违宪审查制度的建立和完善是国外宪法权利实施的重要保障，"宪法权利规范体现了整个宪法规范体系的核心价值，与此相应，作为一种宪法保障

─────────

　　[①]　韩国宪法法院在 1997 年的判例中认定了如下关联性：以法律的规定废止地方自治团体与废止该地域的住民之间的关系；法务师法试行规则与事务员之间的关系；作为生计保护基准与享受其待遇的公民之间的关系；从 2000 年开始实行教育评价上的绝对标准与受其影响的高等学校在校生之间的关系等。

　　[②]　2005 年 6 月 27 日，德国宪法法院法官 Haas 在北京大学的学术讲演。

制度，违宪审查制度的核心目标和主要功能也就在于维护权利"①。需要说明的是，宪法诉讼必然要涉及违宪审查，但违宪审查不等于宪法诉讼，"宪法诉讼必然涉及违宪审查，但进行违宪审查并不必然要进行宪法诉讼。宪法诉讼是一种消极的违宪审查"②。有关违宪审查的标准即形式标准与实质标准，前文已有述及，这里不赘述。

（三）社会转型是宪法权利实施的机遇所在

社会转型期是一个利益多元的时期，社会转型期为宪法权利实施提供了契机。从国外宪法案例中可以看出，作为宪法司法实施的结果——宪法性的判例和解释，它们实质上都是各种不同的多元利益博弈的结果。美国宪政也正是通过宪法在司法中的实施——违宪审查来作为平衡多元利益冲突和保障多元利益共存的重要途径。美国宪法的产生实际上也是在多元利益的妥协下完成，"积极推动他们制宪的一个主要动机是保护他们自己的经济利益"。③ "多元社会集团之间的互相斗争使得美国宪法在当时的特殊环境中得以迅速产生，它首先表现为各州宪法的问世，继而创立了1787年美国宪法，以后历次宪法修正案和宪法性判例及其解释无一不是各种不同的多元利益集团意志争夺的反应"④。宪法司法实施是那些少数人利益无法在民主政治途径中实现时，到司法机关寻求宪法支持维护自己的利益。利益的谈判也是通过宪法的司法诉讼来实现。"并不是每个先占据了'谈判'位置的利益集团都会以大局为重，放弃自己的利益，照顾他人的利益；相反，只有当到了不改革自己的利益便无法继续维持下去时，这些利益集团才会让步。"⑤ 美国最高法院通过多年的宪法司法适用作出的成千个宪法性解释和判决，最高法院不受宪法性判例的约束，从1810年起，先后在140多个案件中推翻了自己的判决，在这些判决中对宪法条文的解释往往前后不一、混乱矛盾，最高法院对宪法的灵活性解释是保持宪法活

---

① 林来梵：《从宪法规范到规范宪法——规范宪法学的一种前言》，法律出版社2001年版，第341页。

② 刘志刚：《宪法诉讼的民主价值》，中国人民公安大学出版社2004年版，第3页。

③ 任东来："美国宪法的形成：一个历史的考察"，载《社会科学论坛》，2004年第12期。

④ 胡震钰、邵敏："权利型宪法的生成逻辑与基本表征——对美国宪法的价值分析"，载《甘肃行政学院学报》，2004年第4期。

⑤ 王希："活着的宪法"，载《读书》，2000年第1期。

力的重要手段，但多元利益的冲突与协调在宪法的司法实施中起着关键性的作用。

　　"西方国家的法制变革一般开始于 19 世纪末期，急剧发展于 20 世纪前期和中期，特别是'二战'以后，最晚完成于 20 世纪 90 年代。这种变革主要为两种因素所推动：一是工业化的发展和完成；二是福利国家的兴起和发展。"① 在这种社会背景下，利益多元化和利益冲突剧烈化对宪法提出要求。考克斯教授在《宪法与法院》一书中总结了美国社会经济和法律的变化对宪法提出的要求："伴随着富裕而来的是剥削、苦难、不公、失业、贫困、城市拥挤和社会动乱。要发展美国的资源并利用科技所释放的能量，需要同时集中大量金钱与人力。组织化的财富意味着谈判力量的巨大不平衡。……当时的重要宪法问题是：1787 年原为一个小型与简单的社会而起草的宪法，是否可以不经修正而适用巨大而复杂的现代工业社会。"② 宪法的司法实施在维护宪法稳定中发挥了积极的作用，并且对各种利益的需求进行了宪法的回应，美国最高法院在罗斯福新政前后对宪法正当程序理解的转变，实质上是社会转型对宪法冲击的表现，是宪法在司法实施中对社会转型的调整，也正是社会转型所带来的多元化利益冲突构成了宪法司法实施的社会基础。"从各国宪政发展史看，危机往往是宪政的起因。这种危机大多是社会转型期利益调整和分配不公造成的，其反过来又成为呼唤法治和宪政的动因。"③

第二节　国外宪法权利实施的案例评析

　　宪法案例是国外宪法权利实施的主要载体，宪法实际上是通过宪法案例来实现对宪法权利的救济和对国家权力的违宪审查，西方宪法实施的历史过程都是围绕这两个方面展开的。④ 通过分析国外宪法权利实施的案

---

　　①　袁曙宏、韩春晖："社会转型时期的法治发展规律研究"，载《法学研究》，2006 年第 4 期。

　　②　张千帆：《西方宪政体系（上册·美国宪法）》，中国政法大学出版社 2004 年版，第 52 页。

　　③　蔡定剑："中国社会转型时期的宪政发展"，载《华东政法学院学报》，2006 年第 4 期。

　　④　蔡定剑："中国宪法司法化路径探索"，载《法学研究》，2005 年第 5 期。

例，有助于从实践上理解国外宪法权利实施的方式，把握其发展脉络。由于国外的案例纷繁复杂，我们无法在此一一列举，本节只就几个比较典型的有关宪法权利实施的案例作评述。

一　人格尊严

1969 年德国"人口调查第一案"涉及对宪法上人格尊严的理解和保护问题，该案是德国非常有代表性的有关人格尊严保护的案例。其简要案情如下①：联邦人口调查法规定，对住家和雇主收集周期性统计数据。1960 年这项法律的修正案进一步要求收集居民休假旅行的信息，原告因拒绝提供这一信息而被罚款 100 马克。他在宪政法院挑战法律修正案的合宪性，宣称其强迫提供信息的规定侵犯了他在《基本法》第一章保护下的人格尊严。

联邦宪法法院在其所作裁决中指出："……每个人都有权在社团中获得承认与尊重。一旦国家将人仅仅当作工具来对待，它就侵犯了人的尊严……国家无权彻底检查公民的个人事务，以揭穿受到保护的隐私领域。为了其个性以自由与负责的方式发展，国家必须为个人保留内在空间。在这个空间之内，个人是自身的主宰。因此，个人可以完全排斥外在世界，独自退回内在主体，并享受其隐居的权利。如果在某些情形下，不论在价值上如何中立，国家采取的行动对个人造成屈从公共机构的心理压力，从而禁止个性的自由发展，那么它就侵犯了个人的权利领域。"② 在有关该案的判决中，宪法法院首先重申了人格尊严在《基本法》中的首要价值地位，认为人格尊严是对每个公民不可侵犯的领域，国家不得在其所规定的极限之外采取任何措施——包括法律措施。之后，法院根据该案案情进行了具体的判断和阐释。法院认为，并不是每一项要求透露个人资料的统计调查都会侵犯人格或个人的自主权利，这取决于调查的方式——如果调查要求记录和登记有关个人的一切层面的信息，那么国家所采取的行动造

---

① 案例材料来源于张千帆：《西方宪政体系（下册·欧洲宪法）》，中国政法大学出版社 2005 年版，第 353 页；胡锦光主编：《宪法学原理与案例教程》，中国人民大学出版社 2006 年版，第 305 页。

② 张千帆：《西方宪政体系（下册·欧洲宪法）》，中国政法大学出版社 2005 年版，第 353—354 页。

成了个人屈从公共机构的心理压力，从而禁止个人的自由发展；但如果调查仅是为了了解个人与周围世界之关系，且调查采用的是不带个人特征的匿名方式，那么就没有侵犯宪法所保护的个人权利。而本案中的问卷调查虽然涉及隐私，但并不强迫个人披露其私人生活的内部细节，所征集的信息也不涉及国家不可侵犯的最为隐私的领域。

　　人格尊严是德国宪法的一个基本理念，也是一项极其重要的宪法权利，"最重要的普遍与客观条款，乃是《基本法》第 1 条所保障的人格尊严"，"乃是所有人权条款之核心"①。德国《基本法》规定："人的尊严不可侵犯。一切国家权力均有责任去尊敬与保护之。"人性尊严是指每一个人都是自主独立的个体，每个人有权维护自己的尊严，有权主张自己应受到充分的尊重；不能将人作为达成任何目的的手段，不能将人作为国家支配的客体，不能有损于人的主体性。确立人性尊严不可侵害是对国家的义务要求，国家公权力对于任何人的尊严既负有禁止侵害的消极不作为义务，也负有防御侵害的积极保护义务。"人性尊严不可侵犯"是德国宪法之本，人格尊严是宪法价值的集中体现，是宪法权利的核心内容；之所以如此立宪，防止国家权力的膨胀与集体主义的异化对个人尊严与权利的漠视，主要是鉴于"二战"期间极权统治对"人性尊严"的践踏。为了使这一崇高宪法价值得以实现，必须建立有效的实施机制，否则人性尊严将成为虚幻的名词。德国建立宪政法院体系，基于宪法规范的可诉性，使该条款成为可直接实施的权利，人格尊严是否受到侵害就成为宪政法院是否受理或者司法判断的基准，从而使立法、司法、行政机构对其承担义务。1969 年德国"人口调查第一案"中行政强制收集私人信息是否侵犯人格尊严的宪法权利，需要用宪法来判断，不仅判断行政侵害的合宪性，必要时还应判断行政依据法律的合宪性。

　　通过这一案件，关于人格保护的限制即人格尊严与其他宪法价值、法律利益的关系如何平衡和调处，以及在实践甄别中所体现出的人格尊严的核心内容获得了反映。由此可见，人格尊严也不是任意主张和绝对无限的。人格尊严并非仅意味着单方面的个人权利，它同时隐含个人对社会的

---

① 张千帆：《西方宪政体系（下册·欧洲宪法）》，中国政法大学出版社 2005 年版，第 148、149 页。

责任，而后者构成了这一宪法权利的限度。对德国的宪法法院而言，个人与社会紧密相连，个人尊严的实现要求一个相互理解、互惠与分享的社会。因此，个人从来不是孤立存在的个人，个人的尊严亦从未被解释为完全独立的个人主义。宪法法院保护个人决定的自由，但同样强调参与和交流的社会价值。按照这种人格观念，个人的自主权受到社会责任和人类理性的普遍约束。①

二　言论自由

"人的言论是丰富多彩的，有关言论自由的宪法学也是这样的"②，我们可以从著名的"纽约时报诉沙利文案"③解读言论自由的宪法权利内涵及其宪法保护。"纽约时报诉沙利文案"发生在 20 世纪 60 年代美国民权运动风起云涌的时期，案件起因于《纽约时报》刊登了由某个民权组织资助的政治广告。1960 年 3 月，《纽约时报》刊登了一条政治广告"请注意正在高涨的呼声"。广告列举了小马丁·路德·金博士及其追随者在南方经历的种种不幸遭遇，并号召人们捐款。文中特别提到亚拉巴马州蒙哥马利市政府动用军警来镇压黑人的抗议活动。虽然广告没有指名道姓，但 4 名蒙哥马利市的市政官员推测广告含有贬损他们履行公共职责的意思，因而在州法院提起了诽谤诉讼。市政官员沙利文还要求《纽约时报》和刊登广告的人支付巨额赔偿金。原告在起诉书中声称，广告中陈述的事实有几处不实，比如，黑人领袖马丁·路德·金只被政府逮捕过 4 次，广告中却说 7 次。根据严格的私人诽谤规则——除非被告能够证明自己陈述的事实属实，否则就要对错误的陈述所造成的诽谤承担赔偿责任；原告无须证明实际损失的存在，就可以获得惩罚性赔偿金——亚拉巴马州法院赞同原告提起的诽谤指控，并以广告措辞不完全准确为由，驳回了被告有关事实真相的辩护意见。州法院还认为，由于广告中的基本事实有误，被告不享有公正评论的特权。

---

① 参见张千帆：《西方宪政体系（下册·欧洲宪法）》，中国政法大学出版社 2005 年版，第354 页。

② 张千帆、朱应平、魏晓阳：《比较宪法——案例与评析》（下册），中国人民大学出版社2011 年版，第 712 页。

③ 案例材料来源于胡锦光主编：《宪法学原理与案例教程》，中国人民大学出版社 2006 年版，第 233 页。

陪审团同时课以原告 50 万美元的罚金。亚拉巴马州最高法院否认第 1 条宪法修正案保护诽谤性言论，维持了州法院的判决。

在布伦南法官代写的司法意见书中，最高法院一致裁定亚拉巴马州关于公正评论的规则违反第 1 条宪法修正案，因为它以说话人因言论中的任何事实出入而承担严格责任的方式，企图取缔对政府官员过于严厉的批评。第 1 条宪法修正案中有"精义是保证'公民批评者'批评政府的权利"。"我们宪政体制的基本原则，乃是保护自由政治讨论的机会，使得政府响应人民的愿望，并通过合法手段得到改革；这种机会对共和国的安全是必不可少的。"因此，公民"关于公共问题的讨论应当是不约束的、生动活泼的和完全公开的，而且可以对政府和公职官员进行猛烈的、尖刻的和令人不快的尖锐批评"。正如政府官员享有豁免权，可以自由履行其职责一样，"公民批评者"也必须享有适当的民事损害豁免权，以便使他在民主政体中履行他的职责。关于如何协调政府官员的名誉权与公民批评者言论自由的关系，布伦南指出，政府官员必须证明被告的陈述带有"实际恶意"（actual malice），即被告明知陈述是错误的，或者轻率地忽视言论中的事实是否错误，否则政府官员不得因对自己的诽谤错误而获得赔偿。即便公民批评者明知陈述有误，或者轻率地忽视言论中的事实是否属实问题，政府官员也只能获得抑害赔偿。最后，布伦南认定，本案并没有宪法上要求的充分证据，来证明被告的言论针对官员个人。宪法不允许利用传统的诽谤理论，把对政府的非个人攻击演变为对负责官员的诽谤。

这一判决为美国媒体拓展言论自由推倒了重重障碍，它确立了一项重要规则，即后来被普遍引用的实际恶意原则及公共人物原则、公众事务原则的雏形等。同时，美国最高法院最终将实际恶意原则从原有关注一审原告是否属于公共官员的视角转向涉案事实是否具有公众事务性质，它大致勾勒出媒体新闻自由与公民名誉权之间的均衡点的形成，成为美国媒体拓展自由并自我约束的最重要的参照物。

被誉为美国国父之一的杰斐逊曾经说过一句名言："如果让我来决定，到底应该有政府而没有报纸，还是应该有报纸而没有政府，我将毫不犹豫地选择后者。"① 杰斐逊所谓的报纸代表的就是言论自由、新闻自由，

---

① ［美］托马斯·杰斐逊：《杰斐逊选集》，朱曾汶译，商务印书馆 1999 年版，第 389 页。

也就是指人民有没有说话的权利，更加具体的说法就是：人民有没有权利
公开、无拘无束地谈论涉及他们自己的利益，涉及国家利益，涉及政府利
益的问题；有没有权利公开讨论一切涉及公众利益的事实真相；有没有权
利对这些事实进行评论。近现代以来，在宪法中规定言论自由几乎已经成
为各个国家认同的一条底线规则，荷兰学者马尔赛文等在《成文宪法的
比较研究》一书中，通过比较研究统计表明，在制定成文宪法的 157 个
国家里，有 124 个国家规定了人民有"发表意见的自由"，占 87.3%。①
虽然有没有成文宪法并不能够证明该国是否就是一个法治国家，成文宪法
中有没有规定言论自由也无法证明该国人民是否真正享有言论自由，但
是，至少没有一个制定成文宪法的国家会在宪法中直接剥夺人民的言论自
由，这说明无论是崇尚自由的政府还是推行极权与专制的政府都明白政府
无权剥夺人民的基本自由，其中包括言论自由。言论自由就像空气一样属
于人的基本需要，它无须任何论证。

三　财产权

财产权的典型案例可参见 1989 年的韩国宪法法院受理的"土地买卖
许可制案"②，简要案情如下：

请求人 A 某未经道知事许可将忠南某郡所在地的租赁土地转让给他
人，此案在汉城地方法院南部支院审理时，请求人向审理本案的法院提出
作为本案审理依据的《国土利用管理法》第 21 条第 3 款第 1 项、第 31 条
第 2 款是否违宪申请，法院接受其申请向宪法法院提出违宪与否审判的提
请。

本案的审理对象是《国土利用管理法》第 21 条第 3 款第 1 项、第 31
条第 2 款。第 21 条第 3 款规定：（1）对规制区域内的土地所有权等权利
的转让或签订契约（土地等的买卖契约）的当事人须经管辖道知事的许
可，未经许可而签订的土地等的买卖契约无效。第 31 条第 2 款规定：违
反第 21 条第 3 款第 1 项的规定未经许可签订土地买卖合同者处 2 年以下

---

① ［荷］马尔赛文等：《成文宪法的比较研究》，陈云生译，华夏出版社 1987 年版，第 147
页。

② 案例材料来源于韩大元、莫纪宏主编：《外国宪法判例》，中国人民大学出版社 2005 年
版，第 284—285 页。

徒刑或 500 万元以下罚金。本案是宪法法院成立后争议最大的判决之一，涉及财产权保障的意义和财产本质内容，土地买卖许可制是否侵犯宪法规定的财产权等基本的宪法问题。宪法法院于 1989 年 12 月 22 日作出判决，认定《国土利用管理法》第 21 条第 3 款第 1 项不违反宪法（合宪）。同时认定对第 31 条第 2 款不能宣布违宪（违宪不宣言）。

土地的所有权的概念从部落居民全体"共有"经过了中世纪封建社会的分割所有权、近代初期资本主义的绝对私权、现代社会财产权的内容与界限由法律规定的相对权利等几个阶段。强调财产权的社会制约及社会羁束性的目的是最大限度地减少因财产权绝对保障而产生的社会弊端，保护私有财产制度的基本理念，为维护私有财产制度，要求私有财产制度作出最低限度的自我牺牲或让步。基于上述发展趋势，《韩国宪法》（以下简称《宪法》）一方面保障财产权；但另一方面以法律限制财产权，赋予财产权以社会的义务性（《宪法》第 23 条第 2 款）。产权的行使要适应公共福利的义务是一种宪法规定的义务，通过立法形成权的行使而得到具体化，成为一种现实义务。根据财产的种类、性质、形态、条件、状况、位置等具体情况对财产权进行的限制，或禁止行为的形式是不尽相同的。由于土地是不能因需求而增加供应的特殊形态，无法直接运用市场经济原理，具有固定性特点。因此，立法机关对土地财产权比其他财产权需要采取更为严格的规制，其立法裁量权范围随之得到扩大。

土地财产权的本质内容是指成为土地财产权核心的实质性的要素。所谓财产权本质内容的侵害是指因某种侵害事实的存在，私有财产权变为有名无实的东西，无法达到宪法保障财产的最终目的（如私有财产制度的全面否定、财产权的无偿没收、因溯及立法的财产权剥夺）。土地买卖许可制的目的是控制土地的投机，《国土利用管理法》规制的内容并不包括所有的私有地，而是限定在可能存在投机的地区或土地价格容易上涨的地区。同时它综合考虑了如下因素：规制期限是 5 年以内；即使规制的情况下如不违反有关买卖目的、买卖面积、买卖价格等的标准可能得到买卖许可，处分权也并不完全被禁止；对当局的买卖不许可不服可通过其他救济途径等。因此，土地买卖许可制并不是对私有财产制度的否定，而是一种限制形式。对不能自由地再生产的土地不能认定处分自由而加以一定限制是不得已情况下的限制，它只是《宪法》第 122 条规定的对财产权进行限制的一种形态，不能被理解为对财产权本质的侵害。

依据宪法的基本精神对基本权进行限制时，即使没有侵害本质内容，但如违反过剩禁止原则也有可能出现违宪。过剩禁止的原则确定了国家作用的界限，它意味着目的的正当性、方法的适宜性、受害的最少性与法益的平衡性（保护的公益应大于受侵害的私益），如违反上述要求中的任何一项也会构成违宪。国家发挥国家作用时，应基于合理的判断采取与追求目的相适应的合理的手段，其手段应该是为达到目的所必要和有效的，对相对方产生最小侵害，在这种条件下国家作用才具有正当性，减少对相对方的侵害。在国家作用中，所采取的任何措施或选择的手段首先要符合所要达到的目的，但它并不是唯一的措施或手段。国家为达到目的有时可能采用一种措施或手段，有时也可能综合采用几种措施或手段。过剩禁止原则并不是要求为达到某种目的选择唯一的手段。当采用几种措施或手段时应符合目的和在必要的限度内。也许有人认为，控制土地授权的措施或手段可采用登记制度、租赁制度、行政制度、开发利益还原制、土地买卖申告制、土地买卖实名制等制度。但运用上述制度控制土地投机等行为都存在一定缺陷，需要采用土地买卖许可制这种更为有效的规制手段。在当时土地投机现象泛滥的特殊情况下采用这种手段是不得已的一种选择。只要土地买卖许可制符合限制土地所有权的目的，其限制手段满足最小侵害的要求，就不能得出土地买卖许可制违反比例原则或过剩禁止原则的结论。另外，在土地投机中得到的利润是相当可观的，靠罚金刑限制土地的投机行为实际上存在功能上的界限，必要时并用自由刑也是不得已的一种选择，有选择地采用自由刑并不违反过剩禁止原则。

本案是宪法法院对财产权保障问题所作的具有代表性的判决，明确了财产权的本质，提出限制财产权的基本原则。该判决作出后在社会上产生了积极的影响，及时控制了土地投机行为，稳定了土地价格，消除了社会阶层之间的矛盾，在全社会确立了土地公概念。由于土地具有不同于其他财产的性质，土地所有权本身带有鲜明的公益性。当社会公共利益的保护价值和保护特定人的财产权价值发生矛盾时，以社会公共利益作为价值取向合理地限制财产权行使是必要的。当然，限制手段和限制目的要保持内在的联系性，要符合限制的合理界限。

四 迁徙自由

早在 20 世纪, 马尔赛文等宪法学者就以 20 世纪 70 年代中期为分界线, 对世界各国制定的 157 部成文宪法有过统计, 结果表明: "在公民个人自由中规定迁徙自由的有 87 部, 占被统计宪法的 57%; 而在 20 世纪 70 年代中期以后制定的近 60 部宪法中, 明文规定公民迁徙自由的有 49 部, 占被统计宪法的 91%。"[1] 这些统计数据说明, 世界上大多数宪法确认了公民的迁徙自由权。可以说, 对迁徙自由权的确认, 是世界宪政与文明发展的必然趋势。

1. 从人格权条款到迁徙自由条款——德国的宪法保障

迁徙自由是现代国家的宪法普遍承认的一项基本权利。和一般宪法不同的是, 德国《基本法》第 11 条所规定的迁徙自由在很大程度上是"人格权"(right to personality)的延伸。《基本法》第 2 条规定, 每个人都有"自由发展人格"的权利。人格的自由发展主要包含着自由行动的个人权利, 其中包括迁徙自由。在 1957 年的"旅行护照案"[2] 中, 极右党派的发言人(Elfes)在国内外会议和游行上猛烈抨击联邦德国的国防政策与东西统一。在其出国旅行护照被拒绝批准之后, 他发起宪政申诉, 宣称这项决定侵犯了其受到第 11 条保护的迁徙自由。在以下的意见中, 宪政法院第一庭判决迁徙权利并不包括出国旅行, 并进而自行审查了第 2 条人格权的含义。[3]

《基本法》第 11 条第 1 款保障"在联邦领土上"的迁徙自由。这段条文显然并不保证在联邦领土之外旅行的基本权利。另外, 这一条款的原始历史并不支持这项解释……迁徙自由的基本权利只能被第 11 条第 2 款的明确规定所限制: "只有通过或按照法律, 且限于以下情形, 这项权利才能受到限制: 这类限制必须有所必要, 以防止联邦或一州的存在或自由民主基本秩序的即刻危险、抵御流行疾病的危险、处理自然灾害或尤其严

---

① 韩大元、胡锦光主编:《宪法教学参考书》, 中国人民大学出版社 2003 年版, 第 398 页。

② 案例材料来源于张千帆、朱应平、魏晓阳:《比较宪法——案例与评析》(下册), 中国人民大学出版社 2011 年版, 第 685—686 页。

③ Elfes Case, 6BVerfGE32;译文参见 Kommers, *The Constitutional Jurisprudence*, pp. 324 - 328.

重的事故、保护青年人不受忽视或防止犯罪。"第 1 条第 1 款并未提及对国外旅行的传统和有关限制。许多国家——包括自由民主国家——长期基于国家安全理由而拒绝授予护照。《基本法》的缔造者显然并未预期，用第 11 条去保证国外旅行的自由。然而，作为普遍行动自由的基本权利之产物，在国外的旅行自由并非不受任何宪法保障……在 1954 年的"投资援助案"中，联邦宪政法院并未决定人的人格的自由发展是否包括在最广泛意义上的行动自由内，抑或第 2 条第 1 款仅限于对行动自由权利的最低保护，即如果缺乏这一保护，个人就不能作为精神—道德之人而发展自身。

"自由发展人格"一词不可能简单意味着在人格中心领域内的发展，后者把人定义为精神—道德之存在（Kernbereichstheorie），因为在这一核心领域的发展不可能侵犯道德规范、他人权利甚至自由民主的宪政秩序。相反，对作为政治社团一员的个人所施加的限制表明，第 2 条第 1 款所内含的行动自由应获得广义解释。当然，第 2 条第 1 款的庄严形式使之从第 1 条的角度获得审视，且从此引申出其体现《基本法》对人的映象之目的。但这仅表明第 1 条是基本宪法原则，且和《基本法》的所有其他条款一样，它表达第 2 条第 1 款的意义。就法律而言，它代表着独立的个人基本权利，后者保障个人行动自由的普遍权利……第 2 条第 1 款仅预期保护人格的有限核心领域。为了统一解释这一出现于宪法其他条款的措辞，宪政秩序被视为比符合宪法的法律秩序更具限制性的概念。结论必然是：宪法应仅保护人格的核心领域，而非人的自由行动权利。

在第 2 条第 1 款所保障的自由行动的普遍权利之外，《基本法》运用具体的基本权利来保护人在某些生活领域内的自我决定；这些领域在传统上受制于公共权力的侵犯。这些宪法条款包含着分为等级的保留条件，以限制议会可侵犯特定基本权利的程度。虽然基本权利并不具体保护这类特殊生活领域，个人仍可援引第 2 条第 1 款来抗衡公共权力对其自由的侵犯……

在魏玛共和时期，议会可随意修正或改变宪法权利。然而，《基本法》建立了限制公共权力的价值取向秩序。这项秩序保障人在政治社团内的独立、自决和尊严。这项价值秩序的最高原则被保护不受宪法修正……法律并非仅因符合立法程序而合宪。它们必须在实体上符合自由民主秩序的最高价值，且必须符合《基本法》不成文的基本宪法原则和基本决定——尤其是法治原则和社会福利国体。最重要的是，法律不得侵犯人的尊严，而尊严代表着《基本法》的最高价值。它也不得以削弱人格（Personhood）要素的方式，来限制人的精神、政治或经济自由。这项要求来自宪法对每个公民的私人发展领域所提供的保护，即人类自由的终极领域绝缘于公共权力的任何侵犯……

也就是说，该案中尽管没有直接适用德国《基本法》第11条有关迁徙自由权的规定，但法官从"人格权"的条款中导出了对国际旅行自由的宪法保护。即使出国权利并不具体属于第11条保护的迁徙自由概念，作为自由行动的普遍权利之表述，它却在宪法秩序（即符合宪法的法律秩序）的限度内受到第2条第1款的保障。

2. 从贸易自由到迁徙自由——澳大利亚的宪法保障

澳大利亚联邦宪法没有迁徙自由条款，有趣的是联邦高等法院长期把原本是自由贸易条款的第92条解释为保护迁徙自由的条款。《联邦宪法》第92条规定，征收统一关税后，州际的贸易、商业和往来，不论经内陆运输或经海上运输，应绝对自由。[①] 典型的案件有二，至今仍然有效。[②]

在"女王诉史密瑟案"[③] 中，1903年新南威尔士州《阻止犯罪流行法》（*Intlux of Criminals Prevention Act*）第3条规定，如果某人已经"在其他州被控告犯罪……并在该州受到死刑、拘禁一年或更长时间的处罚"，那么自服刑期满被释放后未达到3年的，不能进入新南威尔士州。本森（John Benson）在维多利亚州被控告犯罪并被判处12个月拘禁。从监狱放出后不久，他去新南威尔士州寻找工作。在那里他被逮捕，并根据该法第3条受到控告，且被判另外12个月的拘禁。他不服上述定罪判刑，向高等法院上诉。高等法院一致判决，第3条规定无效。艾萨克斯（I-saacs）和希金斯（Higgins）法官则适用《宪法》第92条规定，即"在

---

① 国内法学词典将该集中的"absolutely free"翻译为"绝对免税"。参见萧榕主编：《世界著名法典选编·宪法卷》，中国法制出版社1997版，第54页。笔者认为，这个翻译不妥。笔者查阅了澳大利亚多部宪法学教材和专著，均把第92条解释为"freedom of inter - state trade, commerce and intercourse"，可见应当翻译为"绝对自由"而非"绝对免税"。

② Miller v. TCN Channel Nine Pty Ltd (1986) 161 CLR 556.

③ R v. Smithers ; Ex parte Ben son (1912) 16 CLR 99.

州之间的'往来'……应当是绝对自由的"。艾萨克斯法官说[①]：第 92 条包括了"绝对地同样禁止联邦和州把州边界看作是澳大利亚人之间往来的可能性障碍"。

在"格拉特威克诉约翰逊案"[②] 中，高等法院审理了一件对联邦颁布的《州际旅客运输限制命令》的挑战，该命令是根据 1944 年联邦《国家安全（陆地运输）法规》而制定的，它试图在第二次世界大战期间，对整个澳大利亚全境旅行的人进行限制。达尔茜·约翰逊（Dulcie Johnson）根据该命令申请从悉尼（Sydney）到柏思（Peith）旅行去看望她的未婚夫。在其要求遭到拒绝后，她在 1944 年开始旅行，并因此被控告犯罪。在高等法院，她主张该命令侵犯了《宪法》第 92 条规定，因此无效。高等法院一致认为，该命令明显违反了《联邦宪法》第 92 条的要求，即州际"往来"应当是"绝对自由的"。狄克逊法官说，该命令即使"不是对第 92 条规定表示轻视，至少也是不关心该条的规定"。[③]

总之，上述两案判决是适用《宪法》第 92 条中的"往来自由"得出公民享有"迁徙自由"，它们为后来判决提供了判例基础。澳大利亚的实践告诉我们，无论一国宪法是否明确包含了迁徙自由，但是现实中都无法回避这一问题的宪法保护。区别只在于是否能直接便利地运用宪法以及如何运用宪法加以保护的问题。澳大利亚高等法院克服了宪法文本的不足，从自由贸易条款中引申出迁徙自由，保护了公民的迁徙自由。这一事实说明，在公民宪法权利保护中，文本的规定固然重要，但是更为关键的是，宪法实施机关如何对待宪法，如何对待宪法权利。因此，宪法的适用比单纯的文本规定更有意义。

3. 正当程序条款与平等保护条款的导出——美国的宪法保障

美国作为"车轮上的民族"之国，其有关迁徙、移民的法律较为发达，是世界上最大的移民国家，因此对迁徙自由的规定也较为完善。1776年的《独立宣言》首先对迁徙自由作了概括式规定。《独立宣言》提出"人人生而平等，他们都有天赋的不可转让的生命权、自由权和追求幸福

① R v. Smithers；Ex parte Ben son（1912）16 CLR 99，Ibid at 117.

② Gratrm. ck v. Johnson（1945）70 CLR 1.

③ Ibid at 19.

的权利"。其中"自由权"可以理解为包含迁徙自由在内的广义上的自由。① 1787 年美国联邦最高法院根据《宪法》第 14 条修正案和相关的宪法判例确立对迁徙自由权的保障。1868 年通过的《联邦宪法》第 14 条修正案确立了平等保护原则，其派生的权利之一就是迁徙自由权。在美国宪政史的演进中，迁徙自由权的起源仅仅是为了维护"州际贸易"的需要。迁移自由作为一项权利，其内容是通过最高法院的判例逐渐发展起来的。迁徙自由是市场经济和人权意识发展到一定程度的产物。经历了 19 世纪 60 年代的民权运动，美国公民的权利意识大大提高，最高法院不失时机地将迁徙自由纳入宪法修正案的正当条款中，迁徙自由便成为了美国宪法权利体系中的一部分。而联邦最高法院最终确立对迁徙自由权的保障是通过几个著名的宪法判例确立的。1969 年的"夏皮罗诉汤普森案"，这一案例中最高法院裁定一项关于需要连续居住一年方可享受福利援助的规定违反了平等保护。另外还有 1974 年的"纪念医院诉马里科帕县案"，穷人需连续居住满一年后方可获得公共医疗补助的规定被裁定违反平等保护，1972 年的"邓恩诉布卢施泰因案"要求连续居住一年方有选举权的规定被裁定违反平等保护。② 最高法院对于某些对州际迁徙施加限制的规定予以严格审查，由此确立了州际迁徙自由的宪法性保障。同时，《美国宪法》第 14 条修正案对穷人的迁徙自由也给予了特别保护，"一方面，最高法院从第 14 条修正案的正当程序条款中'读'出了迁徙自由，禁止各地直接惩罚流浪的法律法规；另一方面，最高法院从该平等保护条款中引申出新居民获得社会福利的权利，禁止各地通过限制新居民的福利权来间接限制穷人的迁徙权"③。

---

① 陆润康：《美国联邦宪法通论》，书海出版社 2003 年版，第 121 页。

② ［美］杰罗姆·巴伦、托马斯·迪恩斯：《美国宪法概论》，中国社会科学出版社 1995 年版，第 5 页。

③ 张千帆："从管制到自由——论美国贫困人口迁徙权的宪法演变"，载《北大法律评论》，2005 年第 2 辑，第 590—591 页。

第三章　宪法权利实施的国家义务

宪法权利保障是宪法权利实施的关键环节，所谓"权利无保障的社会即无宪法"。我国传统宪法理论中，"基本权利—国家权力"是主要的研究范式，对于西方方兴未艾的"基本权利—国家义务"的宪法学基本范畴，未能作出充分的回应。从我国宪法权利的理论进展观察，"宪法权利—国家义务"研究在我国严重不对称。① 对国家义务的长期忽视，导致宪法权利因缺乏"义务主体"而存在被架空、虚化的危险。当然，笔者亦观察到，近年来，"国家义务"理论正逐渐获得学界重视②，有学者甚至认为"国家义务是公民权利的根本保障"③，更有学者对部分公民权利的国家义务内容进行了具体分析④。鉴于此，本章拟以迁徙自由权为对

---

① 2013 年 12 月 31 日，笔者对中国期刊网全文数据库进行统计发现，篇名中为"宪法权利"的有 198 条、"基本权利"的有 506 条、"基本人权"71 条、"人权"7286 条。而以"国家义务"为篇名的仅有 61 条，且其中有 26 篇是国家义务教育的。

② 关于"国家义务"的文章尽管数量依然不多，但在质量上却有诸多上乘之作，所发期刊大都属于法学核心期刊，且呈现逐年递增趋势。典型的如陈醇："论国家的义务"，载《法学》，2002 年第 8 期；杨成铭："受教育权的国家义务研究"，载《政法论坛》，2005 年第 2 期；张翔："基本权利的受益权功能与国家的给付义务——从基本权利分析框架的革新开始"，载《中国法学》，2006 年第 1 期；陈征："基本权利的保护义务功能"，载《法学研究》，2008 年第 1 期；蒋银华："论国家义务的理论渊源：现代公共性理论"，载《法学评论》，2010 年第 2 期；龚向和："国家义务是公民权利的根本保障——国家与公民关系新视角"，载《法律科学》，2010 年第 4 期；袁立：《公民基本权利视野下国家义务之边界》，载《现代法学》，2011 年第 1 期等。

③ 龚向和："国家义务是公民权利的根本保障"，载《法律科学》，2010 年第 4 期。

④ 从中国知网的检索来看，截至 2013 年 4 月 16 日，篇名为"迁徙自由国家义务"的论文尚未找到。但令人欣慰的是，有学者对部分公民权利的国家义务内容进行了具体分析。如杨成铭："受教育权的国家义务研究"，载《政法论坛》，2005 年第 2 期；林志强："论健康权的国家义务"，载《社会科学家》，2006 年第 4 期；徐钢："论宪法上国家义务的序列与范围——以劳动权为例的规范分析"，载《浙江社会科学》，2009 年第 3 期；钟会兵："论社会保障权实现中的国家义务"，载《学术论坛》，2009 年第 10 期；张清、严婷婷："适足住房权实现之国家义务研究"，载《北方法学》，2012 年第 4 期。

象，从国家义务层面，对公民宪法权利的保障进行初步探讨，希冀深化对宪法权利的研究，进而为建构宪法权利实施的保障机制提供理论上的准备和参考。

第一节　宪法权利实施的国家尊重义务

防御权是宪法权利的首要功能，防御权功能的实现要求国家履行"消极不作为"义务，这种"消极义务"表现为国家的"尊重义务"。对于自由主义占主流思想的西方立宪国家，国家对宪法权利承担消极不作为的尊重义务，创造宪法权利的空间，是理所当然的事情，然而，对于处于转型时期的中国，从国家义务的角度强调公民的迁徙自由具有极其重要的意义。

一　理论基础：宪法权利的防御权功能

宪法权利功能是公民宪法权利理论的基础性问题，对宪法权利保障具有重要意义。德国和日本在对宪法权利功能问题的探讨上，形成了诸多有价值的理论成果。在我国，宪法权利功能逐步引起重视，在借鉴国外学者的思路与成就的基础上，初步形成了我国"宪法权利的功能体系"，提出了防御权功能、受益权功能、制度保障、组织与程序保障功能等分析理路，并以此为基础对宪法权利的国家义务作出类型化、条理化的分析。[1]然而，针对宪法权利功能的扩张，亦不乏批评者，例如，德国K. A. Betterman 在 1984 年就曾经以"基本权利的肥胖症"为题，批评宪法权利发展过分蔓生之病。E. W. Bockenforde 在 1990 年名为《基本权作为原则规范》的文章也呼吁，把基本权的规定回归到以国民对抗国家的

---

[1]　参见庄国荣："西德之基本权理论与基本权的功能"，载《宪政时代》，第 15 卷第 3 期。许宗力："基本权利的功能及司法审查"，载许宗力：《宪法与法治国行政》，元照出版公司 1999 年版，第 156 页。张嘉尹："论'价值秩序'作为宪法学的基本概念"，载《台大法学论丛》，第 30 卷第 5 期；"违宪审查中之基本权客观功能"，载《月旦法学杂志》，2010 年第 10 期。张翔："基本权利的受益权功能与国家的给付义务"，载《中国法学》，2006 年第 1 期。郑贤君："作为客观价值秩序的基本权"，载《法律科学》，2006 年第 2 期。龚向和："国家义务是公民权利的根本保障"，载《法律科学》，2010 年第 4 期。等等。

防御权面向上，否则会造成释宪权过度扩展的司法国家。① 防御权功能是宪法权利最原始和最根本的功能，"从古典自由观言，基本权利最初之核心任务，即被用来消极对抗公权力之不法侵害，乃产生所谓基本权利之防御功能（Abwerhrsfunktion）"②。从立宪主义的根本精神看，防御权功能是宪法权利最为重要的一项功能，处于绝对优先和中心的地位。但是我国法学界对防御权功能的研究门庭冷落，成果寥寥无几。③

最早使用"防御权"（Abwehrrechte）、"防御权功能"（Funktion der Gnlndrechte als Abwehrrechte）概念的是德国联邦宪法法院，1958 年在吕特（Luth）判决中，将宪法权利定性为：基本权是人民对抗国家的防御权；基本法关于基本权的章节显示人及人的尊严优先于国家权力。④ 防御权的主要目的在于确保个人的自由免受公权力干预，以创设人民的"自由空间"，就此一空间，人民有独立自主权，亦即"人民自由于国家之外"。"人民自己的问题自己即可设法解决，无须国家介入，而人民社会共同生活也无须国家参与，自己即可支配。"⑤ 人民基于防御权所能获得的是一种"消极请求权"，或称"不作为请求权"，在宪法权利功能体系中归属于"主观权利"范畴，故又称为"主观防御权"。因此，从防御权角度观之，宪法权利划定了国家权力的行使界限，确保个人自由的空间。换言之，防御权即"国家不要为我做什么"，个人权利起始之处，就是国家权力止步之所。⑥

承上述，笔者认为，防御权功能是指公民享有要求国家承担不侵害宪法权利所保障的法益之消极不作为义务的能力，当国家侵犯该法益时，公民享有"不作为请求权"、"停止侵害请求权"，是基本权利的一项权能。

---

① 陈爱娥："基本权作为客观法规范——以'组织与程序保障功能'为例检讨其衍生的问题"，载李建良、简资修主编：《宪法解释之理论与实务》，"中央"研究院中山人文社会科学研究所 2000 年版，第 243 页。

② 李震山：《人性尊严与人权保障》，元照出版公司 2001 年版，第 21 页。

③ 根据笔者 2013 年 4 月 16 日在中国知网的搜索结果看，含"防御权功能"关键词的记录 1 条为，张翔："论基本权利的防御权功能"，载《法学家》，2005 年第 2 期；含"防御权"关键词的记录 38 条，其中宪法学 8 条、刑事法学 19 条、法理学 13 条；含"防御请求权"的记录 2 条，为侵权行为法的内容。

④ 吴庚：《宪法的解释与适用》，三民书局 2004 年版，第 89 页。

⑤ 法治斌、董保城：《宪法新论》，元照出版公司 2004 年版，第 130 页。

⑥ 张红："方法与目标：基本权利民法适用的两种考虑"，载《现代法学》，2010 年第 2 期。

对于此定义，可从三方面考察之：（1）防御权只是宪法权利的"一项"权能，与受益权功能、制度性保障、组织与程序性保障功能相并列。防御权本身并非权利，不能将其作为一项具体的权利，而是宪法权利的一种权能。（2）防御的对象是"国家"而非私主体。防御权要求国家履行消极不作为义务，防止国家的侵害行为，国家只需不作为，即构成防御权的实现。而私主体的行为，归属于宪法权利"第三人效力"、"国家保护义务"范畴，已然超出了防御权的规范领域。（3）从宪法权利的"主观权利"与"客观价值秩序"双重属性看，防御权归属于"主观权利"范围。当国家侵犯宪法权利时，公民享有"不作为请求权"、"停止侵害请求权"。

迁徙自由源自人的本性①，关涉人类之生存与发展，关系国家之真正统一②和经济社会的持续进步，具有十分重要的价值。因此，大多数国家的宪法都将迁徙自由作为公民的一项宪法权利加以确认。无疑，迁徙自由作为一项宪法权利，防御权应是其题中要义。

二　宪政实践：防御权是立宪主义国家宪法权利的首要功能

从根本意义上说，防御权功能可归结于对国家权力的不信任。在古典自由主义理念中，国家只是一种"必要的恶"，因此各国基本奉行"消极政治观"，政治生活的目标并非追求"极善"，而是防止"大恶"，国家垄断了强制权以及实施强制所需的工具，因此，国家是作恶能力最强、最应被防范和控制的人类组织。近代以来一些思想巨擘得出了诸多国家权力异化的警世结论。例如，"谁认为绝对权力能纯洁人们的气质和纠正人性的劣根性，只要读一下当代或其他任何时代的历史，就会相信适得其反。"③以及"一切有权力的人都容易滥用权力，这是万古不易的一条经验。有权力的人们使用权力一直到通有界限的地方才休止"④、"权力导致腐败，绝对的权力导致绝对的腐败"、"对被统治者权利的侵犯通常是在某种幌子下进行的，而且开始时是很少的、细微的；在悄无声息地触及个人权益时，这类侵害就会迅速扩散开来"。⑤即使到当代，不管自由主义经历怎样

① 参见张永和：《权利的由来——人类迁徙自由的研究报告》，中国检察出版社2001年版，第338页。

② 参见张千帆："流浪乞讨人员的迁徙自由及其宪法学意义"，载《法学》，2004年第1期。

③ ［英］洛克：《政府论》（下篇），叶启芳、瞿菊农译，商务印书馆2000年版，第56页。

④ ［法］孟德斯鸠：《论法的精神》（上册），张雁深译，商务印书馆1961年版，第154页。

⑤ ［英］阿克顿：《自由与权力》，侯健等译，商务印书馆2001年版，第342—343页。

的嬗变，防止国家权力"大恶"的精神得到了传承。不管主张"公民权利—国家权力"，抑或"公民权利—国家义务"的宪法学研究范式，也无论宪法权利发展出何种新功能，其旨趣都离不开控制和防御国家权力。

从迁徙自由权产生的历史维度看，防御权功能作为迁徙自由权的首要功能可以获得理论与逻辑的自洽。西方立宪之理念与精神，并非以"信赖"，而是"猜疑"国家权力为基础，并用宪法之锁加以约束，以防止其行为不端。是故，十八九世纪，西方各国纷纷制定宪法，确立了以自由权为中心的人权保障体系，此时，宪法中的基本权利就是自由权。诚如我国台湾地区一位学者所言："从人权的发展历史予以考察，基本权利最初的作用在于对抗国家权力，以'国家之不作为'为主要的诉求目标，希望能借此确保人民之自由与财产免受国家的侵犯，并创设一个不受国家干预的'自由空间'，故基本权利乃是一种免于国家干涉的自由，就此而言，基本权利可谓具有'防御功能'或'自由功能'，为基本权利最原始并且最主要的功能，一般称为'自由权利'，或'防御权'。"① 与此同时，作为人权的迁徙自由权亦获得确认和保障。例如，作为世界上最早规定公民迁徙自由权的成文宪法——1791 年的《法国宪法》第一篇第二款即规定：各人有行、止和迁徙的自由，除非按照宪法所规定的手续，不得遭受逮捕和拘留。这里的迁徙自由已演变成为人的基本自由权，要求社会为人提供自由生存和发展的空间。② 法国第一次明确规定了"迁徙自由"的宪法保护，迁徙自由权第一次真正作为宪法权利隆重登场，遗憾的是在随后的1793 年《法国宪法》中，这一条款被遗弃。但是，法国现行宪法即 1958 年宪法前言中对包括迁徙自由在内的公民权利再次给予了确认，"法兰西人民庄严地宣布其忠诚：恪守 1946 年宪法前言所确认并补充之 1789 年宣言所确定人权与国民主权原则"③。

迁徙自由在德国宪法中经历了两个发展阶段：第一阶段是 1919 年《魏玛宪法》对迁徙自由的规定。《魏玛宪法》第 111 条规定：一切德国人民，在联邦内享迁徙自由之权，无论何人。第 112 条规定：德国人民有

---

① 李建良：《宪法理论与实践》（一），学林文化事业有限公司 1999 年版，第 62 页。

② 邢爱芬："论迁徙自由在中国的确立与实现：价值、契机与措施"，载《北京师范大学学报》（社会科学版），2009 年第 2 期。

③ 许世楷编：《世界各国宪法选集》，前卫出版社 1995 年版，第 65 页。

移住国外之权。此项移住，唯联邦法律得限制之。① 不难发现，《魏玛宪法》将迁徙自由分为国内迁徙自由和国际迁徙自由，同时对迁徙自由的限制作了概括式规定。第二阶段是 1949 年《联邦基本法》对迁徙自由的限制性规定："本基本权利邦之存在或自由民主基本秩序之紧急危险、为克服瘟疫危险、天灾或特别严重之不幸事件、为保护青年使免于乏人照顾或为预防犯罪行为必要之情形，方得加以限制。"② 1949 年的《联邦基本法》在对迁徙自由作出概括式规定的基础上以列举的方式对其加以限制。《联邦基本法》对迁徙自由的限制性规定相对于 1919 年《魏玛宪法》的概括式规定而言，其本质仍是尊重和保障迁徙自由权的表现，是迁徙自由宪法性规定的进一步完善，是迁徙自由立法上的一大进步。

近代以来，民主宪政国家的理论和实践都强调国家要尊重和保障迁徙自由权，强调国家权力制约。这些国家，通过权利宣言、宪法条款，抑或通过宪法解释、先例判决等形式确认公民享有迁徙自由，并重点确认和强调迁徙自由权对国家权力的防御功能。

在美国，《权利法案》第 1 条即规定"国会不得制定有关下列事项的法律"③，凸显了防御权的绝对中心地位。从宪法规范结构看，美国宪法以"国家不得剥夺公民某权利"的规范模式，体现了宪法权利的防御权功能对国家权力的指向。尽管美国宪法并未规定公民的迁徙自由，但联邦最高法院通过宪法解释的技术导出了宪法上的迁徙自由。如 1969 年的"夏皮罗诉汤普森案"④，最高法院裁定一项关于需要连续居住一年方可享受福利援助的规定违反了平等保护，1972 年的"邓恩诉布卢施泰因案"，

---

① 陈云生：《宪法学学习参考书》，北京师范大学出版社 2009 年版，第 343 页。

② 许世楷：《世界各国宪法选集》，前卫出版社 1995 年版，第 131 页。

③ 参见陈云生：《宪法学学习参考书》，北京师范大学出版社 2009 年版，第 303 页。

④ Shapiro v. Thompson，（1969），本案源于哥伦比亚特区、康涅狄格州和宾夕法尼亚州州法的规定，即凡州民必须住满一年以上才可领取政府发放的抚恤金。州政府的目的在于避免过多的财政支出。联邦最高法院在判决中承认人民在美国任何地区有"旅行"及"定居"的权利。该法院认为，这些法律的动机虽在于维持本州的财政，但实际上关闭了短期州际旅行者获取"生活必需品"的渠道，因而拒绝采纳"这种居住期限规定是同向许可的预算目标和行政管理目标相关联的，因而是合理的"这一观点。该法院认为，这些法律具有"惩罚"（penalty）的效果，基于"平等权"要求，是违宪的。这一案件不但首次以平等权来捍卫人民的国内自由旅行权，而且首次在否决某一州法的合宪性的基础上进而提出联邦政府亦不得限制人民的国内旅行权。

要求连续居住一年方有选举权的规定被裁定违反平等保护。① 最高法院对州际迁徙的限制性规定进行了严格审查，由此确立了州际迁徙自由的宪法性保障。同时，《美国宪法》第 14 条修正案对穷人的迁徙自由也给予了特别保护，"一方面，最高法院从第 14 条修正案的正当程序条款中'读'出了迁徙自由，禁止各地直接惩罚流浪的法律法规；另一方面，最高法院从该平等保护条款中引申出新居民获得社会福利的权利，禁止各地通过限制新居民的福利权来间接限制穷人的迁徙权"②。由此可见，尽管《美国宪法》未明确规定迁徙自由权，但其中"选择生活和工作地点的自由"却是迁徙自由的本来含义。同时，《美国宪法》还通过"正当程序原则"和"平等保护条款"将迁徙自由权的防御权功能提升到极其显赫的位置。

迁徙自由不仅在主权国家宪法中得到确认，而且在一些国际人权公约中得到了体现。这些人权公约主要有：1948 年《世界人权宣言》、1950 年《欧洲人权宣言》及五个附加议定书、1966 年《公民权利和政治权利国际公约》和《消除一切形式种族歧视国际公约》、1969 年《美洲人权公约》和 1981 年《非洲人权和民族权宪章》。这些人权公约法关于迁徙自由的内容也包括国内迁徙自由、国际迁徙自由以及反放逐权或免受引渡到国外的权利，对迁徙自由的限制性规定也与主权国家宪法中的规定相仿。但是，关于迁徙自由的主体与主权国家宪法规定的主体有明显不同。大多数主权国家宪法偏重保护本国公民的迁徙自由，而有关的人权公约法则站在国际社会的高度，强调保护合法处于一国境内每一个包括本国人和外国人（含无国籍人）的迁徙自由权。

1948 年《世界人权宣言》第 13 条规定："人人在其各国境内有权自由迁徙和居住；人人有权离开任何国家，包括其本国在内，并有权返回他的国家。"联合国大会 1966 年通过的《公民权利与政治权利国际公约》对迁徙自由作了更为详细的规定。第 12 条规定："1. 合法处在一国领土的每一个人在该领土内有权享受迁徙自由和选择住所的自由。2. 人人有自由离开任何国家，包括其本国在内。3. 上述权利，除法律所规定并为

① ［美］杰罗姆·巴伦、托马斯·迪恩斯：《美国宪法概论》，刘瑞详等译，中国社会科学出版社 1995 年版，第 52 页。
② 张千帆："从管制到自由——论美国贫困人口迁徙权的宪法演变"，载《北大法律评论》，2005 年第 2 辑，第 590—591 页。

保护国家安全、公共秩序、公共卫生或道德或他人的权利和自由所必需且与本盟约所承认的其他权利不抵触的限制外，应不受任何限制。4. 任何人进入其本国的权利，不得任意加以剥夺。"第 13 条规定："合法处在本公约缔约国领土内的外侨，只有按照依法作出的决定才可以被驱逐出境，并且除非在国家安全的紧迫原因另有要求的情况下，应准予提出反对驱逐出境的理由和使他的案件得到合格当局或由合格当局特别指定的一人或数人的复审并为此目的的请人作代表。"

如果说，"《世界人权宣言》是《联合国宪章》的权威性解释"，其中的许多权利规定"已经成为习惯国际法的内容"，它"对国家的拘束力具有强行法的性质"①，那么，1966 年《公民权利和政治权利国际公约》（以下简称《公约》）第 12 条规定的内容，则是对《世界人权宣言》第 13 条内容的具体化。该公约中规定的迁徙自由权有如下特点：首先，迁徙自由的外延限制少，对迁徙的界定上，是仅从空间上来界定，未作时间上的限制。只要人口离开了原来的所在地而另换地点，就是迁徙，因而迁徙自由的内涵丰富：《公约》第 12 条第 1 项规定了国内的迁徙自由，第 2 项规定了国际的迁徙自由，第 3 项规定了对迁徙自由的必要限制，第 4 项规定了回归本国的自由。第 13 条提出了合法处于一国领土内的外侨免受任意驱逐的自由。虽然是采用列举方式，但涵盖了迁徙自由的应有内容，既包括国内迁徙自由，也包括国际迁徙自由及外侨权利遭侵害时的救济。其次，对迁徙自由主体作了最广的界定。该公约第 12 条第 1 款指出："合法处在一国领土内的每一个人在该领土内有权享受迁徙自由和选择住所的自由。"这里的"合法处在一国领土内的每一个人"不仅仅属于该国的国民、公民或永久性居民，也包括非本国国民即外侨。只要一个人合法地出现在这个国家，他就有权在该国享受迁徙自由和选择住所的自由。这种权利只能受到法律规定并为保护国家安全、公共卫生或道德或他人的权利和自由所限制。一个人被一国允许入境并遵守入境的限制条件，那么这一即使不是国民的人也就成了合法地处于该国领土内的人。由此可见，从《公民权利与政治权利国际公约》对迁徙自由权的规定可以看出：迁徙自

---

① See Javaid Rehman, *International Human Rights Law*: *A Practical Approach*, Person Education Limited (2003), pp. 57 – 61.

由内容全面，主体广泛，并且对迁徙未作时间限制，将人口流动也列入其中。

区域性国际人权条约对迁徙自由权利也有规定。从某些方面来看，区域性国际人权条约中的相关规定较全球性国际人权条约的规定，就其内容和对缔约国的要求更为具体和严格。1961 年《欧洲社会宪章》第一编规定："任一缔约国的国民享有在任一其他缔约国国境内与后者之国民平等地从事赢利职业之权利；作为缔约国国民的迁徙工人及其家庭享有在另一缔约国国境内获得保护和协助之权利。"为此，"各缔约国承允将创造条件达至有效地实现这一权利和原则作为其政策，并采取一切国内和国际之适当措施予以实施"。除此之外，《欧洲社会宪章》第 19 条还专门规定，缔约国应给予"迁徙工人及其家庭受保护和协助权"。1963 年《欧洲人权公约第四号议定书》第 2 条规定："合法地处于一国领土内的每个人在该国领土内有权自由迁徙和自由选择其住处；任何人可以自由离开任何国家，包括离开他自己的国家。"《美洲人权公约》第 22 条也规定："合法地处在一缔约国领土内的每一个人，有权按照法律的规定在该国领土内迁移和居住；人人都有权自由地离开任何国家，包括他自己的国家在内；任何人都不得从他国籍所属的国家的领土内被驱逐出去，或者剥夺他的进入该国的权利。"

从上文所述很容易看出，防御权与自由权有着密切关系。甚至，在很多人的观念中，"自由权等于防御权"，防御权只是自由权的别称。有学者认为，防御权是自由权产生的前提与基础，"基本权利具有防御功能后，就产生了人们的自由权，而基本权利之防御权功能亦可称为人们对抗国家的自由地位"[①]。德国学者 Christoph Degenthart 亦赞成此种观点，认为："基本权利主要是一种用来对抗国家权力对个人自由之限制的主观防御权。它形成了人民在'古典'自由基本权理论意义下的消极地位，而且是一种个人的自由权。"[②] 然而，在现代宪法时期，自由权除了纯粹的"消极自由"外，还增添了"积极自由"的内容，亦即除了排除国家干预

---

① 法治斌、董保城：《宪法新论》，元照出版公司 2005 年版，第 131 页。

② ［德］Christoph Degenhart："联邦宪法法学院的功能与地位"，林明昕译，载《月旦法学杂志》，2003 年第 7 期。

外，还需要国家的积极行为。因此，在现代自由权由纯粹的消极面向转向兼具积极性质的情况下，再将防御权完全等同于自由权就不正确了。我国台湾地区张嘉尹指出，"'防御权功能'固然是'自由权'的主要内容（主观法内容之一），但是自由权还可能作其他的解释——防御权以外的基本权功能，例如'制度性保障'、'给付请求权功能'、'基本权保护义务功能'等"①。我们不得不承认，防御权的防止国家干预的功能，依然是自由权最核心的价值和最重要的功能所在。

总之，在西方立宪国家的理论与实务中，迁徙自由权的基本指向是防御国家权力的侵害，"就基本权利之性质而言，迁徙自由具有消极防御性，为抵抗国家对迁徙自由侵害时的权利"②，防御权被看作迁徙自由权最初的、最首要的功能。迁徙自由权最初的功能是对抗国家的"不受国家干涉的自由"，即使迁徙自由权功能不断拓展，防御权功能依然占据极其重要的地位，仍是迁徙自由权的本质取向，并且有不断强化的趋势。诚如日本宪法学家芦部信喜所言："特别是在价值已然多元化了的现代国家，为了针对拥有政权之权位的多数者恣意而维护少数人的权利与自由，人权之对国家权力的性质（作为防御权的性质）的本质内涵，其重要性也可谓在日益增强。"③

回首国内，尽管迁徙自由仍未得到现行宪法的确认，但 2004 年宪法修正案在第 33 条第 3 款增加了"国家尊重和保障人权"，对宪法权利的防御权功能从宪法高度予以了规范确认。其中，"尊重"要求国家"消极不作为"，是对防御权功能重要地位的再认识。保障既包括消极不作为意义上的保障，也包括积极作为意义上的保障。此条款作为宪法权利保障的概括性条款，自当约束所有宪法权利条款（必然包括将来得到宪法确认的"迁徙自由权"条款），除非有特别条款将之排除适用。然而，考察我国宪法文本，没有任何条款排除"人权条款"的适用。基于此，我国迁徙自由权保障包括国家"积极作为"的保障，亦包括国家"消极不作为"的保障。换言之，防御权功能是迁徙自由权的题中之义。可以说，反映了

① 张嘉尹："基本权理论、基本权功能与基本权客观面向"，载翁岳生教授祝寿论文编辑委员会：《当代公法新论》（上），元照出版公司 2002 年版，第 34—35 页。

② 法治斌、董保成：《宪法新论》，元照出版公司 2005 年版，第 214 页。

③ ［日］芦部信喜：《宪法》，林来梵译，北京大学出版社 2007 年版，第 100 页。

防御权功能在我国宪法权利功能体系中的地位，与西方立宪国家类似，是迁徙自由权的首要功能。

三　义务定位：国家尊重义务是宪法权利保障的基本前提

长期以来，我国法学界将"公民权利—国家权力"作为一对范畴加以阐述，而忽视"公民权利—国家义务"的研究。其实，宪法规定公民权利的最初宗旨是为国家划定界限，防止国家干预个人自治空间，国家是宪法权利的义务主体。抽离义务主体谈权利，权利将变得虚幻。

（一）尊重义务在国家义务体系中的地位

在有关"国家义务"的学说中，"三分法"获得了较为普遍的认同。较早提出国家义务层次理论的是美国学者亨利·舒，他认为国家无论采取消极还是积极的行为，都与国家对基本权利承担的不同种类的责任或义务有关。概言之，与基本权利有关的义务分三类："1. 避免（avoid）剥夺的义务；2. 保护（protect）的义务；3. 向被剥夺者提供帮助的义务。"[1]艾德发展了亨利·舒的观点，首先将避免剥夺的义务延伸为尊重的义务，强调与基本权利防御权功能对应的国家消极义务。并将国家义务分别界定为尊重、保护和实现三个层次。[2] 经由艾德发展的义务层次理论，最终被经济、社会和文化权利委员会所采用，该委员会在关于食物权的第 12 号一般性意见中确认了国家三层次义务：尊重义务、保护义务和实现义务。日本学者大沼保昭则认为，"国家的人权保护义务可以分为四个方面：尊重的义务；保护的义务；满足的义务；促进的义务"[3]。

我国亦有学者提出了国家义务内容的划分。例如，根据我国《宪法》第 33 条第 3 款"国家尊重与保障人权"，韩大元教授将国家义务分为"尊重义务"与"保障义务"。国家尊重人权主要表现为国家负有消极的

---

[1]　Henry Shue, Basic Rights, *Subsistence*, *Affluence and U. S. Foreign Policy*, Princetion：Princetion University Press, 1980, p. 13.

[2]　Asbjorn Eide, Economic, *Social and Cultural Rights as Human Rights*, in Asbjom Eide, Catarina, Krause and Allan Rosas, *Economic*, *Social and Cultural Rights*：*A Text book*, Dordrecht／Boston／London：Martinus Nijhoff Publishers, 2001, p. 23.

[3]　［日］大沼保昭：《人权、国家与文明》，生活·读书·新知三联书店 2003 年版，第 217 页。

义务，控制国家权力对自由权的侵害。① 张翔博士从德国宪法学基本权利双重属性及其功能理论的角度，将国家义务界定为消极义务、给付义务和保护义务。②

笔者以为，国家义务的分类探索，应当在考察众说的基础上取长补短。艾德理论中的"实现义务"内容过于宽泛，根据其意思可以具体限定为"给付"。而张翔博士的"消极、保护、给付"说中，"消极"容易与给付义务中"消极受益功能"之"消极"相混淆，从明确区分的角度宜将此处之"消极"改为"尊重"。而大沼保昭的"促进"说亦有缺陷，据其对促进的解释，"国家为在整体上促进上述人权而采取一定措施的义务"，这种意义上的"促进"在某种程度上已经囊括了国家的尊重义务与保护义务，说明分类层次不明显。所以，国家义务宜划分为尊重、给付和保护三个层次。③ 就宪法权利的性质、功能与国家义务间的对应关系，笔者图解如下：

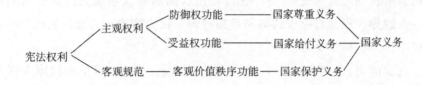

从国内外关于国家义务体系的学说可知，国家应承担的首要义务是"尊重义务"，这与上文所述的防御权是迁徙自由权的首要功能相契合。所谓迁徙自由权的国家尊重义务，是指国家必须自我克制，尊重公民的迁徙自由权，不得非法干预、干涉、阻碍以及侵害公民的迁徙自由权。前已述及，宪法特别是早期宪法规定迁徙自由权的主要目的是防御国家的侵害；相应地，国家对迁徙自由权的义务首先是尊重义务，国家不得侵害公民的迁徙自由权，必须尊重公民的迁徙自由权。正如美国学者路易斯·亨金所言，"在美国人的心中，权利既不是社会赠予的也不是政府赠予的，它们是天赋的和固有的。权利既不是宪法授予的，也非源于宪法，它们先

---

① 韩大元："宪法文本中'人权条款'的规范分析"，载《法学家》，2004 年第 4 期。
② 参见张翔：《基本权利的规范构建》，高等教育出版社 2008 年版，第 45 页。
③ 参见龚向和："理想与现实：基本权利可诉性程度研究"，载《法商研究》，2009 年第 4 期。

于宪法而存在。宪法规定政府有义务尊重这些现在的权利"①。

（二）迁徙自由权保障的国家尊重义务之内容

在市场经济条件下，迁徙自由权更多地表现为劳动力的一种"自由流动"，行动自由乃是迁徙自由权内涵的题中之义，目的在于防御国家的不当侵犯。国家在制定法律、法规过程中，应充分尊重公民的意愿，给予其选择的机会。在"干预行政"中，往往以强制、命令的行政手段为主，将对公民的自由或权利构成直接限制，所以应特别强调国家对公民权利的尊重义务。具体而言，国家应当尊重个人依照自己意愿选择居所、移居异地的自由，包括选择离开原居所的时间、移居的地点，以及在迁徙运动的整个过程中的自由等；无正当理由不能剥夺公民既有的选择机会；禁止通过法规或行政命令对迁徙自由作不当限制；禁止违背行为人主观意愿的强迫或强制的迁徙；禁止给予进城务工的农民工以差别或歧视性待遇。总之，"个人权利起始之处，就是国家权力终止的地方，这就是宪法保障消极的自由权利之真谛所在"②。迁徙自由权的防御权功能为国家权力划定了一条边界，迁徙自由权的防御范围即国家权力的终止之处，表现为一种消极不作为的尊重义务。

就我国而言，《宪法》第 33 条第 3 款规定："国家尊重和保障人权"，对各项宪法权利采取总括式的国家"尊重"、"保障"义务规定，是迁徙自由权尊重义务的直接法规范体现。迁徙自由权"在传统意义上为对国家权力对个人之压抑，近代意义则为防止歧视和差别待遇"③。考察我国迁徙自由权保障之现状，笔者认为，尊重义务的内容主要体现在"选择居所的自由"与"权利平等的请求"两个方面。

1. 关于选择居所的自由。现代立宪国家理念中，选择居所的自由不可能是没有限度的，基于公正、幸福、文明或不同程度的平等等其他价值，可以对居所自由予以限制。我国《宪法》第 51 条规定了公民自由和权利的限度，故必然存在居所自由的范围或界限的问题。王世杰、钱端升早在 70 多年前即指出："个人自由的范围，应具有两种限制：第一，妨

---

① ［美］路易斯·亨金、阿尔伯特·J. 罗森塔尔编：《宪政与人权》，郑戈等译，生活·读书·新知三联书店 1996 年版，第 512 页。

② 吴庚：《宪法的解释与适用》，三民书局 2004 年版，第 103 页。

③ 黄越钦："宪法中工作权之意义暨其演进"，载《法令月刊》，2001 年第 10 期。

碍他人的自由；第二，不违反国家承认个人自由的目的。"① 当代中国实务中，由于我国违宪审查机制尚未有效确立，因此，立法者对选择居所的自由存在恣意现象。比如1958年的《户口登记条例》第10条规定："公民由农村迁往城市，必须持有城市劳动部门的录用证明，学校的录取证明，或者城市户口登记机关的准予迁入证明，向常驻地户口登记机关申请办理迁出手续。"该条例规定了控制人口迁徙的两项基本制度——户口迁移的事先审批制度和凭证落户制度，显然这种对农民迁徙自由权的限制已经招致诸多质疑，城乡二元户籍制度也因此屡遭诟病。

2. 关于权利平等的请求。迁居者要求享有与迁入地居民同等待遇是实质意义上的迁徙自由权内涵之体现②。在我国，由于农民身份上的弱势和城乡二元户籍制度的存在，农民尽管有到城市打工的自由，但却不能享有与城市居民同等待遇。在1958年以来的户籍制度下，农民和城镇居民有着巨大的权益差别。"三农"问题专家刘纯彬早在20世纪80年代中后期提出的二元社会结构理论就列举了十四项城乡分割的制度：户籍制度、粮食供应制度、副食品和燃料供应制度、住房制度、生产资料供应制度、教育制度、就业制度、医疗制度、养老保险制度、劳动保护制度、人才制度、兵役制度、婚姻制度、生育制度，③ 每项制度中均表现出农民和城镇居民巨大的权益差别。此外，农民和城镇居民在政治权利、法律权利等方面也存在很大差别。在农民和城镇居民的全部权益差别中，城镇居民权益高于农民的有：就业和国家机关任职的权利，受教育权，享受国家粮食、副食品、燃料等供给补助的权益（现已基本消失），分享国家财政投入的权益，享受国家住房补贴的权益，享受养老、医疗、失业等社会保险、社会救助和社会福利的权益，选举人大代表等政治权利（现在新的《选举法》已经修改了代表比例不一致的问题），受到侵害时的求偿权等。

---

① 王世杰、钱端升：《比较宪法》，商务印书馆2009年版，第77页。
② 有关迁徙自由权具有实质意义上的内涵和平等权属性的分析，可参见林喆主编：《公民基本人权法律制度研究》，北京大学出版社2006年版，第535页；杨海坤主编：《宪法基本权利新论》，北京大学出版社2004年版，第107页；沈宏："迁徙自由权的界定"，载《广西政法管理干部学院学报》，2003年第6期。
③ 参见农业部政策研究中心课题组："二元社会经济：城乡关系：工业化·城市化"，载《经济研究参考资料》，1988年第90期。

（三）迁徙自由权保障的国家尊重义务之主体

1. 立法机关是首要的义务主体。"立法机关尽管是人民选举产生的，但也不是最高的，立法机关也要受制于宪法的约束，它也必须尊重个人权利。"① 根据"客观价值秩序"理论，迁徙自由权作为一项宪法权利，首要约束的是立法机关，即立法机关是迁徙自由权尊重义务的第一承担者。立法机关的尊重义务，是指立法机关不得制定侵犯公民迁徙自由权的法律。早在 1789 年，麦迪逊就明确指出，权利法案的目的就是"通过规定在例外的情况下权力不应当行使或不应以某一特定方式行使，对权力加以限制和限定"。基本意旨是："对立法机关加以防范。因为它最有权力，最有可能被滥用。"② 因此，立法机关有义务尊重公民迁徙自由权，不制定侵犯迁徙自由权的法律。国家对迁徙自由权的尊重义务，其首要义务主体是立法机关。

当然，立法机关的尊重义务并非代表立法机关不得制定任何限制迁徙自由权的法律。如果立法机关是按照宪法规定的方式、理由和程序对迁徙自由权加以限制，这种限制就具有合宪正当性，不应看作是对尊重义务的违反。如果立法机关不按照宪法规定的限制理由和方式，则违背"尊重义务"，其行为构成对迁徙自由权的"侵害"。因此，立法机关的尊重义务并非不得限制迁徙自由权，而是不得实行违宪的恣意限制。从我国宪法学原理看，立法机关对迁徙自由权的限制需遵守两个基本条件：（1）限制的理由：必须出于公共利益考量；（2）限制的方式：必须遵循"特别法律保留"原则。此外，在德国，还存在"比例原则"、"授权明确性原则"、"本质内容保障"等标准，如果国家限制迁徙自由权不符合这些标准，亦构成对"尊重义务"的违反。

2. 行政机关是否义务主体？行政机关是否属于迁徙自由权保障的尊重义务主体，学界尚存争议。我们认为，基于行政机关职能的多样性，行政机关是否尊重义务的主体需区别对待。

首先，现代行政机关具有立法职能。根据行政机关立法的性质，可分

---

① ［美］路易斯·亨金、阿尔伯特·J. 罗森塔尔编：《宪政与人权》，郑戈等译，生活·读书·新知三联书店 1996 年版，第 512 页。

② ［美］伯纳德·施瓦茨：《美国法律史》，王章等译，中国政法大学出版社 1990 年版，第 35 页。

为两种情况：一是行政机关在立法机关立法的前提下，制定执行性规范，如果这种执行性规范侵犯迁徙自由权，是属于违法而不属于违宪，因此不构成对尊重义务的违背。二是行政机关的授权性立法限制或剥夺迁徙自由权。如果是严格依据法律明确授权而进行的，则此时受限制的个人只能主张立法机关的法律违宪，主张立法机关违背尊重义务。也就是说，应先审查下位规范是否抵触上位规范，若未抵触上位规范，再进一步作违宪审查；如果下位规范违反上位规范，则下位规范属于违法，没必要审查其合宪性，也即所谓的"合法性之审查，应先于'合宪性审查'"。① 因此，此种情况下行政机关亦不属于迁徙自由权的尊重义务主体。其次，如果行政机关在没有任何法律根据的情况下，直接作出规定或采取行为，则就可能侵犯迁徙自由权。因此，从这个角度看，行政机关负有对迁徙自由权的尊重义务，亦即行政机关不得在法律尚未作出规定的情况下直接作出规定或采取行动，侵犯迁徙自由权。最后，行政机关作为执行机关，在适用法律过程中有一个理解和解释法律的问题。此时则存在一个"合宪解释"、"合宪法律解释"的问题，即行政机关应依照宪法迁徙自由权的精神，来理解和解释相关法律条款。如果行政机关的解释违背宪法，而侵害了公民迁徙自由权，则此时构成对尊重义务的违反。

3. 司法机关是否义务主体？在西方"判例法"国家，遵循"先例制度"，法院具有法律解释权，这种解释在很大程度上就是立法，是为"法官造法"。例如美国罗斯福总统在 1908 年 12 月对国会发表的国情咨文中指出："在我们国家，主要的立法者也许是、并且经常是法官，因为他们是最后的权威。在他们每一次解释合同、财产、既得权利、法律的正当过程以及自由之际，他们都必然要将某种社会哲学体系的某些部分带入法律；并且，由于这些解释是根本性的，他们也就是在给所有的法律制定提供指导。"② 而这种强大的立法性解释极有可能侵犯迁徙自由权，因此，法院是迁徙自由权的尊重义务主体，即法律不得作出侵犯迁徙自由权的解释。

---

① 李建良：《宪法理论与实践》（一），学林文化事业有限公司 1999 年版，第 98 页。

② ［美］詹姆斯·M. 伯恩斯等：《民主政府》，陆震纶等译，中国社会科学文献出版社1996 年版，第 689 页。

　　在我国，最高人民法院的司法解释实际上属于一种立法性解释，如果它制定的司法解释侵犯了公民的迁徙自由权，则违反了尊重义务，此时，最高人民法院应该成为尊重义务的主体。对于普通法院而言，我国不遵循"先例制度"，地方各级法院没有法律解释权，只能根据法律和最高人民法院的司法解释裁判案件，一般情况下不会侵犯公民的迁徙自由权。当然，各级法院在具体案件中，涉及对法律和宪法的理解或"解释"（非立法性解释，而是应用性、执行性解释），则应该按照宪法的规定和精神来"解释"，如果违反宪法，有权机关可以撤销其判决。因此，在我国司法机关负有对迁徙自由权的尊重义务。

　　迁徙自由权的防御权功能，是公民据以对抗国家权力滥用的盾牌，国家承担的是"消极不作为"的"尊重义务"，如果国家违反尊重义务而侵犯了迁徙自由权，公民享有"不作为请求权"、"停止侵害请求权"。然而，公民不能根据迁徙自由权的防御权功能而要求国家积极作为某种行为，请求国家积极作为属于受益权功能。迁徙自由权作为宪法权利，具有"主观权利"和"客观价值秩序"的双重法性质，因而，迁徙自由权的充分保障还必须借助于迁徙自由权的受益权功能、制度性保障、组织与程序保障等功能。对于国家而言，完整地履行尊重义务、保护义务和给付义务，迁徙自由权方能作为一项整体权利而得到系统保障。

第二节　宪法权利实施的国家保护义务

　　从世界范围内看，宪法权利效力已从传统的纵向"国家—公民"关系开始向横向"公民—公民"关系扩散，如德国的"第三人效力"、美国的"国库行为"、日本的"私人间效力"。而在我国，由于迁徙自由权并未取得宪法层面的确认，相关的立法尚未启动，而制度层面对迁徙自由权的侵害已非常明显，一个"孙志刚案件"震惊中外，也带给了国人持久的反思，正是基于这样的背景，迁徙自由权的国家保护既非常必要，也十分紧要。

一　背景阐释：宪法权利国家保护义务的缘起

　　国家保护义务从属于国家义务，是国家义务的下位概念。首次明确提出国家保护义务概念的是德国宪法法院在 1975 年的 "First Abortion Decision of 1975 案"① 中，承认《基本法》施以国家义务保护基本权免遭第三方侵犯。国家保护义务这一宪法依据在今天已经得到了德国理论界的普遍认可，并发展出狭义和广义两个层次的保护义务。广义的保护义务是指基本权 "客观价值秩序" 所导出的所有国家义务，包括制度性保障义务、组织与程序保障义务，以及其他各种排除妨碍的义务，如德国学者 Christian Starck 认为，国家保护义务是指国家负担保护其国民的法益及宪法上所承认的制度的义务②。而狭义的保护义务仅指国家保护公民免受来自第三方的义务，如我国台湾学者张嘉尹认为，"基本权保护义务即人民可根据基本权向国家请求保护其基本权所保障的法益，以免受到其他人民的侵害"。③ 因此，国家保护义务的实质即第三人效力，"保护义务的核心关系是侵害方与被侵害方之间，也就是私人之间的关系，国家只是以中立的身份来平衡基本权利主体之间的权益"④。

如前述及，国家的尊重义务是迁徙自由权保障的基本前提，但从迁徙自由权的侵害主体看，国家的侵害只是迁徙自由权防御的一个方面。随着城市进程的加快，大量农民进城务工，势必给城市居民的就业带来较大冲击，"农村劳动力向城市迁移的障碍之一，来自于城市居民和地方政府对外来劳动力的忧虑：担心外来劳动力造成对城市劳动力市场岗位的竞争，担心城市社会治安的恶化等等"⑤，不仅如此，按照迁徙自由权实质内涵的要求，这些进城务工的农民不仅打工生活在城市，而且最终要与城市居民享受同等的待遇和权利。这在一定程度上会引起 "权利蛋糕" 的重新分配，有制度层面的，也有实践层面的。因此，城市居民势必对此会有所担忧、有所抱怨，甚至会用一种实际行动的 "反抗" 来表达对农民的排

① See Dieter Grimm, *The Protective Function of the State*, Gorge Nolte, *European and US Constitutionalism*, Cambridge University Press, 2005, p. 137.

② ［德］Christian Starck："基本权利的保护义务"，李建良译，载 Christian Starck：《法学、宪法法院审判权与基本权利》，元照出版公司 2006 年版，第 411 页。

③ 张嘉尹："基本权理论、基本权功能与基本权客观面向"，载翁岳生教授祝寿论文编辑委员会：《当代公法新论》（上），元照出版公司 2002 年版，第 51 页。

④ 陈征："基本权利的国家保护义务功能"，载《法学研究》，2008 年第 1 期。

⑤ 蔡昉、都阳："迁移的双重动因及其政策含义"，载李培林主编：《农民工：中国进城农民工的经济分析》，社会科学文献出版社 2003 年版，第 39 页。

斥，此为其一。其二，随着公共治理的兴起，公共权力出现"多中心化"，一些社会组织、团体承担了部分公共权力。也正因为公共权力的介入，原本平衡的私人关系变得力量悬殊，无法为传统的私法关系所吸收，因此必须纳入公法的规制范围。而中国的城市政府，作为地方一级的行政机关，理论上应归属于国家层面，正所谓"各级国家行政机关"，但正如前述，地方政府在对待迁徙自由权的态度上，其考虑的角度并非一定与中央政府相一致，地方政府很可能基于"城市病"的担忧以及城市居民的抵触甚至"反抗"而从政策、制度与实践上对农民的迁徙自由权加以限制和侵害。虽然这种情况下并不发生原理①意义上的宪法"第三人效力"问题，但基于"小政府、大社会"背景下的政府体制改革的深入，原本由政府承担的一些行政职能或公共权力已经或正在移交给一些社会组织或团体，这种情形下此类社会组织或团体所发生的迁徙自由权侵害，理应纳入宪法的私法效力范围。其三，随着经济体制改革的不断深入，民营经济异军突起，一些私营企业获得了快速成长，对外来民工的需求日益增多。一些处于优势地位的企业对困难的农民工的权利侵害已不是什么新鲜事，所谓"近几十年来，则认为基本权利除对抗违法权力之侵害外，尚可对抗社会上的经济优势集团，以保护弱者"②。比如，私人企业替城镇职工缴"五险"，而却将农民工排除在"五险"之外，或者在缴费比例上对城镇职工给以倾斜。这些都构成对农民工的权利歧视，也间接侵害了农民的迁徙自由权。这仍是发生"第三人效力"的事实所在，"基本权对一般第三人故只有间接之约束力，但若该第三人系一法人或一强有力的团体，则国家亦应赋予一有效的救济手段，以使基本权主体得以抵抗此些强势团体"③。

种种分析表明，非国家行为已经或正有可能成为迁徙自由权侵害的另一来源。从世界范围内看，宪法权利效力已从传统的纵向"国家—公民"关系开始向横向"公民—公民"关系扩散，如德国的"第三人效力"、美国的"国库行为"、日本的"私人间效力"。而在我国，由于迁徙自由权并未取得宪法层面的确认，相关的立法尚未启动，而制度层面对迁徙自由

---

① 从原理上看，宪法上的"第三人效力"适用于私人间关系中，即私人主体之间的基本权侵害，而不是传统的国家与人民之间关系问题，这已经成为国内外学者的普遍共识。

② 法治斌、董保成：《宪法新论》，元照出版公司 2005 年版，第 161 页。

③ 李惠宗：《宪法要义》，元照出版公司 2006 年版，第 99 页。

权的侵害已非常明显，一个"孙志刚案件"震惊中外，也带给了国人持久的反思，正是基于这样的背景，迁徙自由权的国家保护既非常必要，也十分紧要。如纠结于传统的迁徙自由权本体论的研究，可能仍难以贡献具有知识增量意义的理论，更何况，"中国社会所凸显的基本权利保护，尤其是'平等权'保护问题，并非欧美诸国那样的'种族歧视'、'性别歧视'等问题（这些平等权问题也可能存在），而是受中国资源禀赋所决定、由国家发展战略所强化的不同区域公民间基本权利的'非均等保护'问题，尤其是农民的'平等权'问题"①。有鉴于此，本节从"国家保护义务"展开，希冀以此梳理与建构迁徙自由权国家保护义务的理论与制度。

二 功能剖析:宪法权利呼唤国家保护义务

从迁徙自由权的演进历程来看，国内外都存在着来自诸多领域对迁徙自由权的限制、侵害等行为，而随着时代之变迁，对迁徙自由权的侵害已经不再局限于传统意义上的国家，国家以外的"第三人"已经加入了"侵害主体"的行列。根据德国的基本权理论和国内外一些学者的研究成果，基本权一般具有"主观权利"（subjektives recht）与"客观规范"（objektive normen）（或"客观法"）②的双重性质。如前所述，迁徙自由权是一项重要的宪法权利，亦具有"主观权利"与"客观规范"之双重性质，此性质不仅决定了国家要基于"消极义务"功能而对迁徙自由权履行国家尊重义务，也决定了国家需基于"积极义务"功能而对迁徙自由权实施国家保护义务与国家给付义务，而国家保护义务是迁徙自由权的内涵所在。

（一）迁徙自由权的"主观权利"功能

在"个人得向国家主张"的意义上，宪法权利即一种"主观权利"，也就是个人得依据自己的意志向国家提出要求，而国家必须按此要求作为或不作为。宪法权利的这种主观权利属性包含了两个基本内涵：首先，个

---

① 周刚志："论基本权利之均等保护"，载《厦门大学学报（哲学社会科学版）》，2010 年第 1 期。

② 参见 Robert Alexy："作为主观权利与客观规范之基本权"，程明修译，载《宪政时代》，第 24 卷第 4 期。

人得直接依据宪法上的基本权利条款要求公权力主体作为或者不作为一定的行为；其次，个人得请求司法机关介入以实现自己的要求。① 通常认为宪法明确规定了迁徙自由权的保护义务，迁徙自由权自然就可作为保护请求权而存在。然而现行宪法并未确认公民的迁徙自由权，使得我们对这一问题的分析需另辟蹊径。首先，从国际文件来看，《世界人权宣言》（以下简称《宣言》）第 8 条规定：任何人当宪法或法律所赋予他的基本权利遭受侵害时，有权由合格的国家法庭对这种侵害行为作有效的补救。依此，迁徙自由权作为宪法权利，当其受到侵害时，公民有权请求国家给予补救。《宣言》第 28 条规定：人人有权要求一种社会的和国际的秩序，在这种秩序中，本宣言所载的权利和自由能获得充分实现。也就是说，为了迁徙自由能获得充分实现，公民有权请求国家给予社会秩序的保护。而《公民权利和政治权利国际公约》等其他相关国际文献亦有类似规定，这里不一一列出。显然，从国际文献上可以导出迁徙自由权的"主观权利"功能。此外，德国宪法法院的司法实践或许能继续给我们以启示。

德国联邦宪法法院指出：人民享有的主观保护请求权，与客观法上的国家保护义务，具有相对应的关系。这种客观法的主观化最早可追溯到1956 年"路特判决"②，此判决虽与立法者的保护义务无关，仅涉及法律解释法律的问题，但实际上，该判决的焦点在于国家负有保护个人免受第三人侵害的义务。在这一判决中，联邦宪法法院将客观的法规范变迁为主观权利。这在理论上称为客观法的"再主观化"，我国台湾学者陈慈阳认为："国家保护义务乃客观法上的国家义务，于其中则可得个人主观公权利。"③

在我国，迁徙自由权由于尚未取得宪法的明确规定，导致公民的迁徙自由权在受到侵害时依"主观权利"功能请求法院予以保护的前提受阻。而对于其他明文规定的宪法权利如劳动权、受教育权等，理论与实务界对这一问题也存在争议。从我国的司法实践来看，人民法院一般不直接援引

---

① See Helmut Goerlich, *Fudamental Constitutional right*: *Content*, *Meaning and General Doctrines*, in The Constitution of the Federal Republic of Gemany, Ulrich Karpen ed. Nomos Verlagsgesellschaft (1988), pp. 49 – 50.

② ［德］Christian Starck："基本权利的保护义务"，李建良译，载 Christian Starck：《法学、宪法法院审判权与基本权利》，元照出版公司 2006 年版，第 432 页。

③ 陈慈阳：《宪法学》，元照出版公司 2005 年版，第 358 页。

宪法作为判决宪法权利案件的依据。但是宪法权利的客观法功能却获得了普遍的认同，因此遵循客观法以及客观法的"再主观化"[1] 路径对迁徙自由权的保障具有重要意义。

（二）迁徙自由权的"客观规范"功能

宪法权利作为"客观规范"的基本意涵是：宪法权利除了是个人的权利之外，还是基本法所确立的"价值秩序"，这一秩序构成立法机关建构一系列国家制度的基本原则，也成为行政机关和司法机关在执行和解释法律时的上位原则。从这个意义上说，"主观权利"具有"个人权利"的性质，而"客观规范"则是约束国家公权力的"法律"。德国《基本法》第1条第3项明文确定，所有的基本权都有法的拘束力特征，且整体的国家权力都被课以义务。而德国早在20世纪50年代有一些公法学者，已发展出基本权作为客观价值决定的学说，认为基本权对于整体法秩序的决定性方针具有拘束力，并且在立法、解释与适用法律规定时，必须作为被尊重的价值决定。[2] 宪法权利是国家整体制度价值的基础，是宪法价值的表征。宪法权利的适用，不再局限于国家因公权力而产生的关系，原则上对私人相互间的法律关系也适用。就此而言，宪法权利影响了整体法秩序，获得法的普遍适用。对于迁徙自由权而言，客观价值秩序不仅要求国家的消极义务——国家不应侵犯迁徙自由权的保护领域，而且还包括了国家的积极义务——国家以积极的作为来实现迁徙自由权。

迁徙自由权作为客观价值秩序，不仅影响未来的宪法修改和迁徙自由的专门立法，立法者以及法律适用者在执行、解释以及适用迁徙法律规范时，都需考虑迁徙自由权的影响。迁徙自由权具有制度性保障意蕴。"国家不仅有义务为保证所有个人充分发展其物质、智力和精神活动而制定必要的法律。"[3] 迁徙自由权实现有赖于立法机关对制宪者规定的劳动权进

---

① 客观法的"再主观化"意指客观价值秩序可以向主观权利转化。由于客观法只是单纯地对国家课以义务，而国家在履行义务时有着一定的裁量权，这使得客观规范仍然流于空泛，缺乏真正的实效性。这就产生了客观规范"再主观化"的必要。正如 Alexy 所言："如果想避免权利和义务的断裂，唯一的选择就是从保护义务条款中导出保护性权利。"参见 Robert Alexy, *A Theory of Constitutional rights*, transtated by Julian Rivers, Oxford University press（2002），p. 326.

② 许育典：《宪法》，元照出版公司2006年版，第104页。

③ ［法］莱昂·狄骥：《宪法学教程》，王文利等译，春风文艺出版社1999年版，第242页。

行具体化，予以积极构建与维护，促进迁徙自由权的实现。除了宪法层面的明确规定外，为了迁徙自由权的具体落实，立法机关应构建的机制包括：迁徙自由的专门立法；户籍制度的深层变革；社会保障制度、教育制度、医疗制度的修改与完善等等。这些制度的建立和改革跨越公法与私法，构成迁徙自由权最终落实的机制保障。

综上所述，作为宪法权利的迁徙自由权兼具"主观权利"与"客观规范"的双重功能，不论是客观规范中的价值秩序、制度保障义务，还是作为个人权利的主观请求权，都要求国家履行积极保护义务以实现迁徙自由权。这也是迁徙自由权的最本质的内涵。

三　层级建构：宪法权利国家保护义务的体系

有关国家保护义务的体系，有两个基本维度，一是主体；二是内容。国家保护义务的主体即是"国家"，主要由立法、行政和司法等国家机关进行分担。这实际上涉及国家权力的分配问题。从内容上看，国家保护义务既包括第一层级的立法义务，也包括执法、司法和法律监督等一系列环节。具体而言，立法机关的第一层级义务、行政机关的第二层级义务和司法机关的第三层次义务，这三者共同构成了迁徙自由权保障的国家义务体系。

（一）第一层级：迁徙自由权保护的立法义务

迁徙自由权保护的国家义务首要应该由立法机关承担，因为"有法可依"才是有法必依、执法必严与违法必究的前提和基础。因此，建立迁徙自由权的保障机制，立法机关负首要责任。就迁徙自由权而言，这种立法首先是宪法确认，其次是迁徙的专项立法，最后是相关制度的保障立法。从现实中国而言，迁徙自由权的立法仍未提上议事日程，尤其是宪法层面的确认仍未展开，这需要引起国家层面的高度重视。当然，迁徙自由的专门立法也是一项重要的内容。专门立法涉及的是将高度抽象的宪法条款予以具体化，即赋予立法机关中制度法律对迁徙自由权的内涵、保护措施等具体化，理论上称之为"宪法委托"，"这种由立宪者在宪法内，规定由立法者有所作为的指示，可称为宪法委托"①。诚然，立法机关在履

---

① 陈新民：《法治国公法学原理与实践》（上），中国政法大学出版社 2007 年版，第 1 页。

行宪法委托时具有一定的裁量空间，但立法者需要考量对迁徙自由权构成威胁的种类、程度及范围，还需考虑国家及私人利益的类型及位阶，现在规定及采取的措施为何等因素。立法者被赋予一个"广泛的考量、评价及形成的范畴"，但亦接受"社会国原则"及国家财经政策的指导。[①] 社会国作为一项宪法原则，赋予了立法者完成国家任务的义务并使其正当化，其核心内容使社会法治国的重要法域获得保障。[②] 我国宪法虽不如德国基本法直接将"社会国原则"列为宪法的基本原则，但从宪法中的"社会主义国家原则"、"人民主权原则"等也不难推导出"社会国原则"与我国宪法基本原则的衔接和关联。从"社会国原则"产生的历程看，社会国其实吸纳了社会主义国家的精神，要求国家致力于人民生活的照顾与社会公平正义的实现。尽管"社会国原则"与"社会主义国家"存在区别，但并非本质意义上的区别。我国宪法中的"社会主义国家"辅之以"社会保障制度"的国家目标，其功能取向与"社会国原则"并无二致。

（二）第二层级：迁徙自由权保护的行政义务

社会法治国原则以保护困难群体、实现实质平等为意旨，除强化传统的干预行政外，还增加了保护行政与给付行政功能，行政机关不再局限于传统自由法治国的消极行政，对迁徙自由权亦承担重要的保护义务。但无论是自由法治国还是社会法治国，行政机关履行保护义务仍然在立法机关通过法律创制的保护义务框架之内，承担的是第二层级的保护义务。当然，第二层级并不意味着行政机关的保护义务不重要，也不意味着政府只是消极地执行立法机关确定的迁徙自由权保护义务，还需积极通过行政立法、制定非规范性法律文件等履行迁徙自由权保护义务，如各级地方政府就国家制定的相关法律出台实施细则、保护举措、履行方式、责任追究等。同时，在对照国家层面的相关法律基础上，对政府之前所制定的侵害迁徙自由权的相关制度予以全面清理，该废除的废除，该修改的修改，以维护法制统一。

---

① ［德］巴杜拉："法治国家与人权保障之义务"，陈新民译，载陈新民主编：《法治国公法学原理与实践》（下），中国政法大学出版社 2007 年版，第 52 页。

② ［德］康德拉·黑塞：《联邦德国宪法纲要》，李辉译，商务印书馆 2007 年版，第 168 页。

　　就我国而言，由于行政机关传统意义上占主导地位，掌握着大部分国家公权力，行政机关对迁徙自由权的侵害还较为严重。尤其是地方政府基于对农民向城市迁徙可能导致的"城市病"等担忧，已经出台了不少的有关农民与城市居民差别待遇的歧视性规定，相关数据在本书第三章已有阐述，这里不赘述。尽管这里面有些是国家层面的作为和不作为所导致的，但城市政府仍难辞其咎。从直接意义上看，主要是农民的受教育权、医疗、就业、社会保障等权益的侵害，但从根本意义上说，地方政府的这些行为侵害的是公民的迁徙自由权。

　　（三）第三层级：迁徙自由权保护的司法义务

　　一般而言，基于司法的被动性和权力分立原则，传统观点认为司法机关不应该履行保护迁徙自由权的义务。一些国家宪法也明确规定宪法权利只约束立法、行政机关，不包括司法机关。如南非 1994 年通过的《过渡宪法》第 7 条第 1 项规定"该章约束各级政府所有的国家立法机关和行政机关"，亦有学者认为司法机关履行有限的保护义务，"司法权在此功能有限，原则上仅具有事后审查的功能"[1]。笔者以为，迁徙自由权的国家保护义务体系中除立法机关与行政机关外，司法机关的保护义务也是需要的。其一，前面对迁徙自由权的"客观规范"功能已有分析，其效力扩张到立法、行政和司法机关，经由宪法上的迁徙自由权条款对立法、行政和司法机关发生拘束。无疑，司法机关应承担保护义务。其二，迁徙自由权的"客观规范"功能表明，司法机关负有组织与程序保障义务，应提供合理、公正、符合正义的程序保障。迁徙自由权的主观权利与客观规范的"再主观化"都要求司法机关履行保护义务。其三，司法机关是权利与正义的最后守护神，对迁徙自由权保障发挥着至关重要的作用。德国理论界亦认为，立法者作为迁徙自由权保护义务的第一位承载者，不允许联邦宪法法院对立法者的这种优先地位有所争议。但"如果当某项法律内容被联邦宪法法院依据合宪性原则对法律原始内容做出毫无关系的最大改变时，那么立法者的优先地位就变得毫无价值了"[2]。而此时，司法机

_____

① 林明昕：《公法学的开拓线》，元照出版公司 2006 年版，第 44 页。

② ［德］罗尔夫·斯特博：《德国经济行政法》，苏颖霞、陈少康译，中国政法大学出版社1999 年版，第 173 页。

关就不应"袖手旁观"了。

第三节　宪法权利实施的国家给付义务

迁徙自由权虽然在传统意义上归于自由权的范畴，但随着经济和社会的发展，迁徙自由权与宪法上的经济权利、社会权利等联系日益密切，因而也导致了迁徙自由权性质的表述依然是"公说公有理，婆说婆有理"，学者们的意见仍难统一。但不可否认的是，迁徙自由权作为一种综合性权利的迹象已经越发明晰。从迁徙自由权的历史演进看，迁徙自由权的实现主要仰赖于国家的给付义务。国家要积极介入公民的经济、社会等领域，以扶持作为困难群体的农民，提升其生存能力和发展需求，这一过程伴随着"社会国原则"的诞生和发展。因此，本节将从"社会国原则"入手，对迁徙自由权的国家给付义务作初步探讨。

一　逻辑起点:"社会国原则"及其具体化

相对于其他宪法上的基本原则，如民主、共和或权力分立原则来自英国、美国及法国等民主起源及形成较有传统之国家，法治国原则则完全来自德国宪法理论基础与历史背景。[1] 德国法治国原则应是开始于 19 世纪初期，其政治意涵在于对抗绝对君主专制，要求法治国家之新宪法。[2] 换言之，经由法的统治来约束、分散及限制国家权力，以达到个人及政治上之自由。进入 20 世纪，在魏玛共和时代虽脱离不了法实证主义，但在立宪国家理念支配德国国家法学时，法治国理念就与此有密切联系。"二战"以后，德国基本法制定者首度将超过千年的法治国理论以"宪法基本原则"方式定于基本法中，主要是第 20 条之规定，当然细节内容分布于基本法不同条文之中。[3] 现代"社会国原则"是指国家对社会正义、公共福祉与社会安全，通过制度性规范、法院判例、收取税款和提供给付等

---

[1]　Michaelis, Die Deutschen und ihr Rechtsstaat, 1980, S. 5.

[2]　Stein, E., Staatsrecht, §18 I, S. 154

[3]　各邦宪法中亦明定法治国原则，参见 Stern, K., Staatsrecht I, §20, S. 776f.

方式，对人民的请求负有广泛的责任，或是依据宪法应负有这种责任。① 学者一般认为，社会法治国原则包含两个重要的内容：一是社会安全。国家必须保障人民享有合乎人性尊严的生存条件，以减轻和避免经济困境。二是社会正义。国家必须努力调和因不同的权利分配、财富不均、教育高低所产生的对立与矛盾。② 国家对年老、疾病、残疾与失业提供社会保险；对困难者给付生存必需的物质。"社会国原则"实现社会正义，目的在于调和及照顾所有人的利益，平等促进所有人才福祉，平等分配负担，以达成社会衡平。而"这种社会衡平并非简单的直接针对某个人或团体，而是通过一个复杂的供需关系，一方面征税；另一方面对穷人予以给付"③。

然而"社会国原则"能否作为主观请求权尚未达成共识，否认的观点认为：1. "社会国原则"虽对国家权力机关具有拘束力，但基于国家财政有限的考量，立法机关享有是否给付、如何给付的立法裁量权；④ 2. "社会国原则"的适用范围狭窄、内容不确定，很难为司法机关提供直接的行为指导。⑤ 肯定的观点主张：国家给付不是国家的施舍，而是法律上的请求权；也即社会法治国是赋予人民满足社会救助的法律请求权。⑥ 德国联邦行政法院也曾认为从"社会国原则"中可推导出"符合人性尊严的请求权"。笔者认为，尽管"社会国原则"在宪法中扮演国家目标条款角色，其实现仰赖于社会立法，然而"社会国原则"指明了国家行为应遵守的方向和国家义务，则人民有权请求国家"一定程度"的给付。此外，基于迁徙自由权与经济权利、社会权利的关联性，从社会权的内涵中

---

① 参见法治斌、董保城：《宪法新论》，元照出版公司 2005 年版，第 81 页；陈慈阳：《宪法学》，元照出版公司 2004 年版，第 240 页。

② 参见法治斌、董保城：《宪法新论》，元照出版公司 2005 年版，第 83 页。也有学者认为社会国应包含三个方面：社会形成、社会安全与社会正义，参见许育典：《宪法》，元照出版公司 2006 年版，第 78—80 页。亦有学者认为，社会国包括社会福利、社会安全与社会正义，具体包括社会保险制度、社会救助制度、社会补偿制度、劳工保护制度、给付行政制度、战争的防止及受害补偿等六种制度，参见李惠宗：《宪法概要》，元照出版公司 2006 年版，第 339—341 页。

③ 参见许育典：《宪法》，元照出版公司 2006 年版，第 79 页。

④ 法治斌、董保城：《宪法新论》，元照出版公司 2005 年版，第 88 页。

⑤ ［德］V. 诺依曼："社会国家原则与基本权利教条学"，娄宇译，载《比较法研究》，2010 年第 1 期。

⑥ 陈慈阳：《宪法学》，元照出版公司 2005 年版，第 253 页。

也能推导出迁徙自由权的国家给付义务。德国学者耶林从公民的积极地位中导出三种针对国家的给付请求权：第一，请求法律保护的权利，亦即请求司法保护的权利；第二，利益请求权，亦即请求国家为特定的行政行为，以满足个人利益的权利；第三，利益顾及请求权，即请求国家顾及公民事实上的利益。[1] 因此，作为"社会国原则"的具体展现，社会权实现有赖于国家的给付义务。

行文至此，笔者认为，社会权系赋予国家实现社会国理想的责任与义务，尽管社会权给付范围、标准、内容、条件等都需社会立法予以明确，立法者虽有立法上的形成自由，然而依据"社会国原则"，也应达成如下目标：其一，向陷入困境人民提供必要的社会给付；其二，保障人民机会的平等；其三，立法者有义务平衡及消除社会中的冲突，来形成并维持合乎正义的社会秩序；其四，"社会国原则"的优惠对象限于自然人。[2] 且社会权作为一项宪法权利，旨在保护困难群体的人性尊严，国家负有保护义务。人民并非仅被动地等待国家的给付，社会权作为一项宪法权利而非国家恩赐，人民可进一步要求国家改善其给付不足，以尽可能实现个人自由、人格发展和平等待遇。

二 给付类型：宪法权利国家给付义务的基本内容

我国台湾学者李建良将给付义务定位为国家提供一定"利益"的行为，基于此将给付义务的内容区分为"程序性利益"和"物质性利益"[3]。笔者认为将给付义务内容定位于"利益"具有一定的局限性，因为权利的构造是多元的，诸如利益、资格、自由行为，[4] 再者，"程序性利益"与"物质性利益"的分类标准不明，二者时常难以区分。台湾地区亦有学者将国家给付内容区分为实物给付、服务给付及现金给付三种。[5] 此分类有重复、不周延之虞。笔者认为可根据给付义务的积极与消

① 参见李建良："基本权利的理论与变迁与功能体系——从耶林内克'身份理论'谈起"（上），载《宪政时代》，第27卷第1期。

② 谢荣堂：《社会法治国基本问题与权利救济》，元照出版公司2008年版，第149页。

③ 李建良：《宪法理论与实践》（一），学林文化实业有限公司1999年版，第64—66页。

④ 汪太贤："论法律权利的构造"，载《政治与法律》，1999年第5期。

⑤ 葛克昌：《国家学与国家法》，月旦出版股份有限公司1996年版，第61页。

极的一般分类，区分为制度性给付、物质性给付、服务性给付、程序性给付四种。物质性给付是国家直接予以物质（金钱）的给付，主要体现在社会救助、社会补偿等给付类型中；程序性给付表现为国家给付迁徙自由权利救济的相关程序；物质性给付与程序性给付皆具有消极给付性质；服务性给付更强调国家提供劳动者获得物质的辅助性资源，是对劳动权内涵的扩展；制度性给付是对物质性给付与服务性给付的确认，也是迁徙自由权实现的前提性因素，服务性给付与制度性给付同属于积极给付。

（一）制度性给付

制度性给付始终是宪法权利得以保障的前提和基础。迁徙自由权的制度性给付也是物质性给付与服务性给付的有力保障。国家有义务构建和完善给付领域的各种法律。20 世纪 30 年代，经济危机后出现了大萧条，美国由于税收的下降和贫困人口的上升，许多穷人迁往富庶的州，为了维持基本生活秩序，美国联邦政府及时介入，国会于 1935 年制定了《社会保障法》，对社会困难群体的基本生活予以保障。而从我国的实际情况来看，要充分保障农民的迁徙自由权，国家的制度性给付显然异常紧迫，也任重道远。一方面，国家需要启动宪法修改程序，让迁徙自由得到宪法文本的确认；另一方面，立法机关须加强迁徙自由的专门立法，并通过法律来构建制度，进一步明确宪法迁徙自由权的内涵、性质与保障措施。这些制度性安排主要包括：迁徙自由的"入宪"、迁徙自由的专门立法；户籍制度的深层变革；社会保障制度、教育制度、医疗制度的修改与完善等等。这些制度的建立和改革跨越公法与私法，构成迁徙自由权最终落实的机制保障。值得一提的是，2003 年"孙志刚案"发生后，《城市流浪乞讨人员收容遣送办法》的合宪性受到了挑战和质疑，在 3 位法学博士致信全国人大常委会并要求审查收容遣送制度的合宪性与正当性后，国务院很快自行废止了这部严重限制公民迁徙自由权的《城市流浪乞讨人员收容遣送办法》，代之以《城市生活无着的流浪乞讨人员救助管理办法》。显然，《城市生活无着的流浪乞讨人员救助管理办法》的出台即是一种国家制度性给付义务的彰显，它最低限度地保障了城市流浪乞讨人员的迁徙自由权，"《城市生活无着的流浪乞讨人员救助管理办法》显然要比《城市流浪乞讨人员收容遣送办法》更为人道，并满足了《立法法》和《行政处罚法》的要求"①。"孙志刚案"带给国人的反思是持久的，代价也是沉重的。就农民的迁徙自由权问题，我们寄希望于国家层面相关制度性给付的积极而主动地跟进，而不是每次都需要以牺牲公民生命为代价来换取国人的觉醒和国家的警醒，来进行个别制度的"小修小补"。

（二）物质性给付

物质性给付即针对迁往城市的农民，国家基于其与城市居民平等权利的要求，给处于经济贫困、权利弱势的农民以金钱或物质补贴，或给付与物质有关的其他权益。这里面特别要提出的是，对城市生活无着的流浪乞讨人员，国家应基于维系其人性尊严和生命延续的基本要求，给付一定的物质支持。16 世纪的英国，圈地运动导致许多农村贫困人口涌向城市，贫困人口的流浪已经成为英国的一大问题。为此，英国建立了济贫系统，1601 年通过了《济贫法》，要求地方政府征税筹款对城市流浪者进行救助。"以往的济贫系统是在穷人自己家里进行的，当地政府将亚麻、羊毛、毛线或铁块送到穷人家里加工。"② 国家物质性给付的主体是国家，根据国家机关的功能与职责分别共同承担此义务。其中行政机关是核心，以"给付行政"的方式完成对迁徙自由权的物质性给付。立法机关将国家给付义务的内容、条件、方式、程度等具体化，以此作为行政机关物质性给付的标准，且给付牵涉到国家财政，而财政权属于立法机关，因此物质性给付必然需要立法机关予以落实（立法机关之给付严格来讲属于前述的制度性给付）。除了直接的经济、物质给付外，还包括与物质有关的其他权益，如对进城的农民安家落户减少相关费用、进城务工的农民在诉讼中减免费用、提供法律援助等。

（三）服务性给付

随着新公共管理理论的兴起，行政体制改革与政府职能转变总是相伴而行，打造服务型政府已经成为现代公共管理的基本共识。就我国而言，国家服务性给付要求：国家应做好农民迁徙前的宏观指导和信息发布，正确引导农民有序迁徙，避免"一窝蜂"往少数几个大城市或特大城市集

---

① 张千帆：《权利平等与地方差异——中央与地方关系法治化的另一种视角》，中国民主法制出版社 2011 年版，第 59 页。

② 张千帆："从管制到自由：论美国贫困人口迁徙权的宪法演变"，载《北大法律评论》，2005 年第 6 卷第 2 辑。

聚，以有效保障农民的迁徙自由权；国家应对全国各地的用工情况进行汇总，向社会及时发布城市的缺工情况、用人单位的需求数量等信息，为农民进城务工提供就业咨询服务等；国家应对符合条件的农民工在打工地落户开辟绿色通道，提供便捷高效的服务，等等。随着服务型政府理念的深入人心，服务性给付将会成为确保农民迁徙自由权实现的重要一环。服务性给付还包括为给付对象建立必要的公共设备、生活设施，提供服务环境和条件。从国外来看，18 世纪的英国，为救助从农村迁往城市的流浪者，为穷人建立济贫院和收容所，"1722 年的《济贫法》授权教区为穷人提供济贫院（workhouse）"①。当然，我国对城市流浪者也设立了各种形式的"救助站"，这些服务设施的供给也是国家服务性给付义务的体现。

（四）程序性给付

程序性给付是国家给付公平、合理、合乎正义的程序，主要体现在国家对劳动权的司法救济义务，司法救济义务是国家最为古章和重要的义务之一。德国著名思想家洪堡认为："如果公民之间有争端，国家就有义务对权利进行裁决。"② 提出诉讼是公民的基本权利，而相应地，国家的裁判是一种义务，而不是国家与公民的恩惠。司法救济义务作为国家"给付义务"的一种，那么在这个义务之下，法院提供的"给付"是什么呢？这种"给付"就是审判活动本身，具体包括：（1）受理案件之义务；（2）进行公正审判、及时审判的义务；（3）作出判决的义务③。迁徙自由权的司法救济不仅局限于第三人对迁徙自由权的侵害，亦约束国家权力机关，在国家物质性给付（特别是在对困难群体的社会救助中）不能或不足、制度性给付不能时，公民能提起诉讼请求国家履行相关义务。20 世纪 40 年代，美国社会开始在司法机关的推动下承认流浪者的迁徙自由权。在 1941 年"贫民旅行限制案"④ 中，加州禁止并惩罚将穷人运送至该州，最高法院依据贸易条款一致撤销了加州禁止穷人通过或迁往该州的法律。

---

① 张千帆："从管制到自由：论美国贫困人口迁徙权的宪法演变"，载《北大法律评论》，2005 年第 6 卷第 2 辑。

② ［德］威廉·冯·洪堡：《论国家的作用》，林荣远、冯兴元译，中国社会科学出版社1998 年版，第 137 页。

③ 参见张翔：《基本权利的规范构建》，高等教育出版社 2008 年版，第 85—86 页。

④ Edwards V. California，314 U. S. 160.

三　纵横向度：宪法权利国家给付义务的判别基准

从实践来看，对于国家给付活动，一般是没有法律根据而实施的情况较多。即使有法律根据，有时也只是概括性的规定。因此，在现实给付中，通常是给付主体在内部制定给付基准（内部基准）。"补助金等的交付，只要法律没有具体规定，多少金额、交付给谁，的确是委任给行政主体判断，所以这也可成为广义的裁量基准。"① 这种基准亦只是大致的基准，且内部基准是否具有外部拘束力依然存在问题，有学者认为其"在一定程度内具有外部效果"②。因此，笔者认为劳动权国家给付义务不应局限于"内部基准"，为了保障给付的合乎正义及公平合理，应从横向给付范围和纵向给付程度两方面制定具有外部约束力的具有根本性的基准。

（一）横向基准：国家给付义务的范围

劳动权国家给付的范围是基于给付的横向视角，反映给付的广度，即国家对哪些劳动者承担给付义务。"社会国原则"容易使人以为其基础规范理念只在于对社会困难的扶持，实则，在当代福利国家，国家给付范围不再限于边缘团体的照顾，而是遍及各种生活领域，对象也广及全体国民。一般来讲，给付义务范围集中体现在给付对象层面，给付对象主要分为两种：一种是不特定对象，表现为国家向不特定的公众普遍提供某种福利、服务，其内容主要是服务性给付、制度性给付与程序性给付；另一种是特定对象，即只有符合一定条件的个人或组织才有权接受和享受某种给付，如社会救助对象，其给付内容主要是物质给付。一般而言，对特定对象的给付主要是为了解决生存困难者的生计；不特定对象的给付则旨在公正的生活、福利和发展。就迁徙自由权而言，既有特定对象的给付，如城市流浪乞讨人员的给付；也有不特定对象的给付，如广大农民的给付。当然还有一个值得讨论的问题，即迁徙自由权的国家给付范围是否包含外国人、无国籍人？由于国家给付乃是基于人性尊严保障出发，因此国家不得

---

① ［日］盐野宏：《行政法》，杨建顺译，法律出版社 2001 年版，第 77 页。

② 日本学者盐野宏认为，从确保裁量权的公正行使、平等对待原则、相对人的信赖保护等要求看，要作出和准则不同的判断，需要有使其合理化的理由。只要不能作出充分的说明，就产生违法的问题。在这种意义上，裁量基准在分类上虽不属于法规命令，但是，可以说在一定限度内具有外部效果。参见［日］盐野宏：《行政法》，杨建顺译，法律出版社 2001 年版，第 76 页。

以身份、种族、性别等条件为选择性给付，所有公民均应为社会救助的给付权利人，只要陷入难以维持生计的困境即可要求国家给付。然而外国人是否属于给付对象的问题还值得探讨，我国《宪法》第 32 条第 1 款规定："中华人民共和国保护在中国境内的外国人的合法权益和利益。"然而并不表明外国人享有公民权，如选举权与被选举权外国人一般不能享有，集会、游行等自由也受到限制。但是迁徙自由权的内涵已经包括了广义上的迁徙，即到国外和回本国的自由，基于人道主义考量或国家间的互惠协议，国家可以予以一定程度的给付，以维护其人性尊严或确保其生命之延续。

（二）纵向基准：国家给付义务的程度

社会国家与自由主义"不干涉主义"、"放任主义"主张的"守夜人国家"不同，其对公民的关心应是"从摇篮到坟墓"，国家应成为"社会的救济施主"。[①] 迁徙自由权作为一项重要的宪法权利，具有受益权功能，相对应的是国家给付义务。然对迁徙自由权给付到什么程度才算尽了给付义务？给付义务需国家财政支撑，过度给付将导致"公共行政能力赤字"、"国库空虚"。如果给付不足，则会使人性尊严无法维护，人的生命无法延续，"社会正义"哲学受到挑战。因此，给付程度是国家给付义务基准的一个重要方面。从现实情况来看，目前的国家给付呈现出：1. "重消极给付而忽视积极给付"。国家给付以"救助"为主要甚至唯一类型，给付仅限于生存困难的农民工以及紧急情况下需要救助的流浪乞讨人员，且局限于"救助"、"帮助"的消极给付，而对保障公民迁徙自由权的基础和关键环节予以忽视，如顶层设计和制度建构的缺失等。2. 将给付定位为国家"恩赐"而非公民"权利"。在此情形下，国家义务极易转化为国家权力，或者说国家义务被国家权力所掩盖，以"应得"为内核的给付请求权转变为恩赐。

正是基于此，笔者认为迁徙自由权国家给付义务的程度应以自由权为上限，以人性尊严为下限，以平等权为准则，以国家能力为边界。

1. 迁徙自由权国家给付义务以自由权为上限。在社会国中，国家给

---

① ［德］威廉·冯·洪堡：《论国家的作用》，林荣远、冯兴元译，中国社会科学出版社 1998 年版，第 8 页。

付可能带来行政权无限膨胀和职能的无限拓展，传统法律保留原则规制下的"无法律即无行政"，无法再约束以福利、正义、服务为价值取向的当前行政权，且极可能脱离价值取向走向专制，侵害公民自由权，也将验证博登海默的预言："一个纯粹的行政统治的国家不会对人格予以应有的尊重。"① 最终导致哈耶克所言"通往奴役之路"的结局。因此，迁徙自由权国家给付义务应以自由权为上限，即给付不得侵犯公民自由权。

2. 迁徙自由权国家给付义务以人性尊严为下限。国家给付义务在很大程度上是为了保障所有人能获得符合人性尊严的最低生存条件，使人们在任何情况下都能维持起码的生活水准。② "最低生存条件"、"起码生活水准"、"人性尊严"是具有层次性的三个给付基准，然而我国目前的国家给付仅取最低的"最低生存条件"基准，满足社会成员的"极贫的生存权"，给付甚至未触及"起码生活水准"，远没达到"人性尊严"标准。而当今生存权的标准一般不再被理解为"单纯的像动物般生存，仅仅维持衣食住行等必要物质的最低限度"，而是指"人在肉体上、精神上能过像人那样的生活"，其核心内容是"具有一般文化性的生活之水准"。③ 因此，迁徙自由权的国家给付义务应以人性尊严为最低基准。人性尊严宪法秩序的基础，是基本权利的本质内容、基本权利保障的实现④。

3. 迁徙自由权国家给付义务以平等权为准则。以平等权为准则，既是迁徙自由权实质内涵的要求，也是迁徙自由权基本属性的彰显。同时，从国家层面来看，迁徙自由权国家给付以利益与资源为标的，过度给付也会增加社会和个体负担，因为利益和资源来源于税收和其他社会渠道。且给付往往使一部分人受益，一部分人受损，就迁徙自由权而言，广大农民肯定得实惠，在"权利蛋糕"确定的情形下，城市居民相对而言受到了损失。因此，迁徙自由权国家给付义务应以平等权为准则，在给付范围上应包括所有迁徙主体甚至还有外国人；在给付内容上，对服务性给付与制

① ［美］E. 博登海默：《法理学：法律哲学与法律方法》，邓正来译，中国政法大学出版社 1999 年版，第 369 页。

② 陈爱娥："自由—平等—博爱：社会国原则与法治国原则的交互作用"，载《台大法学论丛》，第 26 卷第 2 期，第 5—6 页。

③ ［日］大须贺明：《生存权论》，法律出版社 2010 年版，第 95 页。

④ 萧淑芬：《基本权利基础理论之继受与展望》，元照出版公司 2005 年版，第 48 页。

度性给付，至少应做到形式平等，即所有人平等享有国家提供的给付利
益，否则将产生国家给付义务的"可诉性问题"；在物质给付上，不能仅
停留于保证机会平等层面，而需以实质平等为终极目标，对处在人性尊严
无法维系和生命无法延续状态的公民如城市流浪乞讨人员予以差别补偿，
"可以说在社会福利领域中的差别性对待，在根本上是与实质性平等问题
密不可分的"①。从形式平等与实质平等两个层次保障迁徙自由权，以实
现国家给付的"正义"、"安全"价值。

4. 迁徙自由权国家给付义务以国家能力为边界。"能力界定权利"，②
国家能力范围决定了迁徙自由权的边界。国家能力是个多维的概念，主要
包括强制能力、汲取能力、弱化能力、规管能力、统领能力和再分配能力
六个层次，各层次的国家能力都有一个共同的基础：国家财政。国家机构
的运转、权利的保障都需付出大量成本，尤其是具有受益权功能的迁徙自
由权的实现。因此笔者认为迁徙自由权的国家给付义务不应当是无限制
的，应以国家能力为边界，以国家财政为支撑，以保持国家核心能力为前
提。

---

① ［日］大须贺明：《生存权论》，林浩译，法律出版社 2000 年版，第 34 页。
② ［美］约拉姆·巴泽尔：《国家理论》，钱勇、曾咏梅译，上海财经大学出版社 2006 年
版，第 26 页。

第四章　我国宪法权利实施概况：
背景、事例与问题

美国宪法学家罗文斯坦认为：一个国家、一个社会要产生出名实相符的宪法，即"成活的宪法"，就要向它提供对其成活是恰到好处的"水土条件"①。伴随着我国市场经济的建立、政治体制的改革、社会结构的转型和公民权利意识的成长，公民的宪法意识有了提升，一些关涉宪法权利实施的宪法性事例②逐渐增多，极大地吸引了社会公众的关切，也激发了学界的研究兴趣。

第一节　我国宪法权利实施的背景阐释

随着三十多年改革开放与经济突飞猛进的发展，中国社会的结构发生了深刻的变化，"经济体制从计划经济向市场经济的转轨，所有制结构由单一的公有制向以公有制为主体的多种所有制并存的转变，治国方略从人治向法治的转变，社会环境由封闭型逐步向开放型发展，以及国家社会高度统一的一元化结构向'国家—社会'二元结构的过渡"③。正是这种多元背景的出现，使宪法权利产生了社会需求，为宪法权利的实施带来了契机。

---

① 参见［美］罗文斯坦：《现代宪法论》（日文版），阿部照哉、山川雄译，（日本）有信堂 1986 年版，第 186 页。

② 这里用"事例"而不用"案例"，主要着眼于我国目前还没有真正意义上的"宪法案例"。我国既不存在宪法诉讼，也没有启动过违宪审查，因而不存在制度意义上的宪法案例。对此，著名宪法学老前辈张友渔教授曾感叹道："我活了 80 多岁，都没有看到中国有一个完整的宪法案例。"参见焦洪昌："抓住契机加强宪法实施和解释"，载《法制日报》，2003 年 5 月 22 日。有关"事例"一词的使用可参见韩大元：《中国宪法事例研究》，法律出版社 2009 年版序言。

③ 罗豪才："社会转型中的我国行政法制"，载《国家行政学院学报》，2003 年第 1 期。

一　市场经济的发展

我国正在进行经济体制改革，大力发展市场经济，这是一个非常有效和关键的步骤。市场经济的发展必然生发个人权利诉求，也必然会生成地位平等和互控的多元利益集团，这就必然导致法律至上的需求，因而在社会上形成宪政生成和发展的动力和基础。[①] 市场经济最基本的细胞即商品，而商品的内质性正好体现了平等、自由的价值追求。马克思在《资本论》中指出："商品是天生的平等派"[②]、"平等，表明人的本质的统一、人的意识和类行为、人和人的实际的统一，也就是说，它表明人对人的社会关系或人的关系"[③]。市场经济的内在规律即在于自由、平等地交换，而这一规律必然在社会经济关系中产生社会利益主体的多元化、平等化、自由化，相应地，就必要确立权利本位的经济体制。这就要求国家在政治生活中确认与保障公民的自由、民主、平等等权利。针对这些权利，最根本的保障则来自于宪法。列宁也曾指出："当法律同现实脱节的时候，宪法是虚假的，它们是一致的时候，宪法便不是虚假的。"[④] 也就是说，宪法作为社会的上层建筑在总体上是要与经济基础相适应的。1982年通过的《宪法》是改革开放初期的产物，它既是改革开放4年的经验总结，也为今后的改革开放提供了可靠的法律保障。从1982年至今，现行《宪法》共经历了四次修改。综观《宪法》的四次修改，笔者认为，经济体制改革是我国现行宪法四次修改的根本动因。而将市场经济明确写入宪法是1993年的第二次宪法修改。宪法修正案将原第15条第1款规定的计划经济体制的内容全部删去，修改为"国家实行社会主义市场经济"，"国家加强经济立法，完善宏观调控"；将原来第2款改为"国家依法禁止任何组织或者个人扰乱社会经济秩序"。这就使实行社会主义市场经济的改革目标具有宪法地位，为改革的不断深化提供了强大的法律武器。随着第15条的修改，与此相联系的第16条和第17条等反映计划经

---

① 参见钱福臣："宪政基因概论——英美宪政生成路径的启示"，载《法学研究》，2002年第5期。

② 《马克思恩格斯全集》（第23卷），人民出版社1972年版，第103页。

③ 同上书，第48页。

④ 《列宁全集》（第15卷），人民出版社1959版，第309页。

济体制的内容也作了相应修改，突出了国有企业的经营自主权和集体经济组织独立进行经济活动的自主权。另外，这次修改还将第 7 条、第 16 条、第 42 条中的"国营经济"、"国营企业"，改为"国有经济"、"国有企业"。

正是市场经济宪法地位的确立，市场经济获得了飞速发展，公民的相关权利在宪法中也得到了应有的体现。"经济体制改革的过程，是社会成员利益调整的过程。"[1] 随着经济体制改革的不断深化，广大人民群众通过合法的劳动和经营等途径积累了越来越多的财富，公民拥有的私人财产普遍有了不同程度的增长。特别是越来越多的公民有了私人的生产资料，群众对用法律保护自己的财产有了更加迫切的要求。然而《宪法》对私有财产权的保护仅限定于公民的合法收入、储蓄、房屋和其他合法财产的所有权和继承权，而难以包括现实生活中存在的各种类型的财产形态，尤其是未包括生产领域中的各种财产权。如果对私有财产不给予切实保护，那就必然损害公民创造财富的积极性，阻碍生产力的发展，也不利于巩固经济体制改革的成果。2004 年宪法修正案将《宪法》第 13 条修改为："公民的合法的私有财产不受侵犯"，"国家依照法律规定保护公民的私有财产和继承权"，"国家为了公共利益的需要，可以依照法律规定对公民的私有财产实行征收或者征用并给予补偿"。

市场经济的发展也促进了公民社会保障权的成长。在深化经济体制改革的过程中，必须建立完善的社会保障制度。党的十六届三中全会通过的《中共中央关于完善社会主义市场经济体制若干问题的决定》明确强调：加快建设与经济发展水平相适应的社会保障体系。社会保障直接关系到广大人民群众的切身利益。建立健全同经济发展水平相适应的社会保障制度，是深化经济体制改革的重要内容，是发展社会主义市场经济的客观要求，是社会稳定和国家长治久安的重要保证。因此，宪法修正案在《宪法》第 14 条增加规定：国家建立健全同经济发展水平相适应的社会保障制度。

二　政治体制的改革

社会主义政治文明的重要标志即民主与法治，这也是我国政治体制改

---

[1]　王叔文：《市场经济与宪政建设》，中国社会科学出版社 2001 年版，第 137 页。

革的两大目标。我国是一个曾经历了两千多年封建社会的社会主义国家，一方面，"人治"思想传统比较浓厚，人们对制度要么畏惧，要么肆意践踏，规则意识和法制观念普遍不强；另一方面，社会主义建设的历史不长，民主政治还很不完善，各项制度和法律法规不健全、不完善。这两方面的情况要求我们必须加快政治体制改革步伐，大力推进依法治国方略的实施，建设社会主义的政治制度文明，依法切实保证广大人民群众的民主权益的实现和维护。邓小平早在 1980 年 8 月 18 日召开的中共中央政治局扩大会议上就深刻指出，在新中国成立以来，特别是"文化大革命"中，毛泽东这样伟大的政治家之所以犯错误，一个根本的原因是在制度上，即法制不健全。在这方面，我们甚至应当借鉴西方资本主义国家法治的经验。所以他说："我们过去发生的各种错误，固然与某些领导人的思想、作风有关，但是组织制度、工作制度方面的问题更重要。这些方面的制度好可以使坏人无法任意横行，制度不好可以使好人无法充分做好事，甚至会走向反面。……领导制度、组织制度问题更带有根本性、全局性、稳定性和长期性。这种制度问题，关系到党和国家是否改变颜色，必须引起全党的高度重视。"① 党的十六大报告指出：要着重加强制度建设，实现社会主义民主的制度化、规范化和程序化。依法治国就是基于上述对民主政治建设重要性的认识而提出来的社会治理和国家管理的基本理念和战略举措，它从制度理性和价值理性上体现公正性。德国著名社会学家马克斯·韦伯曾就制度的价值实现问题指出："价值理性就是实质理性，它决定了一个系统生长的终极关怀；制度理性就是工具理性，它决定了一个系统价值理性的实现方式。"② 具体说，依法治国方略从以下几个方面确保社会主义政治制度文明的公正价值。首先，依法治国所依据的法是社会主义的法律体系和法律制度，这些法律制度和规范要求是通过各级人民代表大会或相应的常务委员会制定的，体现了广大人民群众的集体智慧和政治诉求，体现了人民当家做主的主体地位和社会主义民主的本质特征，是为维护和实现最广大人民群众的根本利益服务的，体现出明显的公正性价值取向。其次，依法治国的"国"是社会主义性质的国家，这从工具理性上

① 《邓小平文选》（第 2 卷），人民出版社 1994 年版，第 333 页。
② ［德］马克斯·韦伯：《经济与社会》，林荣远译，商务印书馆 1997 年版，第 247 页。

体现公正价值。国家是阶级统治的工具，是阶级矛盾不可调和的产物，是为维护和实现统治阶级根本利益服务的。社会主义国家代表了广大人民群众的根本利益，其公正价值是毋庸质疑的。依法治国就是要更好地实现国家利益与人民群众利益的一致，就是要建设一个更能确保最广大的人民群众的根本利益和根本要求得到实现和维护的政治共同体。再次，依法治国的基础和依靠力量都是人民群众。人民是依法治国的唯一主体，任何国家机构、政党、社会团体及其成员都不能成为人民之上的治理国家的主体。执政的中国共产党的各级组织和党员、干部也不例外。这说明了依法治国主体力量和服务对象的广泛性，体现了价值目标的公正价值。只有正确引导人民群众正确认识政治体制改革，建设社会主义政治制度文明的重要性，充分发挥人民群众的积极性和能动性，才能够促进政治体制改革和民主政治的发展，才能真正推进依法治国方略的战略举措，真正实现群众参与、服务群众的目的。中国共产党经历了半个世纪的艰难探索之后，党的十五大明确提出人民是依法治国的主体，这可以说是在理论上真正实现了法律主体的正本清源，是当代中国民主法治建设的一大历史性突破。

对于法治，亚里士多德曾经有过经典的表述："法治应当包含两重意义：已成立的法律获得普遍的服从，而大家所服从的法律又应该本身是制定得良好的法律。"[1] 昂格尔认为，"法治不仅构成了现代国家实现治理的技术手段，而且成为现代宪政制度安排的价值诉求"[2]。而法治的核心价值则体现为权利保障，"法治的核心内涵是基于保障公民权利的需要而对国家权力本身施加必要的限制"[3]。为了有效推动"人治"向"法治"的转变，充分保障公民的权利，中国共产党第十五次全国代表大会提出了中国实行依法治国，建设社会主义国家的方略。尔后，国家在宪法层面作出了相应的修改。1999 年宪法修正案明确规定：中华人民共和国实行依法治国，建设社会主义法治国家。此被称为"法治"入宪，它实现了执政党执政方式的转变，把党的领导、人民当家做主和依法治国有机统一起

---

[1]　亚里士多德：《政治学》，吴寿彭译，商务印书馆 1995 年版，第 199 页。

[2]　[美] 昂格尔：《现代社会中的法律》，吴玉章等译，中国政法大学出版社 1994 年版，第 48 页。

[3]　季卫东：《宪政新论——全球化时代的法与社会变迁》，北京大学出版社 2002 年版，第 57 页。

来。也就是说,"党善于通过制度遵循水平来维护和巩固执政合法性,善于通过利益供给能力来体现和丰富执政合理性"①。不仅如此,2004 年宪法修正案在《宪法》序言第七自然段增加了"政治文明"这一概念,并规定"推动物质文明、政治文明和精神文明协调发展",此谓"政治文明"入宪。政治文明与依法治国的入宪为公民宪法权利的实施创造了规范条件,"对于现代中国法治进程而言,则更需要为个人以及保护个人权利为目的而组成的群体的活动提供更大的制度空间"②,因此,"我们才可以全面理解诸如中国制定物权制度与劳动合同制度背后所承载的使命"③。

三　社会结构的转型

中国传统社会是自给自足的自然经济社会,人口流动性差,是典型的熟人社会。在这个社会中,"尽管存在着众多的个人和组织,但其并不具有独立的主体地位,因为他们都程度不同地隶属或依附于国家机构,由国家机构对其发号施令,国家成为唯一的主体"④。个人的自由权利更多是国家权力的"恩赐",尽管宪法规定了公民的各项权利,由于权利不存在司法实施的社会根基,宪法权利就不需要宪法实施,也没有权利实施。"在这种社会结构下,不需要用宪法去维护个人利益,即使存在中央与地方的利益冲突,单位组织之间的利益冲突,个人与单位的利益冲突,也无须由宪法来解决。"⑤ 然而,改革开放后,我国经济逐步市场化,原有的社会结构面临着实践的冲击并被解构,人口大量地流动,原有的熟人社会转变为陌生人社会,个人逐步从单位人转变为社会人,个人的生活资源不再由国家完全垄断,个人逐步从社会获取生活资源,个人对国家的依附性明显地减弱。社会结构的变迁极大地促进了个人的积极性和能动性,公民不再消极地附属于政府,而是积极要求政府不侵犯和保护独立的生活空

---

① 参见林尚立:《当代中国政治形态研究》,天津人民出版社 2000 年版,第 430 页。
② 任强:《法度与理念》,法律出版社 2006 年版,第 89 页。
③ 潘伟杰:《法治与现代国家的成长》,法律出版社 2009 年版,第 47 页。
④ 张树义:《变革与重构:改革背景下的中国行政法理念》,中国政法大学出版社 2002 年版,第 5 页。
⑤ 参见毛寿龙、李梅:《有限政府的经济分析》,生活·读书·新知三联书店 2003 年版,第 85 页。

间。文本权利的形式化和表面化已经不能满足社会的需求，个人和组织积极寻求机制来实施宪法中的权利。

传统的计划经济向现代市场经济转变的过程，市场主体日益多元化，资源分配市场化的局面日益形成，各种利益矛盾交织，利益冲突逐渐成为社会中无法回避的现实。此外，"社会公正体系失衡。首先，政府政策不公正导致财富分配不公"、"社会资源分配不公成为严重问题"①。利益的失衡形成收入差距悬殊的不同利益群体，这是由市场经济带来并且其不能解决的。利益矛盾和冲突在数量上和在规模上都急剧增长，解决利益冲突保障和实现多元利益成为当前社会发展中必须要解决的社会危机。"这种危机大多是社会转型时期，利益调整和分配不公造成的，反过来又成为呼唤法治和宪政的动因。这一呼声正获得越来越多的能量，既可能构成中国社会真正的危机，也可能是推动中国宪政发展的力量。"② 利益主体需要一种法律机制来解决利益冲突，宪法由于在法律制度中的最高地位，利益多元化和利益的冲突最终需要在宪法层面解决，利益冲突推动着宪法权利的实施。以市场为取向的改革使中国社会现实发生了根本变化，农民在生产和经济上有了自主权，国有企业逐步成为独立的经济活动主体，越来越多的公民和私人企业都有了独立于国家权力的地位，然而由于出身于计划经济的国家集权的惯性，"权力在行使过程中的一些要求和规定，适用于计划经济体制，而并不适用于市场经济体制。或者说，与市场经济体制是相抵触和矛盾的"③。传统权力的惯性与在市场经济体制下的社会现实产生冲突，由于市场主体独立利益的追求，把宪法及其权利作为维护利益的手段，而与现实脱节的传统行政权力就与宪法规范之间产生了直接明显的冲突，自此以宪法名义维护权利的案件就自然大量涌现，行政权力与公民权利的争议最终就演化为宪法上的争议，宪法权利实施的事例相继涌现。

四　权利意识的成长

黑格尔说过，"从自我意识的权利方面说，法律必须普遍地为人所知

---

① 蔡定剑："中国社会转型时期的宪政发展"，载《华东政法学院学报》，2006 年第 4 期。
② 蔡定剑："中国社会转型时期的宪政发展"，载《华东政法学院学报》，2006 年第 4 期。
③ 胡锦光："从宪法事例看我国宪法救济制度的完善"，载《法学家》，2003 年第 3 期。

晓，然后它才有拘束力"。他进一步分析道："法与自由相关，是对人最神圣可贵的东西，如果要对人发生拘束力，人本身就必须知道它。"① 托克维尔认为，"没有民情的权威就不可能建立自由的权威，而没有信仰也不可能养成民情"②。公民权利意识的提升是宪法权利实施的重要前提。市场经济的深入发展，带来的不仅仅是社会产业的发展，更多的是一种自由、平等、竞争等价值理念的植入。公民独立思考、自主抉择的自由度增加，多元利益和价值观念促进了公民的独立性、自主性、主体性、差异性、竞争性，催生出公民对权利的维护，公民的权利观念开始觉醒与成熟，公民真正开始了权利的选择，"随着市场经济的发展和公民财富的增加，独立人格、公民社会正在形成，多元化的利益产生多元的权利诉求，中国公民开始越来越强烈地、自发自觉地为自己的权利而斗争"③。公民重视自己的财产权利、劳动权利、政治权利等权利，把权利看作是一种普遍性的存在，公民逐渐要求兑现宪法中规定的权利，公民在自身利益遭到侵害时勇于以宪法上的权利来维护自己的利益。中国的 21 世纪是一个公民迈向权利的世纪。

我国公民权利意识是在改革开放中逐步形成并充分发展起来的。党的十一届三中全会以后，随着改革开放政策的全面推行，社会政治、经济、文化都发生了广泛而深刻的变化，公民的各种权利得到了社会的广泛承认。1982 年宪法的颁布实施，建立了符合中国实际的公民权利体系及其保障体系，增加了"基本权利"的内容，并将其置于总纲之后，突出了公民的"基本权利"在宪法体系中的重要地位。公民的权利观念随着社会的进步和法制的健全大大加强。特别是经过普法计划的实施，全民法制意识明显增强，公民学会了运用法律来维护自己的合法权益，广大群众通过诉讼来维护自己的合法权益现象越来越多。在法律观念和权利意识比较淡薄的农村地区，也发生了深刻的变化。村民们普遍积极地参与各项村民自治活动，对于国家机关侵犯自己权利的行为也敢于诉诸法律。文化事业的发展，成为推动公民权利意识发展的巨大力

---

① ［德］黑格尔：《法哲学原理》，范扬等译，商务印书馆 1961 年版，第 224—225 页。
② 托克维尔：《论美国的民主》（上），董果良译，商务印书馆 1991 年版，第 14 页。
③ 蔡定剑："中国社会转型时期的宪政发展"，载《华东政法学院学报》，2006 年第 4 期。

量。许多报纸、杂志、广播电台都开辟了维权热线和专栏，主动对社会上违法乱纪和侵犯他人权利的行为予以揭露曝光，媒体及社会舆论成为维护公民权利的有力武器。上述情况表明，当代中国公民权利意识发生了广泛而深刻的变化，广大民众对自己的权利和利益有了一定程度的认知。

公民权利意识的增长必将促进宪法权利规则的建立和宪法自身的完善。从中国的宪政实践看，具有里程碑意义的是我国宪法第四次修改关于"尊重和保障人权"的规定。2004 年 3 月 14 日，十届全国人大三次会议以高票通过新的宪法修正案。本次 14 条修正案中，其中 12 条与人权有关，"国家尊重和保障人权"作为一个概括性条款写进了宪法。人权入宪为迁徙自由权的研究提供了契机，促进了相关研究成果的丰富。① "对最近一次修宪'国家尊重与保障人权'入宪所能够传递的信息分析，基本权利重要的宪法价值正由比较单纯的学理分析层面进入立宪者的视野中，并可能逐渐成为国家决策判断的依据之一，这种观念与思路的加强必然会推动未来时间对宪法基本权利部分的不断完善与修改。"② 因此，公民权利意识的成长不仅促进了宪法的修改，也推进了宪法权利的实施。一些学者对此作过实证调查，如当问及"社会生活中以下事情（孝敬父母、报恩、尊重权利和自由、广交朋友、其他）哪一项最重要"时，选择"尊重权利和自由"的人占 58.59%，这一选择比例远远高出其他选项③。今天，随着社会经济的发展，人们权利意识不断增长，"人们对权利的诉求和渴望从来没有像今天这样强烈过，看看最近几年的诉讼发生率便可得知，已涉及平等权、隐私权、受教育权等社会生活的各个领域"④。不仅如此，一些新兴的权利类型或权利主张相继出现，全国各地法院相继受理

① 通过文献检索，截至 2012 年 12 月 31 日，论及"迁徙自由"或"迁徙自由权"的论文有 198 篇。其中，2004 年至 2012 年 8 年间，就有相关论文达 145 篇之多，而 2004 年之前的长达 90 年时间里仅有 50 来篇相关论文问世。这说明有关迁徙自由的大部分研究成果集中在 2004 年之后，即"人权入宪"在一定程度上促进了迁徙自由研究成果的丰富。

② 秦奥雷：《基本权利体系研究》，山东人民出版社 2009 年版，第 157 页。

③ 董燔舆："中国人权利意识的基本结构及提高——以北京为中心的调查"，载《社会科学战线》，1996 年第 6 期。

④ 魏健馨：《和谐与宽容：宪法学视野下的公民精神》，法律出版社 2006 年版，第 50 页。

了一批诸如"贞操权"①、"亲吻权"②、"悼念权"③、"男性生育权"④ 等形形色色的纠纷案件，在这些案件中纷繁多样的权利主张，一定程度上反映了人们权利意识的觉醒和成长。

第二节　我国宪法权利实施的事例评析

宪法权利实施的事例不仅吸引了公众对宪法权利的关注，也诱发我们去反思中国现行宪法权利实施机制的不足，从而为建立和完善中国宪法权利实施制度提供素材和线索。

一　平等权

平等权与其他宪法权利的不同之处在于：平等权无明确、特定的内容，是作为一种原则性权利而存在，所以我国平等权被侵犯案件出现在许多不同的领域。

被誉为"中国宪法平等权第一案"的"蒋韬诉中国人民银行成都分行案"⑤ 无疑是需要首先提及的。中国人民银行成都分行在 2001 年 12 月 23 日的《成都商报》上刊登了"中国人民银行成都分行招录行员启事"，其中一项规定招录对象为"男性身高 168 公分，女性身高 155 公分以

---

① 原告王丽遭刑事犯罪人员李伟强奸，王丽以李伟侵犯了自己的"贞操权"为由向法院提起民事赔偿诉讼。参见"轰动全国的首例'贞操权'索赔案始末"，载《法制天地》，2002 年第 7 期。

② 吴曦酒后驾车撞伤行人陶丽萍，经医生诊断为"车祸造成伤者上唇裂伤，全身多处软组织挫伤、门牙折断、脑震荡"，陶丽萍以吴曦的行为侵害了自己身体权、健康权、亲吻权等为由向法院提起诉讼，但法院未支持其"亲吻权"的主张。参见陈丽娅："全国首例'亲吻权'侵害赔偿案代理词"，载《律师与法制》，2002 年第 2 期。

③ 因父亲去世，弟弟史广清以哥哥史广文没有及时通知自己而侵犯了自己对父亲的"悼念权"为由向法院提起诉讼，但一审、二审法院均驳回了史广清的诉讼请求。参见李凤新："国内首例'悼念权'案记实"，载《法庭内外》，2002 年第 8 期。

④ 妻子张某因担心生孩子后体形、容貌变丑，便总是悄悄采取措施，不愿生孩子，为此其夫胡某将妻子告上法庭，称其妻剥夺了自己的"生育权"，并坚决要求离婚。参见刘作翔："权利冲突：一个应该受到重视的法律现象"，载《法学》，2002 年第 3 期。

⑤ 事例材料来源于"成都'身高歧视案'开庭"，载《检察日报》，2002 年 4 月 28 日；王珊："'中国宪法平等权第一案'庭审实录"，载《中国律师》，2002 年第 12 期。

上"。蒋韬为 2002 届普通高等院校法律专业毕业生，符合成都分行规定的除身高以外的其他条件，仅因身高原因被拒之门外。蒋韬认为，成都分行招收国家公务员这一具体行政行为违反了《宪法》第 33 条关于"中华人民共和国公民在法律面前一律平等"的规定，限制了他的报名资格，侵犯了其依法享有的平等担任国家机关公职的平等权和政治权利，应当承担相应的法律责任。据此向成都市武侯区人民法院提起行政诉讼，成都分行在招录行员广告生效前自行修改录用条件取消了身高限制条件，法院经过审理于 2002 年 5 月 21 日，法院裁定驳回原告的起诉。虽然蒋韬败诉，但其诉讼代理人周伟教授认为，这是我国进入诉讼程序的第一个宪法平等权案，此案能被法院受理就已经是一件了不起的事了。①

而另一典型案件是"张先著诉安徽省芜湖市人事局案"涉及公务员录用中的健康歧视问题②。张先著是皖西学院 2003 届专科毕业生，2003 年 6 月参加了安徽省招收国家公务员考试，报考芜湖县政府办公室综合经济岗位，张先著笔试、面试成绩均为第一名；在随后的体检中，张先著被医院判定体检不合格，其依据是《安徽省国家公务员录用体检标准》和《安徽省国家公务员录用体检实施细则（试行）》，明确规定乙肝"两对半"中第一、第四、第五三项指标呈阳性的为体检不合格。芜湖市人事局据此口头通知张先著因体检不合格而不予录用。2003 年 11 月 10 日，张先著以被告芜湖市人事局的行为剥夺其担任国家公务员的资格，侵犯其平等权利为由，向芜湖市新芜区人民法院提起行政诉讼，请求依法判令被告的具体行政行为违法，撤销其不准许原告进入考核程序的具体行政行为，依法准许原告进入考核程序并被录用至相应的职位。法院经过审理后作出一审判决，认定公务员招考单位芜湖市人事局在 2003 年安徽省国家公务员招录过程中作出取消原告张先著进入考核程序资格的具体行政行为，没有完全按照《安徽省国家公务员招考体检标准》行事，主要证据不足，该行政行为应予撤销，但鉴于招考工作已结束，故该行政行为不具可撤销内容，原告要求被录用至相应职位的请求未获支持。芜湖市人事局

---

① 有学者从"歧视"的角度，认为案件就是"典型的宪法诉讼"，参见陈云生：《宪法监督司法化》，北京大学出版社 2004 年版，第 492 页。

② 事例材料来源于胡锦光主编：《宪法学原理与案例教程》，中国人民大学出版社 2006 年版，第 109—110 页。

不服一审判决，向芜湖市中级人民法院提起上诉，二审人民法院作出驳回上诉、维持一审判决的裁定。

四川蒋韬案和安徽张先著案都是有关行政歧视的行政诉讼案，但原告方将其与宪法上平等权联系在一起，使得本案或多或少带有宪法诉讼的意味。这是在没有宪法诉讼制度的情况下，为保护宪法平等权所作的一个相对容易和无奈的选择。行政歧视是指行政机关在行使职权时，违反平等原则，对在法律上情况相同的相对人予以不公平的区别对待。由于公务员的招录行为都是具体的行政行为，从招录条件中规定身高歧视条件、健康歧视条件使招录行为变成了典型的行政歧视行为，虽然法院没有直接确认成都分行和芜湖市人事局的行为构成行政歧视，但在四川蒋韬案中成都分行自行取消了身高限制和安徽张先著案中法院确认芜湖市人事局取消录用行为的证据不足，已经说明行政行为存在事实上的歧视。

这两个案件中，公民都是以宪法上的平等权受到侵害提起诉讼的，使案件在行政诉讼形式下展开对宪法问题的讨论。这在张先著案中表现得很明显，虽然法院的判决完全回避了诉讼中是否适用宪法问题，但此案的确涉及公民的平等权，因而实质上就是一场有关宪法平等权的诉讼，在诉讼中涉及了对《安徽省国家公务员录用体检标准》及《安徽省国家公务员录用体检实施细则（试行）》的适用问题，《安徽省国家公务员录用体检标准》把乙肝病毒携带者作为录用公务员的禁止性条件与我国宪法的规定相抵触。① 由于平等权是宪法规定的权利，无论是法律、法规、规章，还是行政机关制定的规范性文件都不能侵犯，否则构成法院拒绝适用其作为判案法律依据的理由。为什么一定要在行政诉讼中引入宪法的平等权条款呢？如果不引用宪法关于公民平等权的规定，那么蒋韬和张先著在招录中遭受行政歧视的平等权就会因为没有法律依据而无法得到保障，适用宪法是对平等权的最后保护屏障。我国目前没有宪法诉讼，行政歧视行为不

---

① 《安徽省国家公务员录用体检标准》把乙肝病毒携带者作为录用公务员的禁止性条件是对乙肝人群的歧视，是对公民平等权的侵犯。对公务员来说，行政机关规定一定条件是必要的，但条件超出了工作性质的需要，就构成歧视，导致违宪。这种规范性文件也构成了对乙肝病毒携带者平等竞争公务员权利的侵犯。芜湖市人事局虽是在"依法行政"，但其依据的规范性文件的内容是违宪的。参见殷啸虎、李莉："对'乙肝歧视'一案的宪法学分析"，载《法治论丛》，2004 年第 2 期。

可能通过宪法诉讼加以审查。现在的诉讼法体系中只有行政诉讼是受理行政机关和公民之间行政纠纷的唯一途径，提起行政诉讼就成为保护平等权的救济渠道。"在目前宪法诉讼制度的设立举步维艰的情况下，利用现有的行政诉讼制度资源解决行政歧视问题，将行政歧视纳入我国行政诉讼的受案范围，是维护相对人平等权的简便经济之举。"[①] 这两个案件的"重要意义不仅仅是因为它引发了国人对宪法及平等权的关注，还在于其是利用诉讼来解决这一问题"[②]。

二　人身自由权

对中国宪法实施保障产生重大影响的"孙志刚案"[③] 带给国人的反思是持久而深远的。本案的具体案情如下：

2001 年毕业于武汉科技学院艺术设计专业的大学生孙志刚，案前任职于广州达奇服装公司。2003 年 3 月 17 日晚上 10 点，孙志刚在前往网吧的路上，因未携带任何证件被广州市天河区黄村街派出所民警李耀辉带回派出所对其是否"三无"人员进行甄别。孙志刚被带回后，辩解自己有正当职业、固定住所和身份证。在一份《城市收容"三无"人员询问登记表》中，孙志刚是这样填写的："我在东圃黄村街上逛街，被治安人员盘问后发现没有办理暂住证，后被带到黄村街派出所。"孙志刚打电话让成先生"带着身份证和钱"去保释他。于是，成先生和另一个同事立刻赶往黄村街派出所，到达时已接近晚 12 点。但出于某种现在还不为人所知的原因，成先生被警方告知"孙志刚有身份证也不能保释"。李耀辉未将情况向派出所值班领导报告，于是孙志刚被作为拟收容人员送至广州市公安局天河区公安分局待遣所。3 月 18 日晚孙志刚称有病被送往市卫生部门负责的收容人员救治站诊治。3 月 19 日晚至 3 月 20 日凌晨孙志刚在该救治站 206 房遭连续殴打致重伤。3 月 20 日中午，当孙志刚的朋友再次打电话询问时，得到的回答让他们难以相信：孙志刚死了，死因是心脏

---

① 王小红："论行政歧视及其司法审查"，载《政治与法律》，2006 年第 1 期。

② 李树忠主编：《宪法学案例教程》，知识产权出版社 2002 年版，第 168 页。

③ 事例材料来源于"'孙志刚事件'引发三博士上书"，载《瞭望新闻周刊》，2003 年第 22 期；胡锦光主编：《宪法学原理与案例教程》，中国人民大学出版社 2006 年版，第 133—134 页。

病。医院在护理记录中认为，孙是猝死，死因是脑血管意外，心脏病突发。而法医的尸检结果表明：孙志刚死亡的原因，是背部大面积的内伤。而当晚值班护士曾伟林、邹丽萍没有如实将孙志刚被调入 206 房及被殴打的情况报告值班医生和通报接班护士，邹丽萍甚至在值班护理记录上作了孙志刚"本班睡眠六小时"的虚假记录，导致孙志刚未能得到及时救治。

2003 年 6 月 27 日上午，广东省高级人民法院对"孙志刚被故意伤害致死案"作出终审判决，驳回乔燕琴等 12 名犯故意伤害罪被告人的上诉，维持原判。此前，广州市中级人民法院于 6 月 9 日对"孙志刚被故意伤害致死案"作出一审判决：以故意伤害罪，判处被告人乔燕琴死刑，李海婴死刑缓期 2 年执行，钟辽国无期徒刑。其他 9 名被告人也分别被判处 3 年至 15 年的有期徒刑。

本案有两大问题值得深入关注：

一是《城市流浪乞讨人员收容遣送办法》的合宪性问题。1. 违背了宪法的平等保护精神。《宪法》规定，凡具有中华人民共和国国籍的人都是中华人民共和国公民。中华人民共和国公民在法律面前一律平等。任何公民享有宪法和法律规定的权利的同时，必须履行宪法和法律规定的义务。因此，我国宪法已经确立了法律平等地对待每一个公民，不会歧视任何一个公民，也不会特别优待任何一个公民。该办法只是遣送在城市生活无着流浪的人员，以及那些没有合法证明的"三无"人员，明显地对农村居民具有强烈的歧视。这种仅以身份为标准来区分是否需要遣送的制度，不是平等地约束任何一个人，而是约束一部分人，况且也没有证据证明这部分人就是应当受到约束的。因此，它包含了对人的尊严的贬低与践踏。2. 违反了《宪法》、《立法法》关于"限制人身自由"的法律保留原则。法律保留原则起源于 19 世纪的"干预行政"，是 19 世纪作为宪政工具而发展起来的一项重要原则，又被称为积极行政原则。其最初的意义是行政机关如果要对私人的财产和自由进行干预，必须得到议会所制定的法律的明确授权，否则就构成违法。也即为了保障人民的合法权益，行政机关在实施行政行为时必须有具体明确的法律依据，否则，行政行为就是不合法的。它既体现了立法权对行政权的制约，也体现了行政权的民意基础。《宪法》第 37 条规定："中华人民共和国公民的人身自由不受侵犯。任何公民，非经人民检察院批准或者决定或者人民法院决定，并由公安机关执行，不受逮捕。禁止非法拘禁和以其他方法非法剥夺或者限制公民的人身自由，禁止非法搜查公民的身体。"另外，《立法法》第 8 条明确规定，有关人身自由的限制只能由全国人大及其常委会才有权予以设定。第 9 条又进一步规定，全国人大及其常委会也不能授权国务院行使设定之权。同时，授权只能由公安机关才能执行这一权力。《城市流浪乞讨人员收容遣送办法》无论在设定的权限还是在设定的目的上都没有相关的法律依据，并且收容站也是不能行使执法权力的。

　　二是公民提请进行规范性文件审查对中国宪政发展的重要意义。应该说，这一做法开创了公民个人真正合法参与国家政治的先河，有可能打开民主宪政建设的突破口，成为民主宪政建设的具体而实在的一步。因为民主宪政是在人们保护和实施自己自由权利的博弈和互动中逐步形成的，俞江等人的行为就是在推动和进行这种博弈。尽管最后全国人大常委会在没有进行审查的情况下，国务院自己废除了违法文件，但这是一次民主宪政的演习和实践，进行违宪审查，就会引发一场关于宪法和法治的大讨论，就会促进全国人大常委会启动和建立一套进行违宪审查的程序和相应的组织机构，使得以后类似的行为有所依凭和能够操作，进而真正走上法治的道路。如蔡定剑教授所言："由孙志刚案引发的三个法学博士上书事件是公民挑战违宪审查制度的成功努力。在书面请求中，他们要求全国人大常委会审查 1982 年国务院《城市流浪乞讨人员收容遣送办法》的合宪性，最终促使政府废除了一个法规，这在中国是前所未有的。这一案件的成功无论在理论上还是实践上都有巨大的意义。违宪审查过去只有宪法学家在法学课堂上讲，社会上几乎没有多少人知道何为违宪审查。提起这一案件的目的是试图推动全国人大常委会实行违宪审查。尽管这一目的没有达到，但它给国家领导人上了一堂真正的宪法课——使他们了解宪法对国家权力的约束作用，它也激发了公民对宪法的热情，使违宪审查成为普通公民的知识，用宪法维权成为普通老百姓保护权利的重要手段，这个案件大大提升了宪法的权威和价值。"① 这是一次真正的生动具体的法治教育和宣传，能够纠正现行普法教育中的扭曲和错误，使得所有公民和全体官员真正懂得法治的精髓和要义。

---

① 蔡定剑："中国社会转型时期的宪政发展"，载《华东政法学院学报》，2006 年第 4 期。

三　受教育权

有着中国"宪法司法化第一案"之称的"齐玉苓案"①，涉及的是宪法上的公民受教育权的保护问题。基本案情如下：

齐玉苓和陈晓琪原同系山东省滕州市第八中学初中毕业生。1990 年，齐玉苓通过了中专预选考试，取得了报考统招及委培资格，而陈晓琪在中专预选考试中落选。同年，齐玉苓被山东省济宁市商业学校录取，但齐玉苓的"录取通知书"被陈晓琪领走。陈晓琪以齐玉苓的名义到济宁市商业学校报到就读。1993 年毕业后，陈晓琪继续以齐玉苓的名义被分配到中国银行滕州市支行工作。1999 年，齐玉苓在得知陈晓琪冒用自己的姓名上学并就业的情况后，将陈晓琪、济宁市商业学校、滕州市第八中学、滕州市教委等推上枣庄市中级人民法院被告席，要求被告停止侵害，并赔偿经济损失和精神损失。1999 年 5 月，枣庄市中级人民法院对齐玉苓诉陈晓琪等四被告一案作出一审判决。法院认为，陈晓琪冒用齐玉苓名字上学的行为，其结果构成了对齐玉苓姓名的盗用和假冒，是侵害姓名权的一种特殊表现形式。但齐玉苓的受教育权并没有受到侵犯。法院判决被告赔偿齐玉苓精神损失费 35000 元。对此判决，原告齐玉苓表示不满意，并继续向山东省高级人民法院上诉。针对此案，最高人民法院于 2001 年 8 月 13 日公布了法释〔2001〕25 号《关于以侵犯姓名权的手段侵犯宪法保护的公民受教育的基本权利是否应承担民事责任的批复》，指出："陈晓琪等以侵犯姓名权的手段，侵犯了齐玉苓依据宪法规定所享有的受教育的基本权利，并造成了具体的损害后果，应承担相应的民事责任。"同年 8 月 23 日，山东省高级人民法院依据该《批复》二审审结此案。齐玉苓获得最终胜诉，依法获得了直接、间接经济损失和精神损害赔偿近十万元。山东省高级人民法院依据最高人民法院的批复作出终审判决以后，有学者和法官认为，在此案中法院直接依据宪法作出了审理，是中国"宪法司法化的第一例"。

本案对我国宪法权利实施具有重要的启示作用。"齐玉苓案"之所以

---

① 事例材料来源于胡锦光主编：《宪法学原理与案例教程》，中国人民大学出版社 2006 年版，第 88 页。

引起强烈反响，是因为该案涉及宪法学中的一个重大课题，即宪法适用问题。众所周知，宪法是国家根本法，要使宪法在生活的各个方面充分发挥作用，就必须使宪法权利得到实施。根据宪法原理，宪法权利实施不仅包括国家权力机关通过立法使宪法规范具体化以及国家行政机关贯彻执行宪法，还包括国家审判机关依据宪法规范来裁决宪法方面的争议。所谓宪法适用，在中国，就是指人民法院依据宪法规范审理和裁决宪法争议的专门活动。但是，在我国的司法实践中，由于体制或观念上的原因，宪法并没有作为法院裁判案件的法律依据。从新中国成立至今，我国各级法院在审理案件的过程中，一般在裁判文书中只引用法律、行政法规、地方性法规及自治条例、单行条例，或援引有关司法解释，一直回避在法律文书中直接引用宪法。因此，作为国家根本法和"公民权利保障书"的宪法，其中相当部分的内容在司法实践中没有发挥法律效力，使一些宪法争议得不到有效的司法处理。近年来，随着我国社会生活的发展变化，因宪法规定的公民基本权利受到侵犯而产生的争议和其他一些宪法争议不断出现。这些涉及宪法方面的争议在普通法律规范中不少缺乏具体适用的依据。这样，审判机关是否要在诉讼过程中将宪法规范加以适用，使之成为裁判案件的依据，就是一个亟须研究解决的问题。

从理论上说，宪法适用是宪法实施的内在属性，没有宪法的全面、普遍的适用，就不能真正实行宪政。但宪法适用是一个十分复杂的问题。由于宪法主要规定国家权力的组织、运行和公民的基本权利，宪法规范主要是指国家权力规范和公民的基本权利规范。因此，所谓宪法全面、普遍的适用，就是指宪法的司法化，包括国家权力规范的适用和公民权利规范的适用。其中宪法权力规范的适用，即司法机关通过适用宪法裁决国家机关之间的权限争议，审查下位法规范和国家机关的行为是否合宪，是宪法适用的重点和实行宪政的关键。

不少西方国家已经建立了宪法诉讼制度，实现了宪法司法化。主要有两种类型：一种是以美国为代表的普通法院模式，对涉及宪法争议的案件由普通法院来审理；另一种是以德国为代表的专门法院模式，对涉及宪法争议的案件由专门设立的宪法法院来审理。但在中国，涉及国家权力规范的适用，如审查规范性文件和国家权力产生及行为的合宪性以及裁决国家机关之间权限宪法争议等，在目前的情况下很难有所突破。因此，如果要实现宪法适用，一般也是有关公民基本权利的宪法规范的适用；与之相关的诉讼程序只能是普通诉讼程序，而不是真正意义上的宪法诉讼程序。因此可以说，最高人民法院的批复和对"齐玉苓案"的判决，涉及的主要是宪法中关于公民基本权利的条款如何在普通诉讼中适用的问题。所谓宪法司法化是指宪法中有关国家权力规范和公民宪法权利规范在司法领域中的全面的、普遍的适用，包括：独立于普通诉讼的宪法诉讼制度的建立，其中关键是要建立违宪审查制度。而在中国的现行体制下，实现宪法司法化是不可能的，因此，"齐玉苓案"之引用宪法条文，充其量是宪法关于公民受教育的宪法权利在普通民事诉讼中的直接适用，离宪法司法化尚有一段较长的距离。

综上所述，把"齐玉苓案"说成是"宪法司法化第一案"不够准确。从严格意义上看，该案可以说是"在普通民事诉讼中适用并直接引用宪法规定的公民宪法权利条款的第一案"。

许多学者注意到，本案的主要被告陈晓琪是一位普通公民，而非政府机关，从而提出以下疑问：公民能否成为侵犯基本权利的主体？不少学者指出：依据西方的宪政理论，一般而言，只有国家而非个人，才有义务尊重并保护宪法性的基本权利。如此严格要求乃是基于这样一种理念：宪法的基本要旨在于制约政府权力，而非约束人民。宪法权利标明了国家权力的边界，其要义在于抵抗国家的不当行为，而非私人的不法行为。换言之，宪法适用是为了保护公民免受公权力对宪法权利侵犯的一项制度安排，只能因国家机关保护不力，并由国家机关承担相应的法律责任，而该案主要是公民对公民的。如果在普通民事案件中直接适用宪法条文，实际上将违宪行为的概念泛化。但也有学者认为，宪法是界定政府与人民之间关系的根本法，也是保护公民权利的根本法。对于宪法规定的公民基本权利，政府不能侵犯，私人（包括非政府的法人和其他组织）也不能侵犯，这就给宪法介入私人领域提供了最根本的理由；而且，社会的发展和宪法中关于公民社会经济权利的日益增多，也为宪法保护公民私权利不受侵犯提供了现实选择。对此，美国的著名学者路易斯·亨金早就指出，宪法中的权利条款仅仅保护其不受"国家行为"的侵犯，而将私人对他人权利的侵犯留给侵权法。同时应当承认，中国的宪法视角与西方不同，我们强调宪法是根本法，侧重于《宪法》首先是一部明确国家的根本制度和根本任务的宣言。中国传统的宪法观念也认为，公民的基本权利与义务相一致是中国宪法的特点之一。公民的宪法权利不仅约束任何国家机关，也约束其他组织和个人。这样，"私法关系并未排除在宪法调整范围之外"。但是，将公民宪法权利"降格"为私权利，使得哪些权利才能称得上"基本"权利变得混沌不清。另外，更重要的是，这在某种程度上削弱了宪法制约国家权力的核心功能，冲淡了宪法权利的公法性。因此在肯定"齐玉苓案"的积极意义的同时，也要注意其局限性。这种局限性是与我国现阶段宪法规定本身的局限性和我国宪法和人权理论的局限性相适应的。"齐玉苓案"仅仅是普通民事诉讼中适用并直接引用公民宪法权利条款的第一案，还不是真正意义上的宪法诉讼案件。"最高人民法院就本案所作的司法解释，实际上只是对《民法通则》中的损害赔偿条款如何针对这一特殊情况的适用进行的，本案仅为普通的民事案件。"[1]

四　迁徙自由

随着市场经济的进一步发展和城市化进程的加快，大量农民进城务工已经形成了当下中国的"迁徙大潮"，公民的迁徙自由权问题再度引发众人关注。我国现行宪法尽管没有明确规定公民的迁徙自由权，但"并不能由此得出宪法不保护甚至否定迁徙自由的结论"[2]。我们来看两个现实事例：一是"江山诉独树社区委员会案"；二是"吴永忠诉广东省民政厅案"。[3]

江山的户籍所在地为武汉，但长期居住在深圳市独树社区。2005年4月8日，深圳罗湖区独树社区选举委员会公告了选民登记事项和登记期间。在此期间，江山到选举委员会进行了身份证登记，并提交了一份其放弃户籍所在地居委会选举资格的证明原件。独树社区选举委员会审查后认为，江山未按规定提交其作为合法选民的其他相关证明材料，于是拒绝对其进行选民登记。江山不服选举委员会对其申诉的答复，向罗湖区法院提起选举诉讼。在庭审过程中，双方对广东省委组织部和广东省民政厅文件

---

① 胡锦光主编：《宪法学原理与案例教程》，中国人民大学出版社2006年版，第88页。

② 张千帆、朱应平、魏晓阳：《比较宪法——案例与评析》，中国人民大学出版社2011年版，第691页。

③ 案例材料来源于张千帆、朱应平、魏晓阳：《比较宪法——案例与评析》，中国人民大学出版社2011年版，第688—690页。

的合法性和举证责任分担问题进行了辩论。① 法院审判认为，江山的户籍所在地为武汉汉阳区，其要求登记为深圳市罗湖区东晓街道办事处独树社区的选民，就必须遵循广东省及深圳市居民委员会的相关规定，主动地提供证明其作为合法选民的证明材料。虽然江山提供了一份证明原件，但其内容是"江山因故不能参加本社区组织的一切合法活动"，按照要求明确证明其"不在户籍所在地进行本届选民登记"，因此无法证明起诉人江山没有在原籍进行本届居民委员会的选民登记。同时，江山在承诺的期限内未提交相关证明材料。据此，法院判决江山不具有罗湖区东晓街道办事处独树社区居委会本届选民资格。②

吴永忠为四川乐志县农民，从 1994 年开始来到广东打工。2002 年 11 月，吴永忠被承包地铁 2 号线工程的广东安建设备工程有限公司（以下简称安建公司）聘用为电工，双方口头约定吴永忠每天的工资为 33 元，另外视情况支付加班工资。在没有签订劳动合同的情况下，安建公司也没有给吴永忠办理工伤保险。同年 12 月，吴永忠在安装防潮日光灯时和中铁二局施工人员发生争执，被中铁二局施工人员打伤。经法医鉴定，吴永忠头枕部挫裂伤，属于轻微伤。吴永忠出院后不久，聘用吴永忠的安建公司项目经理刘某一次性支付吴永忠 6500 元后，以没有工作可安排为由解雇了他。吴永忠从此开始了漫长的诉讼之路。他先向劳动争议仲裁委申请劳动仲裁，要求确认安建公司单方解除劳动合同无效并支付他后期的医疗费等，劳动仲裁委驳回了吴永忠要求继续劳动合同等诉讼请求。天河区法院一审维持了仲裁委的裁决，吴永忠又上诉到广州中院。因为没有签订劳动合同，吴永忠无法进行工伤鉴定，也不能享受工伤待遇。2003 年 10 月，吴永忠通过诉讼手段争取，广东省劳动和社会保障厅终于认定吴永忠在工作中被打致伤属工伤。广州中院作出终审判决：安建公司向吴永忠支付工伤医疗开始到被作出劳动能力鉴定的工资及医疗费等合计 3 万多元。③

---

① 参见粤民基［2004］35 号文件《关于做好我省社区党组织和第二届社区居委会换届选举工作的通知》。

② 参见叶海波："对一起选举案的法律分析"，载《法学》，2006 年第 3 期。

③ 参见"民工告状挑战户籍制度，工伤失业不能享受城市低保"，载《南方周末》，2005 年 9 月 29 日。

自从 2003 年 2 月被解雇后，吴永忠没有任何收入。他先后向暂住地的街道办和海珠区民政局、广州市民政局申请最低生活保障金，都因他没有广州市户籍被拒绝。吴永忠认为，他虽然是四川农村户口，可他已经在广东工作十年有余，而且在工作中受伤也被鉴定为工伤，他应该属于工人。根据《宪法》和《劳动法》的相关规定，他应当享有和城镇职工一样的各种权利和待遇。

2005 年 5 月，吴永忠以广东省民政厅地域歧视，侵犯了他的平等权、人格尊严权、社会保障权和生存权为由，把广东省民政厅告上越秀区法院，要求确认广东省民政厅不给他支付最低生活保障金的行政行为违法，要求民政厅向他道歉，并支付 2003 年 1 月到 2005 年 5 月的最低生活保障金 9570 元。广东省民政厅认为，根据国务院《城市居民最低生活保障条例》规定，有权申请享受最低生活保障的申请人是"持有非农业户口的城市居民"，保障的义务机关是"当地人民政府"，负责审批的机关是"县级人民政府民政部门"。吴永忠属四川农民，没有资格申请最低生活保障金，即使有权申请，也应该向户籍所在地提出申请，因而裁定吴永忠一审败诉。

类似上述两案的情形在中国还有很多。它反映了在中国，户籍与迁徙自由关系密切，户籍直接影响到公民迁徙自由，以及政治、经济和文化等多方面的权利。表面看起来，户籍与迁徙自由等权利自由没有关系，但从深层次看，现行户籍制度正是实现中国公民迁徙自由的重大障碍。所谓迁徙自由受到限制或禁止，并不是说，政府绝对禁止一个人自由地到某个地方行走，这只是低层次的迁徙自由。在人权观念深入人心的今天，这种做法显然不具有任何正当的理由。限制或禁止迁徙自由主要是指，当公民迁徙到另一个地方以后，不能在新迁入地享有应当享受的权利。而限制或禁止其享有相关权利的主要依据是户籍。上述两个案例都属于此种情形，因为当事人不具有迁入地的户口，所以尽管在该地生活、工作了很多年，但并不能在迁入地享有权利。因此，要从根本上保障人民享有平等的迁徙自由权，必须消除仅仅以户籍为依据所施加的不合理的、不平等的歧视性待遇。

1954 年，《宪法》规定公民有迁徙自由和居住自由，此后农村人口大量涌入城市。为此，国务院于 1956 年和 1957 年先后 6 次发布关于防止农村人口盲目外流的指示，规定公安机关应当严格户口管理，粮油部门不得给没有城市户口的人员供应粮食，各单位不得私自招用农民工，铁路运输部门要严格查验车票以防止农民流入城市，城市政府应将流入城市的农民遣返原籍。这些措施为现行户籍制度的出现奠定了基础。1958年第一届全国人大常委会第九十一次会议通过《户口登记条例》，现行户籍制度正式确立。该条例第10条第3款严格限制农村人口向城市流动的户口迁移制度与计划经济体制下的粮油供应制度、劳动就业制度、社会福利制度等共同构成现行户籍制度。1962年，公安部在《关于加强户口管理工作的意见》中规定：对农村迁往城市的，必须严格控制。所有这些法律法规规章都是违反1954年宪法关于迁徙自由的规定。这说明在中国，从最高国家权力机关到下面各级行政机关从未尊重过宪法对迁徙自由的规定。在迁徙自由问题上，宪法的规定早已被抛在一边。

1977年国务院批转《公安部、粮食部〈关于严格控制农业人口转为非农业人口的通知〉报告》。1981年年底国务院又发出《关于严格控制农村劳动力进城做工和农业人口转为非农业人口的通知》。1994年劳动部颁发的《农村劳动力跨省流动就业暂行规定》，设置了农民跨省就业的种种条件限制就业。一些地方还用政策法规的形式来剥夺农民平等的就业和劳动权利，如上海市对其用工政策确定为"先城镇，后农村，先本市，后外地"；青岛市则规定对外来劳动力的招用数量控制在市属企业职工总数的14%以内，并规定外来劳动力一人需交纳50元费用。即便农民最后好不容易解决了就业和劳动问题，然而农民在城市中也是承担着最脏、最累、最重和危险性最大的工作，享受的是最低的待遇、最少的福利和几乎等于零的人身保障，有些农民和其他工人一样工作了多年，但却不被承认是工人，正式工欺压临时工、城市临时工欺压农民工的现象普遍存在。①除了上述规定外，上述案例中提到的国务院制定的《城市居民最低生活保障条例》是否违反《宪法》第33条的平等原则，值得从深层次审查。可见国家机关违反宪法、歧视农民和农民工，是阻止迁徙自由的主要制度性原因。

尽管中国现行宪法没有明确规定公民享有迁徙自由，但并不能由此得

---

① 参见田成有："从身份到契约：寻求乡土农村真实的法律平等"，载北大法律信息网：http://article.chinalawinfo.com/Article_ Detail.asp? ArticleId=2848，2002年4月10日访问。

出宪法不保护甚至否定迁徙自由的结论。从各国来看，运用宪法保护迁徙自由可以有明示的和默示的，并非都有宪法的明确规定。在没有宪法明确规定的情况下，可以通过扩展宪法中的有关权利和制度从而引申出公民的迁徙自由受宪法保护。如前文述及的，澳大利亚从宪法的代议制度中引申出"往来自由"，并运用《宪法》第 92 条的州际往来绝对自由以及联邦制度等一系列宪法规范引申出迁徙自由。从中国来看，宪法中单一制的国家结构形式、法治统一原则、法律面前人人平等原则、市场经济等多项内容，可以为公民享有此项自由提供依据。因此，宪法本身的内容规定并不影响从中引申出对迁徙自由的保护，关键在于是否应当认真实施宪法。如果宪法权利真正进入实施阶段，那么上述宪法权利条款足以保护公民享有迁徙自由，由此可以进一步取消现行阻碍迁徙自由的不合理的户籍制度。

中国的户籍制度阻止农民进入城市，阻止经济落后地区的人进入发达地区，或者即使允许前者这些人进入后者这些地方从事劳动服务，也往往不允许他们在这些地方享有政治、经济和文化权利。户籍制度已经成为阻止中国社会一体化进程和市场经济发展的重要障碍，近年来也不断引发诉讼。

据 2007 年 8 月 18 日《中国青年报》报道，北京正海律师事务所律师程海等 28 名普通公民签名的公民建议书，吁请国务院撤销有关户籍规章。他们认为：目前我国执行的一系列户籍管理政策是公安部颁布的部门规章和规范性文件规定的，其中大多数违反 1958 年全国人大常委会通过的《户口登记条例》。他们建议，国务院对公安部颁布的有关户口管理的部门规章和规范性文件进行全面审查，对违反上位法的规章文件，予以撤销或宣布废止。

事情起因于 2007 年 4 月中旬，在北京工作 4 年的安徽合肥人程海因为无法将户口从合肥迁往北京，分别在合肥和北京起诉当地公安部门，要求公安部门依法为他办理迁出、迁入户口。促使他向国务院提出审查清理建议的，是北京市公安局和昌平区公安分局拒绝其迁移户口申请的书面回复，以及庭审中被告合肥市公安局庐阳分局拿出的几份公安部的部门规章和红头文件。程海认为，根据《户口登记条例》规定，公民应当在经常居住地登记为常住人口，公民只能在一个地方登记为常住人口；公民因私事离开常住地外出、暂住时间超过 3 个月的，应当向户口登记机关申请延长时间或者办理迁移手续。经常居住地是《条例》规定户口登记地的唯一条件。而他在北京长期工作居住，已远远超过 3 个月：按照《条例》规定，其经常居住地早已是北京市，他应当将常住户口迁往北京。被告庐阳公安分局表示，"没有准迁证，就不能办理户口迁出手续"。其依据是公安部《关于处理户口迁移的规定》、《关于启用新的户口迁移证、户口准迁证的通知》。公安部还规定，户口准迁证的使用范围包括"凡跨市县范围的户口迁移"，"对需要办理准迁手续的户口迁移，迁出地户口登记机关应当凭迁入地公安机关签发的户口准迁证办理户口迁出手续，迁入地户口登记机关凭户口迁移证和户口准迁证办理落户手续"。《关于处理户口迁移的规定》强调，从其他市迁往北京、上海、天津三市的，要严加控制，同时明确规定，"从小市迁往大市的，必须向迁入地派出所申请，经派出所查实有关情况，一律报迁入地的市、县公安局审批"。北京市公安机关的答复是依据公安部规定，程海必须有配偶或直系亲属在京，才能迁户入京。程海等人在建议书中列举了大量公安部部门规章和红头文件存在越权立法、非法设立户口类型、改变设定户口迁移登记条件和婴儿出生户口登记条件、扩大公安部门对户口迁出审批范围、违法授权地方政府设定户口迁移条件，等等。

上述公安局的答复是否符合宪法精神？中国目前的制度设计是否能有效解决这个问题？如何才能从根本上解决问题？我们的观点是，就迁徙自由权而言，宪法权利的实施的确有赖于宪法修改、宪法诉讼、违宪审查等宪法层面的实效性保障机制的建立和完善。只有在这个基础上，才能对现行一系列限制和侵犯公民迁徙自由权的制度和规则进行全面的清理。对此，本书第五章将予详述。

第三节　我国宪法权利实施的问题反思

近年来，越来越多有关宪法权利的事例涌现，人们更多地感知到宪法的存在及其与现实生活的密切关系，但是我们却毫无理由乐观。[①] 通过宪

---

① 参见韩大元："宪法实施与中国社会治理模式化的转型"，载《中国法学》，2012 年第 4 期。

法权利实施的事例，我们不难发现，我国宪法权利实施上的问题，既有公民宪法意识的缺失，也有宪法权利规范的缺陷，还有来自事实层面的宪法保障机制的缺位。贺卫方教授曾经不无感慨，"我们国家没有一个权威机构来审查违反宪法的法律法规，我们向全国人大上书的时候，发现全国人大没有任何相关的接待机构、反馈机构和审查机构"①。所谓"一方面违宪的法律、法规、规章并不鲜见；另一方面全国人大及其常委会迄今为止却尚未依违宪审查要求撤销一例违宪的法律、法规、规章等"②。如 2003 年"孙志刚案件"引起的争议之一就是，国务院颁布的《城市流浪乞讨人员收容遣送办法》是否违反《宪法》第 37 条的规定；还有国务院关于劳动教养方面的法规规章，以及关于城市房屋拆迁管理条例等，这些法规是否违宪，都需要审查。③

一　观念层面：宪法意识的缺失

当改革开放 30 年，宪法颁布 30 年后的今天，我们真正缺失的东西不是物质，不是法律制度，也不是科学技术发展，而是民族的共同体、社会的共同体中缺乏一种发自内心的信仰或者信任体系。④ 对此，韩大元教授的解决方案是形成宪法共识。范进学教授同样认为，"一个社会共同体成员能否形成一个牢固的、稳定的宪法价值共识是宪法实施的关键，因为宪法价值共识是法治国家与宪政实现的精神要件"⑤。培育宪法意识则是达致宪法共识、推进宪法实施的基本要素和重要前提。公民的宪法权利意识是公民宪法意识中最主要的部分，"可以毫不夸张地说，公民的权利意识在很大程度上反映并决定了公民的宪法意识"⑥。如前所述，随着

---

①　参见贺卫方："没有违宪审查机制的宪法难成最高法"，载《领导决策信息》，2003 年第 23 期。

②　王琳："公民提请违宪审查：关键在于确认违宪后的处理"，载《人大研究》，2006 年第 2 期。

③　张千帆主编：《宪法》，北京大学出版社 2008 年版，第 91 页。

④　参见韩大元："宪法与社会共识：从宪法统治到宪法治理"，载《交大法学》，2012 年第 1 期。

⑤　范进学："宪法价值共识与宪法实施"，载《法学论坛》，2013 年第 1 期。

⑥　韩大元、秦强："社会转型中的公民宪法意识及其变迁"，载《河南政法管理干部学院学报》，2008 年第 1 期。

社会结构的转型和公民权利意识的增长，宪法性事例逐渐增多，公民的宪法权利逐渐引发社会的广泛关注。但从整体上看，公民的宪法权利意识仍然不足，依据宪法规范直接主张权利的仍然不多。"我们可以得出一个初步而基本的结论：当前中国公民的宪法意识有喜有忧，在总体上是不容乐观的。"① 受历史文化传统的影响，我国公民的义务观念浓厚，而权利意识淡薄。许多党政领导干部依然把保护公民宪法权利的行为或做法，当作"为民做主"、"为民造福"，不知道这是权力的行使者对权力的委托者应尽的义务。"一些领导干部、公务员的宪法意识比较淡薄。宪法实施不仅需要制度的支撑，更需要宪法意识深入人心。"② 同样，许多公民把那些公正、廉洁的干部奉为"青天"和"父母官"，习惯于对权力的依赖和服从，而不知道对权力的监督和制约。公民的权利意识错位，不仅表现在扭曲权利与权力的关系和行使权利的消极心态，有时也表现为行使基本权利的无序和无度，即不遵守权利行使的程序和基本权利的界限，导致权利的滥用和社会的动荡。如何使公民树立正确的权利观念，敢于和善于行使权利，是我国宪法实施所亟须解决的问题。

为了掌握公民在宪法权利知识方面的情况，有学者曾经组织过相关调查③，对有关选举权和被选举权、基本权利与非基本权利以及基本权利变迁方面的知识等进行过问卷调查。调查的题目和选项如下：

题一：我国公民享有选举权和被选举权的法定年龄是：

1. 16 周岁；2. 18 周岁；3. 21 周岁；4. 23 周岁；5. 不知道。

题二：下列权利中，哪个是宪法规定的基本权利？

1. 著作权；2. 债权；3. 平等权；4. 专利权；5. 不知道。

题三："人格尊严不受侵犯"是哪一年写入我国宪法的？

1. 1954 年；2. 1975 年；3. 1978 年；4. 1982 年；5. 不知道。

---

① 上官丕亮："关于中国宪法意识的调查报告"，载《苏州大学学报特刊·东吴法学》，2003 年号。

② 韩大元："宪法实施与中国社会治理模式化的转型"，载《中国法学》，2012 年第 4 期。

③ 相关数据、调查结果参见韩大元、王德志："中国公民宪法意识调查报告"，载《政法论坛（中国政法大学学报）》，2002 年第 6 期。

答题的统计结果如下表：

公民宪法权利知识答对率统计表　　　　　　（％）

题号	对	错	不知道
题一	86	5	5
题二	81	6	10
题三	27	36	36

选举权和被选举权是公民的一项基本的政治权利，也是国家权力合法性的基础和源泉。调查的对象是年满 18 周岁以上的成年公民，他们中的多数应该亲自参加过选举活动，行使过选举权或被选举权。使人无法理解的是，仍然有一些被调查者答错或表示不知道。平等既是公民的一项宪法权利，也是我国立法、执法和司法的基本原则，在现行宪法中被置于基本权利的首位。法律地位的平等，是人们从事政治、经济和其他社会活动的前提和条件。统计数据表明，一部分被调查者不理解宪法中的"基本权利"和"非基本权利"的含义，不清楚平等权在我国宪法权利体系中的地位和价值。在"文化大革命"的十年浩劫中，随意打人、抄家、揪斗、游街等行为肆意横行，严重侵犯了公民的人格尊严和人身安全。在现行宪法的起草过程中，立宪者们吸取了"文化大革命"的惨痛教训，把人格尊严不受侵犯写入宪法，体现了对人类价值的尊重和保护。本题的正确率仅为 27%，远低于上面的两题，表明大多数被调查者不了解"人格尊严不受侵犯"入宪的历史，缺乏宪法权利变迁方面的基础知识。

2007 年，在现行宪法颁布实施 25 周年之际，在韩大元教授的主持下，有关人员再次对公民宪法意识进行了调查。然而，时隔 5 年之后，中国的法律体系已趋于初步完善，法治建设也逐渐步入正轨，与此相应，公民的宪法权利意识是否真的有了很大变化呢？调查结果显示，76% 的民众认为民法是与生活联系最密切的法律，选择宪法的仅有 10%。民法是调整平等主体之间的财产关系和人身关系的法律，直接关系到民众生活的方方面面，因此绝大多数被调查者认为民法与其生活联系最为密切，远远超过其他部分法律，也高于宪法。在有些民众的心目中，宪法普遍被认为是高高在上的，可望而不可即的，与日常生活更是相隔甚远，正是因为宪法与日常生活的遥不可及造成了公民宪法意识的淡薄。①

卢梭说过："一切法律之中最重要的法律既不是铭刻在大理石上，也不是铭刻在铜表上，而是铭刻在公民们的内心里，它形成了国家的真正的宪法。"② 宪法要成为真正的最重要的法律，唯有在公民内心里构筑起强烈的宪法意识和宪法信仰。公民宪法意识的淡薄与宪法自身的功能定位不无关系。"宪法被认为是政治法，人们更多是把宪法当作政治文件、政治纲领来对待，而不是把宪法当作法律。内容上有大量时尚化、政策化的条文；作用上也只是把宪法当作政治工具来使用，当为了某种政治需要时，才会想起'运用'宪法。"③ 诚如蔡定剑教授所言，"宪法在我国被定位于总章程，只是具有宣传性和象征性的东西"④。然而，宪法首先应该是法，是一种被称之为"人权保障书"，并且能切实用来捍卫公民人权的"圣经"。在我国，由于长期以来这种宪法泛政治化观念的支配，导致宪法定位的偏差和宪法的被"虚化"。宪法被定位于政治法、总章程，致使大部分的社会公民认为宪法与他们无关，因为他们认为知道具体章程并照具体章程办事就行了，总章程并不和他们发生直接关系。伴随宪法被"虚化"的是我国宪法的非讼化特征。也就是说，在我国宪法不能被公民直接引用为自己权利的保护提起上诉或申诉，使公民的基本权利从纸面变为现实，获得彻底的救济和司法保障。法律的生命在于诉讼，这是一项基本的法律规则，如果一部法律仅仅停留在对公民的宣示层面，而不能与公民的社会生活息息相关，为他们的自身权利保护发挥作用，那么这部法律对于大部分社会主体而言就是形同虚设的。公民自然也不可能对这部法律产生相应的法律情感和意识。"除非人们觉得，那是他们的法律，否则，他们就不会尊重法律。"⑤ 保障人权是宪法的核心价值，公民只有通过对宪法价值的感受与认同，也就是说公民必须经过宪法司法实践的体验，才

---

① 韩大元、秦强："社会转型中的公民宪法意识及其变迁"，载《河南政法管理干部学院学报》，2008 年第 1 期。

② ［法］卢梭：《社会契约论》，何兆武译，商务印书馆 1997 年版，第 73 页。

③ 陶波："论中国公民宪法意识生成的阻却性因素"，载《理论观察》，2007 年第 3 期。

④ 蔡定剑："关于什么是宪法"，载《中外法学》，2002 年第 1 期。

⑤ ［英］培根：《论司法》，载《培根论说文集》，水同天译，商务印书馆 1983 年版，第 193 页。

能将宪法知识变为自己固有的东西，变为法律评价，进而内化为宪法意识。而我国公民恰恰缺乏宪法诉讼实践环节，从而也就阻却了大部分社会主体宪法意识的生成。

此外，公民宪法权利意识的缺失与其契约理念的淡漠不无关系。作为人们在社会交往过程中因合意所形成的默契和约定，契约的形成离不开契约主体双方法律地位的平等和意志的自由以及双方权利义务的等价。国家的建立、宪法的制定以及人们日常生活中场景的展开，契约在其间始终扮演着一个十分重要的角色。从契约的起源来看，契约理念是"初民"之间为超越"自然状态"、获得公民意义上的自由和平等而彼此缔结契约时所恪守的基本精神，包括自由、平等、理性和人本主义等。① 宪法的实施离不开契约理念的支撑，因为契约理念和宪政的某些基本精神是一脉相承、共存共荣的。在宪法实施的过程中，自由、平等、理性和人权保障不仅是其必要条件，同时也是其孜孜以求的美好愿望。但是，在我们的日常生活中，自由尤其是思想自由、平等意识、理性情怀和以人为本的精神似乎并不多见，特别是在一个历史上曾经长期盛行专制统治、等级特权、革命激情和草菅人命，现实中拜物教大行其道的国度。我们的法律特别是宪法更倾向于统一思想和主义，特权意识、官本位情结仍是我们潜意识中挥之不去的梦魇，革命的激情常常冲撞我们的理性底线，人权保障虽已经被载入宪法，但从纸面宣言到真正深入人心显然还有不小的距离。契约理念的淡漠，一方面，不利于人们宪法权利意识的生成；另一方面，也会侵蚀宪法权利实施的心智基础，从而增加宪法权利实施的社会成本。

二　规范层面：宪法文本的缺陷

宪法文本的缺陷主要指的是权利规则在宪法上的缺位或者宪法权利规范本身有欠缺。"在基本权利的保护方面，我国宪法自身也存在某些缺陷或不足。"② 第一，宪法尚未对当今时代新的权利保护要求作出回应，没有把迁徙自由、罢工自由等反映市场经济要求、维护职工的权利

---

① 参见王岩："契约理念：历史和现实的反思——兼论全球化时代的契约文明"，载《哲学研究》，2004 年第 4 期。

② 韩大元、王德志："中国公民宪法意识调查报告"，载《政法论坛（中国政法大学学报）》，2002 年第 6 期。

和自由纳入保护之列。第二，宪法对"基本权利"的表述，存在逻辑结构不完善的问题，只是对基本权利进行简单的列举，而没有进一步规定"基本权利"的界限和保护措施，使宪法权利条款的适用缺乏可操作性。对此，湖南行政学院刘丹教授曾组织有关人员于 2003 年至 2004 年上半年，对湖南省领导干部的宪法意识进行了一次范围广泛的问卷调查，"在分析我国宪法不具有真正权威的原因时，列为首位的是'缺乏对违宪责任的规定和违宪的司法审查'，达到了 65.7%；其次为'内容过于原则抽象，不具操作性'，为 32.6%"①。宪法权利规范不是作为一种具体的权利形态而存在，更多是一种立法原则、行政原则与司法原则在发挥作用。所以，"当宪法权利规范表现为一种具体的权利规范形式时，其自身的结构并不完整，只有确认条款而没有保障和限制条款。如对公民财产权、言论、出版、集会、结社、游行示威的自由，人身自由、住宅不受侵犯，受教育等权利的规定，就不同程度地存在着规范结构要素欠缺的问题"②。

（一）部分权利：宪法有规定，但不完善

1. 选举权的不对等。宪法对公民的选举权有明确规定，但在现实国情下，农民的平等选举权未予以明确。《宪法》第 34 条规定：中华人民共和国年满十八周岁的公民，不分民族、种族、性别、职业、家庭出身、宗教信仰、教育程度、财产状况、居住期限，都有选举权和被选举权。依此规定，农民理应享有选举权。但农民拥有选举权，与在多大程度上能行使选举权，却有很大差别。因为宪法并未明确规定农民的平等选举权问题，也由此产生了相关立法对农民的代表权与城市居民代表权的差别规定。如 1979 年《选举法》对农村与城市每一代表所代表的人口数作了不同规定，即自治州、县为 4 : 1，省、自治区为 5 : 1，全国为 8 : 1，这个比例延续到 1995 年，《选举法》第三次修正统一将各级人民代表选举中的农村与城市每一代表所代表的人口数之比规定为 4 : 1。安排各级人民代表名额时，农村社区人民代表的人数仅及居民人数相当的城镇社区人民代表

---

① 刘丹："领导干部宪法意识问卷调查与实证分析"，载《国家行政学院学报》，2004 年第 5 期。

② 陆平辉：《宪法权利诉讼研究》，知识产权出版社 2008 年版，第 344 页。

的 1/4。换句话说，四个农民的选票只相当于一个城镇居民的选票。显然，与城市居民相比，农民参与国家政治生活的权利是不平等的，"选举法按不同人口比例配置选举权的做法在实质上排除了农民单个个体的独立法性，无形中剥夺了具体的单个个体公民的宪法权利"[①]。这种不平等实质上是一种违宪的立法行为，"即使在立法上，我国现行宪法也保障绝大部分公民享有平等的权利，如果选举法的内容违反了这一规定，便有违宪之嫌"[②]。

令人欣喜的是，2010 年 3 月 14 日，十一届全国人大三次会议以赞成 2747 票、反对 108 票、弃权 47 票通过了《选举法修正案》。此次《选举法》修改最大的亮点在于确立了"城乡按相同人口比例选举人大代表"原则，将《选举法》第 16 条修改为：全国人民代表大会代表名额，由全国人民代表大会常务委员会根据各省、自治区、直辖市的人口数，按照每一代表所代表的城乡人口数相同的原则，以及保证各地区、各民族、各方面都有适当数量代表的要求进行分配。我们有理由相信，农民的参政权因此会得到很大程度的保障，然而由于历史、现实以及农民自身等多方面的因素，农民参政权的真正实现将不是一蹴而就的，而是一个长期的发展过程。现实中有些情况是，"农村来的人大代表，基本都是'农民精英'，他们已经不是纯粹的农民，要么是乡村干部，要么是乡镇企业的负责人。农民无法选出真正的利益代言人。这种代表性的缺乏，严重影响了广大普通农民参与社会事务的能力，他们无法对自身利益进行充分表达和有效控制"[③]。有学者指出："选举法的修改体现了国家在实现农民选举权平等保护上的努力，但若仅仅提出立法上的形式平等，则农民与城市居民在社会资源的竞争中是无法处于同一起点的，仍然可能造成事实上的不平等。"[④]

[①]　朱全宝：《法治视野："三农"问题的调查与思考》，吉林人民出版社 2011 年版，第 286 页。

[②]　许崇德：《宪法》，中国人民大学出版社 2002 年版，第 157 页。

[③]　夏雨："中国农村政治民主现状：基于农民选举权的考察"，载《大连海事大学学报（社会科学版）》，2011 年第 4 期。

[④]　龚向和、左权："论农民宪法权利平等保护目标——实质平等"，载《河北法学》，2010 年第 8 期。

2. 农村土地产权的不明确。《宪法》第 10 条规定：农村和城市郊区的土地，除由法律规定属于国家所有的以外，属于集体所有；宅基地和自留地、自留山，也属于集体所有。但在民法理论下，农村集体既不是法人，也不是非法人单位，那么，就农村集体土地所有而言，其究竟是一种什么样的所有性质，农村集体土地所有中的"集体"如何界定，① 它是一个什么样的权利主体，其与集体内部成员之间的权利义务关系如何，等等，这些问题都不明确。同时，由于农村体制的变更，农村集体经济组织的缺位，使得集体土地所有权的行使主体虚置。另外，农村土地承包经营制度的推行使得农民实际享有了对土地的占有、使用、收益等权利，但作为所有权核心内容的处分权却受到严格的限制。实际上，农民享有的这部分土地权利及其他产权还会受到来自政府及其他势力的种种剥夺和侵犯，如有些地区征地不征求农民意见，补偿标准农民无权商谈，补偿金不到位，失地农民生活得不到保障。长期以来中国农村土地征收立法中存在的问题就是：宪法作为根本大法，对征地补偿应依据何种原则进行，规定并不明确；补偿标准极不合理；补偿收益主体不明确；补偿截留现象严重；补偿方式单一，安置责任不明确；补偿程序不完善，缺乏司法救济。② 对此，温家宝强调："土地承包经营权、宅基地使用权、集体收益分配权等，是法律赋予农民的财产权利，无论他们是否还需要以此作基本保障，也无论他们是留在农村还是进入城镇，任何人都无权剥夺。推进集体土地征收制度改革，关键在于保障农民的土地财产权，分配好土地非农化和城镇化产生的增值收益。"③

（二）个别权利：宪法应予确认，却未规定

迁徙自由既是一项基本人权，也是一项重要的宪法权利；迁徙自由不

---

① 关于集体土地所有权的法律性质，法学界有三种观点：其一，认为集体土地所有权是一种由"集体经济组织"享有的单独所有权；其二，认为我国的集体土地所有权是一种新型的所有权，集体成员对集体土地享有占有、使用和收益权，并且依照平等、自愿原则来行使对集体土地的所有权；其三，认为集体所有权是"个人化与法人化的契合"，集体财产（土地）应为集体组织法人所有，而集体组织成员对集体财产享有股份权。参见杨立新主编：《民商法理论争议问题——用益物权》，中国人民大学出版社 2007 年版，第 252—253 页。

② 吴行政："中国农村土地征收补偿法律问题研究"，载张千帆主编：《新农村建设的制度保障》，法律出版社 2007 年版，第 69 页。

③ 温家宝："中国农业和农村的发展道路"，载《求是》，2012 年第 2 期。

仅彰显了人类的共同心声，也受到了立宪国家的普遍关照。"迁徙自由权是一项基本人权，是公民的一项重要宪法权利，这已经得到国际社会的普遍认同。对人权的保障是宪法产生的一个重要原因，也是现代宪法的一个发展趋势。"① 迁徙自由权是公民的一项"应有权利"。应有权利是人之所以为人而应当享有的权利，是与生俱来的、自然具有的权利，是人价值的集中体现。正如19世纪法国著名思想家皮埃尔·勒鲁指出的那样："人的任何生活方式都包含着与其他人和整个利益的一定的相对性。人的整个一生就是一系列的行动；即使人只在思想，他也在行动，那么用什么词来表达人的表现的权利，也是他生存的权利？这个抽象的词，就是自由，就是有权行动。"② 因此，应有权利是法定权利的价值基础和来源，它存在于社会生活中，存在于人与人的关系中，它的存在是客观的，并随着经济文化生活的变化而不断拓展。迁徙自由权是农民的一项应有人权，"其实，迁徙自由是一项十分重要的基本人权"③。"迁徙自由已不仅是一个国内法的问题，更成为国际社会所关注的一项基本人权，并被载入许多重要的国际人权文件，从而使之在法律上得到了更为广泛而坚强的保障。"④新中国成立初期，我国第一部宪法曾规定，"中华人民共和国公民有居住和迁徙的自由"。但20世纪50年代以来，基于推行以农补工政策等多方面的考虑，国家实行严格的户籍制度，禁止农民向城市迁居及异地流动，严格限制农民由农业户口转为非农业户口。改革开放以来，国家在一定程度上放松了对农民进城就业和迁居城市的限制，但是二元体制下的户籍制度没有得到根本改变。户籍制度成了限制农民自由迁徙、把农民固定在土地上的桎梏。而宪法上的"权利缺位"则有意或无意中充当了这种城乡二元体制的"帮凶"或"同谋"。

从实践层面看，因迁徙自由权的宪法规定的缺失以及相关保障制度的缺位而产生的问题日益突出，形势较为严峻。首先，建立和完善社会主义市场经济体制既是我国的经济目标，也是国家战略。市场经济要获得进一

---

① 杨海坤主编：《宪法基本权利新论》，北京大学出版社2004年版，第100页。

② ［法］皮埃尔·勒鲁：《论平等》，王允道译，商务印书馆1988年版，第91页。

③ 张英洪：《给农民以宪法关怀》，中央编译出版社2010年版，第91页。

④ 苗连营、杨会永："权利空间的拓展——农民迁徙自由的宪法学分析"，载《法制与社会发展》，2006年第1期。

步发展和完善，迫切需要自由流动的劳动力市场与之相适应。对此，徐显明教授认为，"当劳动力是有计划地安排的时候，迁徙自由是无意义的，而当劳动力是由市场配置的时候，迁徙自由就是必须的。无迁徙自由，即等于无劳动力市场"①。不仅如此，迁徙自由权的宪法与法律上的缺位在一定程度上也导致了现行"户改"因缺乏法制上的总体支持而一直在"浅层次"、"低效率"层面徘徊。"所有这些改革，都或多或少设置了某些限定条件：要不有一定的资产；要不在一个城市居住了几年，有正当的工作；要不拿土地换户口，等等。之所以有此限制，根本原因在于，法律对这种社会流动的趋势和人们彻底要求放开户籍、迁徙自由的呼声，'岿然不动'。"② 毕竟，"前提必须首先在宪法上明确公民有迁徙自由。只有这样，才能使我们的改革具备宪法和法律上的依据"③。其次，随着民主法治进程的加快，公民的权利意识不断提升，权利诉求不断增长，中央深入推进政治体制改革的号角已经吹响，在这样一个大背景下，迁徙自由权的法律缺位和保障缺失实际上已成为民主政治发展的"绊脚石"。美国政治经济学家熊彼特的论断或许能带我们一些启示，"民主政治并不意味也不能意味人民真正在统治。就'人民'和'统治'两词的任何明显意义而言，民主政治意思只能是：人民有接受或拒绝将要来统治他们的人的机会"④。迁徙自由的意义即在于，"当公民在一个地方感到自由和权利受压抑与威胁时，或者不满意于当地的治理者，并且没有办法用手投票影响决策时，就应该允许他以迁出该区域的行动来表达自己的不满，并通过迁徙来选择自己满意的政府"⑤。迁徙自由为农民提供了自由选择的机会，农民可以"用脚投票"来选择更好的治理者，追求更有利、更公平的生存条件和发展环境。此外，人为控制农民在城乡之间自由流动，限制"农民市民化"，将导致市民社会的萎缩。而市民社会正是民主政治的力量和

---

① 徐显明："应以宪法固定化的十种权利"，载《南方周末》，2002 年 3 月 14 日。

② 邓聿文："恢复迁徙自由迫不及待"，载财经网：http://www.caijing.com.cn/2010 - 11 - 24/110574765.html，2011 年 10 月 20 日访问。

③ 殷啸虎：《感悟宪政》，北京大学出版社 2006 年版，第 223 页。

④ [美] 约瑟夫·熊彼特：《资本主义、社会主义与民主》，吴良健译，商务印书馆 1999 年版，第 363—364 页。

⑤ 苗连营、杨会永："权利空间的拓展——农民迁徙自由的宪法学分析"，载《法制与社会发展》，2006 年第 1 期。

源泉。"实现真正的民主政治的发展，必须形成一个市民社会，市民社会是民主政治发展的基础和动力。"① 再次，随着城市化进程的加快，人口流动已成为新世纪新时期一股不可阻挡的时代潮流。"未来的后人对于 21世纪最鲜明的记忆，除了气候变化造成的影响之外，大概是人口最终阶段的大迁徙，彻底从乡间的农业生活移入城市"，"在多元文化与全球化的无谓争论背后，乡下移民正以实际行动突围进入世界各地的都市。"② 党的十八大后，中央更是旗帜鲜明地提出推进新型城镇化战略，由国家发改委牵头，财政部、国土资源部、住建部等十多个部委参与编制的《全国促进城镇化健康发展规划（2011—2020 年）》将涉及全国 20 多个城市群、180 多个地级以上城市和 1 万多个城镇的建设。新一轮城镇化建设必将加速人口流动和公民迁徙。从这个意义上说，执意维持或满足于现有的法律框架，对迁徙自由的种种限制抑或法律"默认"既非明智之举，也非现实所需。这种人为的人口流动限制和落后的户籍管理制度在一定程度上成为了城乡贫富加剧、工农感情割裂、社会矛盾突出的"罪魁祸首"③。最后，迁徙自由权的宪法确认与保障是世界宪政文明与进步的显著特征。早在 20 世纪，马尔赛文等宪法学者就以 20 世纪 70 年代中期为分界线，对世界各国制定的 157 部成文宪法有过统计，结果表明："在公民个人自由中规定迁徙自由的有 87 部，占被统计宪法的 57%；而在 20 世纪 70 年代中期以后制定的近 60 部宪法中，明文规定公民迁徙自由的有 49 部，占被统计宪法的 91%。"④ 1948 年的《世界人权宣言》和 1966 年的《公民权利和政治权利国际公约》将迁徙自由规定为公民的一项基本人权。如《公民权利和政治权利国际公约》第 12 条规定，合法处于一国领土内的每一个人在该领土内有权享受迁徙自由和选择住所的自由。我国政府已于1998 年 10 月 5 日签署这一公约，中央领导人也在多个场合明确表态，将

---

① 尹晓红："社会转型时期公民迁徙权的宪法保障"，载《湖北民族学院学报（哲学社会科学版）》，2003 年第 2 期。

② ［加拿大］道格·桑德斯：《落脚城市：最后的人类大迁移与我们的未来》，陈信宏译，上海译文出版社，第 328 页。

③ 参见孙来冰："论'迁徙自由权'应当重新入宪"，载《中共福建省委党校学报》，2004年第 6 期。

④ 韩大元、胡锦光主编：《宪法教学参考书》，中国人民大学出版社 2003 年版，第 398 页。

尽快批准该公约在国内生效。① 但 15 年的时间过去了，如果"迁徙自由"仍然不能取得我国立法上的实际性进展，履行国际义务、信守国际允诺的大国形象必将受到减损。"国际条约必须信守是一条古老的国际法则，信守自己的国际允诺也是我国在国际上彰显大国形象之表现。"② 此外，我国香港、澳门特别行政区的法律都规定了公民的迁徙自由，恢复迁徙自由的"入宪"，不仅有利于香港、澳门特别行政区与内地的经济文化交流，也有利于中国各区际法律的协调。

　　宪法文本的缺陷对宪法权利实施带来的负面影响还表现在：宪法权利实施主体的"种类繁多"所导致的宪法权利实施职责的"模糊不清"。这里就行政法实践中宪法权利实施主体初步归纳如下表：

我国宪法权利实施救济一览表③

侵害权利的行为或规范	救济机关	处理理由
法律	全国人民代表大会	不适当
行政法规	全国人大常委会	同宪法、法律相抵触
地方性法规	全国人大常委会	同宪法、法律和行政法规相抵触
	省、自治区、直辖市的人民代表大会	不适当

---

① 自 2004 年至 2005 年的一年多时间里，中央先后有三位国家领导人对此表态。2004 年 1 月，胡锦涛在法国国民议会大厅发表演讲时表示，一旦条件成熟，中国政府将向全国人大提交批准该公约的建议；2004 年 5 月，温家宝访欧期间表示，中国致力于尽快批准《公民权利和政治权利国际公约》；2005 年 9 月，罗干在第 22 届世界法律大会上表示，中国政府正在积极研究《公民权利和政治权利国际公约》涉及的重大问题，一旦条件成熟就将履行批准公约的法律程序。参见"高层称尽快批准《公民权利和政治权利国际公约》"，载网易：http://news.163.com/05/0922/11/1U8I4UC60001124L.html，2009 年 10 月 9 日访问。

② 邓剑光：《法治、宪政与人权保障》，知识产权出版社 2009 年版，第 276 页。

③ 表格可参见魏建新：《宪法实施的行政法路径研究》，知识产权出版社 2009 年版，第 224—225 页。笔者根据规范性文件的法位阶略作调整。

侵害权利的行为或规范		救济机关	处理理由
行政规章	部门规章	国务院	不适当
	省级地方规章	国务院	不适当
		地方人大常委会	不适当
	非省级地方规章	国务院	不适当
		地方人大常委会	不适当
		省、自治区的人民政府	不适当
行政规范性文件	国务院的规范性文件	全国人大常委会	同宪法、法律相抵触
	中央部门的规范性文件	国务院	不适当
	地方政府的行政规范性文件	本级人民代表大会	不适当
		本级人大常委会	不适当
		上级人民政府	不适当
	地方其他行政规范性文件	本级人民政府	不适当
行政具体决定	国务院的具体决定	全国人大常委会	同宪法、法律相抵触
	中央部门的具体决定	国务院	不适当
	地方政府的具体决定	本级人民代表大会	不适当
		本级人大常委会	不适当
		上级人民政府	不适当
	地方其他行政具体决定	本级人民政府	不适当

　　从宪法规定来看，全国人大及其常委会对宪法实施进行监督，但行使违宪审查的法定主体并不仅限于最高权力机关，国务院、地方权力机关及地方各级人民政府亦享有一定程度上的审查权。这些规定使我国宪法权利实施主体的范围广泛，导致宪法权利实施的职责归属模糊，由于缺乏严密的实施程序实践中难以操作，形成了"谁都可以实施，谁都不实施"的局面。我国至今并没有建立起专业性的、经常性的、司法性的宪法权利实施机关或违宪审查机关。国务院、地方国家权力机关及地方各级人民政府虽有一定程度上的违宪审查权，但难以发挥宪法权利实施救济的职能。因为，无论是国务院还是地方国家权力机关、地方各级人民政府都没有宪法

解释权。能对宪法解释是违宪审查权行使的基本前提，没有宪法解释权就无法审查规范性文件是否侵害了宪法权利。

宪法文本的缺陷与我国制宪、修宪的指导思想亦有很大关联。卡多佐说过，"一部宪法所宣告的或应当宣告的规则并不是为了正在消逝的片刻，而是为了不断延展的未来"①。从宪法文本来看，我国过去在确定宪法权利规范内容时缺乏必要的前瞻性，宪法条款的纲领性、倡导性与政策性表述过多，政治伦理色彩较为浓厚，法律属性稀薄，"纲领性语言过多，使得宪法与其调整对象——具体的社会生活脱节，缺乏可操作性；倡导性语言过多，使得宪法的强制性大打折扣，缺乏权威性；政策性语言过多，使得宪法与时俱变，摇摆不定，缺乏稳定性。这些都使得宪法的实施难以在实践中展开，从而导致宪法沦为徒具法律之表的政治宣言和道德说教"②。应该说宪法文本的这种政治影响仍然存在，宪法修改的政策驱动因素仍然明显，这种影响有待于整个政治体制改革和民主法治建设的消解，更需要时间的力量去冲淡。

三　机制层面：宪法保障的缺位

宪法权利保障，是宪法权利由法定权利向实有权利转化的制度保证。宪法不仅宣告公民权利，而且要对公民权利和自由提供切实有效的保护。评价一个国家的民主法治状况，不仅要看其宪法宣告了多少权利，更重要的是看这些宪法权利和自由能否落实，当公民的宪法权利受到侵犯时，能否得到及时有效的救济。围绕宪法权利保护，由韩大元教授组织的学术团队还调查了如下两个问题：

题一：您对各级国家机关保护公民基本权利和自由的情况是否满意？

1. 满意；2. 比较满意；3. 不太满意；4. 不满意；5. 不知道。

题二：如果您的基本权利受到他人的侵犯，您认为找哪个机关保护是最有效的？

1. 人大常委会；2. 人民政府；3. 人民法院；4. 人民检察院；5. 不知道。

---

① ［美］卡多佐：《司法过程的性质》，苏力译，商务印书馆 1998 年版，第 51 页。

② 胡正昌：《宪法文本与实现：宪法实施问题研究》，中国政法大学出版社 2009 年版，第131 页。

题一中调查了公民对于我国宪法权利保护的总体感受和评价，统计结果是：表示"满意"的占7%，"比较满意"的占27%；表示"不太满意"的占29%，"不满意"的占26%；另有6%的被调查者表示"不知道"[①]。被调查者的态度基本上反映了我国宪法权利的保障状况。现行宪法实施20年来，我国在宪法权利保护，特别是经济、社会和文化权利的保护方面取得的进展是有目共睹的。党和政府对于保障基本人权的意义的认识不断深入，宪法的人权原则对于立法、执法和司法工作的指导作用也不断加强，人权保障机制在不断完善之中。但是，从总体上看，我国对于宪法权利的保障水平与宪政的精神之间还有不小的差距，从工作作风和工作重点看，人权原则在国家机关的工作中还没有占据主导地位，我国的立法、执法和司法工作仍缺少人权保障的蕴含。由于人权保障机制不健全，宪法权利保障几乎成为权利保障中的真空地带，对宪法权利的司法救济问题仍然没有从制度上加以解决。在日常生活中，侵犯宪法权利的行为得不到有效的制止和纠正，已经成为司空见惯的现象。随着公民权利意识的觉醒，对宪法权利保护提出了愈来愈高的要求，我国在宪法权利保障方面存在的问题将会越来越突出。健全对于宪法权利的保障机制，加大对宪法权利的保障力度，已经刻不容缓。

题二中试图了解公民对于国家机关的宪法权利保障功能和保护效果的认识，统计结果是：认为"人大常委"能够提供最有效保护的只有3%，选择"人民政府"的有9%，认为"人民法院"的保护最有效的占75%，选择"人民检察院"的占4%，表示"不知道"的占9%。[②] 其实，我国的各级、各类国家机关都肩负着保护宪法权利的职责，在日常工作中贯彻人权原则是宪法的要求，只是它们保护宪法权利的方式略有不同。人大常委会作为国家权力机关的组成部分，对宪法权利的保护主要是"事前保护"，即通过制定具有普遍约束力的规范，把宪法中的原则性条款具体化和法律化。但是，人大常委会对于宪法权利也可以发挥"事后保护"的功能。它可以受理公民的权利申诉并作出相应的处理建议，对于严重侵犯

---

① 问题设计与统计数据参见韩大元、王德志："中国公民宪法意识调查报告"，载《政法论坛（中国政法大学学报）》，2002年第6期。

② 同上。

宪法权利的事件，可以行使国家调查权，可以举行会议并通过相应的决定或决议，可以行使对其他国家机关的监督权，对它们的宪法权利保护工作进行监督和检查。统计数据表明，在保护宪法权利的机关中，人大常委会的得分最低，说明人们对于权力机关的人权保护功能缺少认识，更说明权力机关在宪法权利保护方面没有发挥应有的作用。我们看到，权利保护很少成为人大会议的议题，人大对于其处理建议的执行也缺乏硬性的监督机制。在各项权力中，行政权对宪法权利的影响最为直接，权力行使得当可以对宪法权利提供切实的保护，权力行使不当，对宪法权利的侵害也会最为严重。人民政府可以通过制定行政法规、规章、决议或决定的方式，贯彻落实宪法权利，也可以通过受理权利申诉、处理行政复议的方式，实现对宪法权利的事后保护。我国的行政管理工作应当淡化传统的"管制"色彩，进一步融入"维权"的理念，才能在宪法权利保护方面取得进步。人民法院对于宪法权利的保护属于事后保护，并且，法院是权利保护的最后一道防线。各种权利纠纷最终要由法院来处理，对权利的保护大多要依赖法院的裁决。这是75%的被调查者选择人民法院的主要原因。但是，从目前的司法现状看，法院对宪法权利的保护仍然受到一些不利因素的限制。尤其是法院工作中的司法腐败和司法不公，损害了法院的权威和形象，削弱了它的权利保护作用。在被调查者中，有9%表示不知道哪个国家机关能够对自己的宪法权利提供最有效的保障，说明人们对国家机关维权工作的不满，更说明法院作为保护权利的主要机关，其地位和作用没有得到人们的普遍认可。从制度方面看，法院对宪法权利的保护仍然采用间接的方式，宪法的条款还不能成为法院判案的直接依据，使得那些没有被普通法律具体化的宪法权利失去了司法保障。最高人民法院针对"齐玉苓案"所作的"8·13"批复，试图推动法院对于宪法的直接适用，但是，宪法诉讼的建立在思想上和体制上仍存在很大的阻力。要使法院在宪法权利保护方面真正发挥"最后屏障"的作用，就必须推进司法改革，加强惩治司法腐败的措施和力度，提高法官的宪法意识水平，坚定建立我国宪法诉讼制度的信念和决心。

另外，我们也可以从宪法修改方面的问卷调查中洞悉宪法保障机制的缺陷。

如果我国今后再次修改宪法，您认为最需要完善的是哪部分内容？

（择三并排序）

　　1. 人大制度；2. 政党制度；3. 经济制度；4. 选举制度；5. 基层群众自治制度；6. 基本权利保护；7. 宪法监督制度；8. 精神文明建设；9. 司法制度；10. 其他。

　　第一：_____；　第二：_____；　第三：_____。

　　统计结果如下表：

对宪法修改的排序意见统计表①　　　　　　　　（％）

内容	第一位	第二位	第三位
人大制度	11	5	4
政党制度	15	10	6
经济制度	12	6	7
选举制度	13	15	11
基层群众自治制度	4	7	8
基本权利保护	7	10	15
宪法监督制度	18	16	13
精神文明建设	2	4	10
司法制度	10	15	17

　　把三位合并统计，被调查者认为最需要完善的内容依次为：宪法监督制度（47%）、司法制度（42%）、选举制度（39%）、基本权利保护（32%）、政党制度（31%）等。从上面的统计数据可以看出，被调查者的意见比较分散，没有形成集中、一致的认识。从客观上讲，提供的选项也大多存在继续完善的问题。在宪法监督制度方面，我国宪法只是规定了行使宪法监督权的机关，对监督对象、监督方式、监督程序等问题均未作规定，因此，没有建立起相应的制度。我国的《立法法》在完善宪法监督机制方面有所进步，但是，法律的合宪性依然是宪法监督中的空白，宪法监督的启动权只赋予了国家机关而没有赋予公民、法人和社会组织。在实践中，宪法监督机关也没有行使过宪法监督权，没有审查和处理过违宪

――――――

　　① 表格数据来源于韩大元、王德志："中国公民宪法意识调查报告"，载《政法论坛（中国政法大学学报）》，2002 年第 6 期。

案件。为了加强我国的宪法监督活动，有些学者建议设立宪法委员会或宪法法院之类的专门监督机关。这类监督机关的设立有可能涉及现行权力体制的调整，必要时通过修改宪法的方式才能设立。

2007 年，在现行宪法颁布实施 25 周年之际，韩大元教授再次组织相关人员开展宪法意识调查，其中一个问题是：您觉得我国宪法在公民的具体权利保护方面有没有作用？（　　　）

A. 根本不起作用　　　B. 基本不起作用　　　C. 作用不大

D. 作用很大　　　　　E. 不清楚

调查结果显示，我国大多数公民对于宪法的权利保障功能持一种不乐观的态度，有 5% 的公民认为根本不起作用，14% 的公民认为基本不起作用，51% 的公民认为作用不大，认为作用很大的约有 19%。宪法是权利之法，宪法中规定的权利即使不能完全转化为现实权利，但是规范意义上的价值彰显作用也会对立法权、行政权和司法权的行使产生积极的影响，因此，"要说对于公民权利保护一点作用没有，是对宪法中权利条款的价值理解有偏差。但是 51% 的公民认为宪法对权利保护的作用不大，却真实反映了当前宪法在公民权利保障和权利救济方面的制度缺失"[1]。

以上是实证调查，调查数据在一定程度上佐证了我们的论题。从制度层面来看，宪法权利实施保障机制的缺位突出表现在以下方面：

一是宪法权利诉讼的缺失。从现行制度看，我国还不存在宪法诉讼，具体表现在："①没有行使宪法审判权的宪法审判机关；②宪法不能作为法院裁判案件的依据；③宪法权利在立法者通过法律具体化以前，不能作为当事人直接主张权利的依据。"[2] 宪法权利诉讼机制的缺乏给当事人带来了"有权利无救济"的尴尬，也给我国宪法监督造成了"宪法监督不力"的困境。我国受大陆法系影响深远，法院作为司法机关，无权解释宪法和法律，"在大陆法系国家，由于分权理论的极端化导致了对法院和法官解释法律这一作用的根本否定，而要求法院把有关法律解释的问题都交给立法机关加以解决，然后由立法机关提供权威性的解释，用以指导审

---

① 韩大元、秦强："社会转型中的公民宪法意识及其变迁"，载《河南政法管理干部学院学报》，2008 年第 1 期。

② 陆平辉：《宪法权利诉讼研究》，知识产权出版社 2008 年版，第 341 页。

判实践。通过这种方式，来纠正法律的固有缺陷，杜绝法院立法并防止司法专横对国家安全造成的影响"①。但是，立法型的法律解释又是行不通的，正如马克思所言，"法律是普遍的，应当根据法律来确定的案件是个别的，要把个别的现象归结为普遍的现象，就需要判断。判断是件棘手的事情，要执行法律就需要法官。如果法律可以自行运用，那么法院也就是多余的了。法官除了法律就没有别的上司，法官有义务在把法律运用于个别事件时，根据他在认真考察后的理解来解释法律。独立的法官既不属于我，也不属于政府"②。

尽管我国《立法法》第90条规定了公民向全国人大常委会对违宪规范（包括侵害其宪法权利的规范）提出审查建议的权利，但这不是诉讼中的起诉权利。公民有建议权，但对于违宪审查的建议如何提出、如何受理、如何审理、如何处理以及上述环节的时间要求都没有明确规定，在实践中造成了建议权华而不实。审查建议权不等于诉权，因为诉权直接对应的是判决权，建议后没有审查机关的审查处理回应就是很自然的。"《立法法》第90条授权公民、企事业组织和国家机构，可以向全国人大常委会书面提出进行违宪审查的要求。但该条可操作性不强，因为没有明确究竟是由全国人大常委会的哪个部门具体负责受理、审查，而且没有直接就宪法救济途径作出明确的规定，主要从保障宪法秩序的角度，只对法律、行政法规、地方性法规，以及其他规范性文件的合宪性的监督和审查问题作出了规定，而没有从为公民宪法权利提供宪法救济的角度进行规定。"③也有研究者认为，"《宪法》和《立法法》的规定，都是从违宪审查的角度规定，而不是从为公民提供宪法救济的角度规定的"④。从权利救济角度看，我国不存在宪法诉讼层面的宪法权利诉讼救济制度，只存在法律层面的特定权利的诉讼救济制度。也就是说，现行宪法权利保障制度的重心在于那些能够被具体化或已经被具体化的宪法权利，"而那些未被具体化的宪法权利则仍处于法律原则阶段，不能进入司法程序中，当这些权利受

① 范进学："宪法价值共识与宪法实施"，载《法学论坛》，2013年第1期。
② 《马克思恩格斯全集》（第1卷），人民出版社1995年版，第180—181页。
③ 胡锦光：《从宪法事例看我国宪法救济制度的完善》，载《法学家》，2003年第3期。
④ 马存利："宪法平等权司法适用研究"，吉林大学博士学位论文，2005年。

到侵害时，只能寻求非法律方式的救济"①。

二是违宪审查机制的阙如。一方面，违宪审查机制的缺乏使得宪法权利只能依赖普通立法进行解释和保障，使宪法无法纠正违宪侵权行为，也使宪法无法面对因立法延迟造成的宪法权利被虚置的问题。② 同时，也增加了普通法律对宪法权利这种"成长中的权利"的立法负担和立法难度，也谈不上去控制违宪侵权行为。而另一方面，转型时期，我国社会产生了各式各样的侵犯公民权利的现象，既有来自一般社会主体对公民普通法律权利的分割，也有来自国家机关及其成员对公民宪法权利的分割。如违宪立法侵害公民平等权；违宪行政侵犯公民人格尊严和人身自由；枉法裁判损害当事人的宪法权益等。

我国现行宪政框架下，立法机关进行宪法监督的制度实质上排除了法律的违宪及其审查，因而可以说是一种不完全的宪法保障制度。在立法机关的审查制度下，法律的合宪性，主要是通过立法机关对法律的立、改、废来保证的。在我国国家权力机关的立法和监督中，实际上也是将法律违宪的可能性排除在外的。全国人大及其常委会监督宪法的实施，实际上只对行政法规、地方性法规等规范性文件进行合宪性审查，并不包括全国人大及其常委会制定的法律。在当今世界的宪法保障制度的发展与完善中，法律的合宪性已成为宪法保障的一项重要内容。我国现行宪法也明确规定：一切法律、行政法规和地方性法规都不得与宪法相抵触。因此，法律违宪的可能性及其补救措施，理当成为完善我国法律监督制度的一项重要内容。我国大量的立法工作是由全国人大及其常委会承担的，而由其来裁决自己通过的法律违反宪法，显然是不可能的，也是不现实的。"全国人大及其常委会作为最高国家权力机关，其主要职能是制定法律，并不负责法律的具体适用与执行，在没有其他外界因素推动的情况下，它自身不可能主动发现并裁决违宪案件。"③ 然而，法律就不存在侵犯公民宪法权利

---

① 陆平辉：《宪法权利诉讼研究》，知识产权出版社 2008 年版，第 344 页。

② 据学者的统计，我国宪法规定的 18 项基本权利只有当中 9 种权利有具体的法律保障，其余 9 种则仍停留在字面上，无法成为可实践的权利。参见"齐玉苓案：学者的回应"，载《法制日报》，2001 年 9 月 6 日。

③ 胡肖华："从行政诉讼到宪法诉讼——中国法治建设的瓶颈之治"，载《中国法学》，2007 年第 1 期。

的可能吗？任何法律都不需要违宪审查吗？对此，张千帆教授有过精辟的论述，"基本权利可能受到法律侵犯，还是有必要通过宪法加以保护。某些权利是如此基本，因而不应受到公权力的侵犯，即使是以多数人通过法律的方式。虽然法律也可能保障个人的权利，但是这种保障取决于多数人的意愿，因而并不可靠；尤其是在多数人的利益和个人基本权利发生冲突的情况下，多数人可能通过侵犯基本权利的法律，产生'多数人的暴政'"。因此，"和普通法律对权利的保护不同，宪法规定权利的目的是为了保障人的基本权利不受法律的侵犯"①。法律同样应在违宪审查的范围之列。当然，如果承认法律也在违宪审查的范围之列，继续维持全国人大及其常委会审查法律的体制，岂不有违"自己不能做自己的法官"之最基本法治原则，关于这一点，更多的是学者们基于现实国情所作出的一个权宜方案，"在最高权力机关内部设立宪法委员会来实现宪法监督，可能多是出于现实可行性的考虑，是不得已而为之的方案，不一定真正认同这种模式的合理性"②。显然，这种方案即便得到制度的认可，也不会是永久性的，在条件成熟的时候一定会得到修正。于此，本书第五章将作论述。

三是宪法实施程序的缺陷。宪法诉讼、违宪审查等宪法权利实施保障机制的建立，说到底还得通过程序机制发挥效用。"宪法有无实效，是宪法能否实施的问题，其实也就是宪法有无程序的问题。"③ 我国对宪法权利实施的违宪审查不具操作性的关键问题是程序问题。"当那些单从宪法文本来看范围极广的公民的基本权利受到立法和行政部门的侵犯时，因为宪法不仅没有为公民主张基本权利规定可行的救济手段，也没有规定可以操作的程序。"④ 缺乏规范的、严密的、约束性的违宪审查程序，我国的宪法只是笼统地将监督宪法实施的权力交给了全国人大及其常委会，却回避了涉及宪法的具体适用和违宪审查的具体程序方面的制度设计，诚如贺卫方教授所言，"常挂在人们嘴边的根本大法实际上却是法官们根本不需要了解的大法，是任何案件都根本不会适用的大法。另一方面，当发生某

---

① 张千帆：《宪政原理》，法律出版社 2011 年版，第 281—282 页。
② 马岭：《宪法原理解读》，山东人民出版社 2007 年版，第 439 页。
③ 孙笑侠：《程序的法理》，商务印书馆 2005 年版，第 189 页。
④ 朱福惠："公民基本权利宪法保护观解"，载《中国法学》，2002 年第 6 期。

些跟宪法有关的纠葛时，我们只是希望通过立法机构出面释宪。可是，这样的程序是否合理，法制统一是否能够通过立法机构释宪的途径而获得，如何避免宪法解释的泛政治化，这些重大问题却极少得到关注和仔细的讨论。制度建设上的这种粗枝大叶势必妨碍宪政事业的发展，也会使得我们宪法所规定的依法治国原则沦为一句空话"①。作为立法机关的全国人大及其常委会有着一套规范的立法程序，而没有规范的违宪审查程序。宪法文本中没有专门的违宪审查程序规定，《立法法》、《法规规章备案条例》等对立法的备案和批准程序作了比较详细的规定，而对立法涉及违宪问题时，第90条和第91条对审查程序只作了原则性的规定，这种规定比较简单，没有相应的具体程序和可行标准，可操作性差。目前我国的违宪审查仍然套用立法程序，并没有违宪审查的专门程序，在整个审查程序中没有辩论，审查过程不公开，只赋予公民以违宪审查的建议权。但如果仅仅是建议，无受理程序、无审查程序、无处理程序、无回应程序，公民的违宪审查建议权还很难说有多少意义。有学者不无感叹，"自立法实施迄今，已8年多，据我所知，依据《立法法》第90条第2款向全国人大常委会提出法规违宪（也包括违反法律）的审查建议者，不计其数，但它确立的法规违宪审查程序，却不曾真正运作过哪怕一次；即便'孙志刚案'促使成功废除了收容审查制度，但在此过程中，该条确立的审查程序也不曾启动过"②。因此，如果违宪审查中缺乏了对违宪审查主体的约束性程序，违宪审查实际上是难以有效进行的，因为违宪审查只是有关国家机关可以去审查也可以不去审查的事情。

总之，我国现有的宪法权利实施方面存在诸多问题，而"如果我们敢于正视宪法监督的现状，并决心走向法治的话，就应该有勇气承认，我国现行的宪法监督模式是不可行的"③。宪法权利规范没有在宪法——最高法的层面实践，没有建立对违宪侵权行为进行审查的制度，没有完全意义上的宪法实施。"在我国这样一个国家主义传统土壤深厚的国家里，宪

① 贺卫方："生机盎然的宪法——任东来等《美国宪政历程》读书一得"，载《社会科学论坛》，2005年第2期。
② 翟小波：《论我国宪法的实施制度》，中国法制出版社2009年版，第70页。
③ 李树忠、王炜："论宪法监督的司法化"，龚祥瑞主编：《宪政的理想与现实》，中国人事出版社1995年版，第216页。

法权利的理性基础还可以帮助我们培育警惕公共权力的法治意识。此外，宪法权利依赖司法救济这一事实使我们看到落实纸上宪法为实在权利的艰巨性，及我国存在的制度差距。弥合这一差距非一日之功，需聚理论与实践之合力。既需知，又需行；更重要的是，知，然后行。"① 因此，在权力秩序优于权利保护的价值取向的传统宪法理念下，不仅在理论上更要在制度上完善宪法权利救济实施机制来促进公民权利的保护。

---

① 郑贤君："试论宪法权利"，载《厦门大学法律评论》，厦门大学出版社 2002 年版，第 4 辑。

第五章　我国宪法权利实施的保障机制：以迁徙自由权为例

本书第三章以立法机关、行政机关和司法机关等国家义务主体所负的保障迁徙自由权之义务为基本框架，从尊重义务、保护义务和给付义务等构成要素的国家义务体系予以展开，以此明确，确立国家义务体系是迁徙自由权保障的基本原则和价值指向。在这一基本框架的指引下，笔者认为，为了迁徙自由权的具体实现，需要对迁徙自由权保障的发展趋势进行分析与总结，再结合中国的实际情况，探索中国公民迁徙自由权保障的基本路径，最后建构有利于迁徙自由权实现的保障机制。

第一节　迁徙自由权保障的发展趋势

迁徙自由权的渊源最早可以追溯到十二三世纪西欧的农奴解放运动时期。文艺复兴为迁徙自由作为一项权利做了思想上的准备，农奴解放运动则成为西方国家逐步实现迁徙自由权的基本条件。之后，迁徙自由权逐步取得了多数国家的宪法确认和制度保障。1215 年英国《自由大宪章》开辟了人类历史上迁徙自由权的宪法保障的源头，迄今迁徙自由作为公民的一项重要的宪法权利，已经走过了 800 年的历程，从迁徙自由权的发展与保障来看，呈现出三种基本趋势：一是从一元保障到三元保障；二是从政治保障到司法保障；三是从国内保障到国际保障。当然，需要说明的是，这里的"从一元保障到三元保障"并非原来作为一元的宪法保障已经被三元的公、私与社会法保障所取代，或者说宪法保障已不再重要，而是更加关注宪法架构下的全面保障方式在实现公民迁徙自由权的价值，或者说三元保障机制的作用越发凸显。基于一种全球化、整体化和宏观化的背景，本节将对迁徙自由权的保障趋势进行梳理。

一　从一元保障到三元保障

从法律结构的发展看，历经了从公法的一元法律结构，到公法、私法的二元法律结构，再到公法、私法和社会法的三元法律结构的演进。迁徙自由权最早由公法（首要也即最主要是宪法）保障，发展至公法、私法二元保障，至今，迁徙自由权保障已经不再局限于宪法保障的"一枝独秀"，而发展至包括公法、私法与社会法在内的三元保障体系。

通过对国外迁徙自由权宪法保障的考察，不难发现：建立迁徙自由权的宪法保障是立宪国家的基本模式，也是首要和通常的做法。在中世纪的欧洲，一元法律结构即是将个人及其权利都归结于"身份"。身份决定一切，使权利成为少数统治者的权利，权利作为特权而存在。人类在步入文明时代之后，人与人之间的不平等和与之伴随的身份特权、财产特权和精神，在进入资本主义时期后，一元法律结构不仅得以维持，国家的权力甚至更加深入地渗透到经济领域，这与重商主义的经济政策的推行密切相关。19世纪，资本主义进入自由资本主义阶段，市场经济有了初步发展，对劳动力的自由流动产生了强烈的需求。资本主义的进一步发展也要求摆脱一切束缚和限制，实现充分的自由竞争。市民社会的崛起，或者说市民社会在现实中相对独立于政治国家的状况，是近代资本主义的产物。[①]1804年法国颁布第一部资产阶级的法国民法典，该法典基于个人主义思想和自由平等的观念，是近代民法典的典范。它将时代的精神转化成法律的语言，其核心为所有权的决定化、契约自由以及过失责任三项原则。从此，近代公法、私法二元化的界限越来越明显。

然而，随着资本主义的极端发展，法国民法典想象中的个人平等的状况已经土崩瓦解。资本主义社会固有的各种矛盾进一步尖锐化，由工业革命所带来的各种问题日益严重，圈地运动后的英国出现了大量农民向城市聚集，他们中很多人成了城市的贫困阶层或流浪者，美国同样出现了这些情况，大量农村贫困人员往富庶的州进行迁徙，给当地政府带来了很多麻烦。这些问题的出现，使得资本主义国家不得不关注农民迁徙自由权的综

[①]　董保华等：《社会法原论》，中国政法大学出版社2001年版，第28页。

合保障问题，于是，欧美国家出台了一系列法律，包括济贫法令、社会保障法、社会福利系统等。之后，劳工法、教育法、社会保障法等社会立法不断制定出来，以"社会"为本位，逐步形成以社会权为核心，调控法为形式的立法体系。随着社会法的产生，三元法律结构得以形成。①

我国由于宪法层面上的迁徙自由权尚未确立，宪法保障机制在某种程度上也就无从谈起。但这并不等于我国在迁徙自由权保障方面无所作为或"无动于衷"。从中国农民的流迁历程来看，国家主要以行政干预的方式对迁徙自由权进行直接或间接的限制。也就是说行政法方式在限制公民迁徙自由方面起了主导作用。但是，随着社会主义市场经济体制的确立和人权条款的"入宪"，公民的迁徙自由权问题得到了各个方面的重视和关注。国家层面以保障公民基本人权为核心的涉及广大农民工权益的制度保障正在形成，地方政府也出台了以户籍制度改革为突破口的一系列保障农民工平等权益的政策和措施。尽管这些改革还不够深入，这些政策还不够给力，这些制度还不能满足民众的期待，但不容否认的是：从中央到地方，对公民迁徙自由权的重视正在展开，对迁徙自由权的保障（尽管这种保障举措由于缺乏宪法层面的顶层建构，不免有些脆弱，但毕竟是发生在我们身边的实在之举）已有所行动。

为在一定程度上关照农民工的迁徙自由权，自 1984 年至今，30 年的时间里国家先后出台了 46 个有关户籍制度改革、"农民市民化"的规范性文件。比如：与户籍制度改革相关的 16 个规范性文件是：《关于一九八四年农村工作的通知》（1984 年 1 月）、《关于农民进入集镇落户问题的通知》（1984 年 10 月）、《关于城镇暂住人口管理的暂行规定》（1985 年 7 月）、《中华人民共和国居民身份证条例》（1985 年 9 月）、《关于严格控制民工外出的紧急通知》（1989 年 3 月）、《关于严格控制"农转非"过快增长的通知》（1989 年 10 月）、《关于劝止农民工盲目去广东的通知》（1991 年 2 月）、《关于实行当地有效城镇居民户口制度的通知》（1992 年 8 月）、《农村劳动力跨省流动就业管理暂行规定》（1994 年 11 月）、《租赁房屋治安管理规定》（1995 年 3 月）、《中央社会治安综合治理委员会关于加强流动人口管理工作的意见》（1995 年 9 月）、《关于小

---

① 董保华等：《社会法原论》，中国政法大学出版社 2001 年版，第 35 页。

城镇户籍管理制度改革试点方案》、《关于完善农村户籍管理制度的意见》（1997 年 6 月）、《关于进一步做好组织民工有序流动的通知》（1997 年 11 月）、《关于解决当前户口管理工作中几个突出问题意见的通知》（1998 年 7 月）、《关于促进小城镇健康发展的若干意见》（2000 年 6 月）。

　　与有关"促进农民市民化"的 30 项政策法规是：《关于全面清理整顿外出或外来务工人员收费的通知》（2001 年 10 月）、《关于做好农户承包地使用权流转工作的通知》（2001 年 12 月）、《关于做好农民进城务工就业管理和服务工作的通知》（2003 年 1 月）、《工作保险条例》（2003 年 4 月）、《2003—2010 年全国农民工培训规划》（2003 年 9 月）、《关于进一步做好进城务工就业农民子女义务教育工作意见的通知》（2003 年 9 月）、《关于完善社会主义市场经济体制若干问题的决议》（2003 年 10 月）、《关于切实解决建设领域拖欠工程款问题的通知》（2003 年 11 月）、《城市生活无着的流浪乞讨人员救助管理办法》（2003 年 6 月）、《居民身份证法》（2003 年 6 月）、《城市生活无着的流浪乞讨人员救助管理办法》（2003 年 8 月）、《关于将农民工管理等有关经费纳入财政支出范围有关问题的通知》（2003 年 12 月）、《关于促进农民增收若干政策的意见》（2004 年 2 月）、《关于推进混合制所有制企业和非公有制经济组织从业人员参加医疗保险的意见》（2004 年 5 月）、《关于农民工参加工伤保险有关问题的通知》（2004 年 6 月）、《关于进一步加强农村工作提高农业综合生产能力若干政策的意见》（2004 年 12 月）、《关于废止〈农村劳动力跨省流动就业管理暂行规定〉及有关配套文件的通知》（2005 年 3 月）、《关于推进社会主义新农村建设的若干意见》（2005 年 12 月）、《关于解决农民工问题的若干意见》（2006 年 3 月）、《中共中央国务院关于全面加强人口和计划生育工作统筹解决人口问题的决定》（2006 年 12 月）、《关于积极发展现代农业扎实推进社会主义新农村建设的若干意见》（2007 年 1 月）、《关于印发国务院农民工工作联席会议 2007 年工作要点的通知》（2007 年 4 月）、《关于切实加强农业基础建设进一步促进农业发展农民增收的若干意见》（2007 年 12 月）、《促进农业稳定发展持续增收的若干意见》（2008 年 12 月）、《医药卫生体制改革近期重点实施方案（2009—2011 年）》（2009 年 3 月）、《关于转发人力资源社会保障部、财政部城镇企业职工养老保险关系转移接续暂行办法的通知》（2009 年 12 月）、《关

于加大统筹城乡力度，进一步夯实农业农村发展基础的若干意见》（2009
年 12 月）、《关于 2010 年深化经济体制改革重点工作的意见》（2010 年 5
月）、《关于做好住房保障规划编制的通知》（2010 年 6 月）、《国务院办
公厅转发教育部等部门关于做好进城务工人员随迁子女接受义务教育后在
当地参加升学考试工作意见的通知》（2012 年 12 月 30 日）。

行文至此，国家的这些举措已经传递给我们一个明确的信息：我国对
迁徙自由的保障（如果说放开对迁徙自由权的限制也是一种保障的话）
更多的是一种行政法意义上的保障。它们主要以政府为主导力量，以行政
法规、规章或规范性文件形式出现。而行政法即属公法行列，从这个意义
上说，一元法律保障仍是我国迁徙自由权保障的主要特征，只不过就当下
中国而言，"一元"实指"行政一元"而非"宪法一元"。

承上述，当前对迁徙自由权的保障仍是以行政法保障为主导，但我们
仍然不能否认：对迁徙自由限制的放开已经逐步转向了相关保障制度的变
革与建构，尤其是顶层制度设计的需求愈发清晰。比如深层次户籍制度改
革、农民工的社会保障权、平等就业权等，牵涉的是全国人大及其常委会
的立法行为，不再是制度方面的"小修小补"，不再是行政机关所唱的
"独角戏"。这在一定程度上彰显了我国迁徙自由权的保障朝多元方向发
展的迹象。同时，我们也可以从马克思主义的经典理论中得到解释。马克
思认为，经济基础决定上层建筑，计划经济时代，国家与社会实际是重合
的，个人利益被抽象于国家利益之中，因此，这一时期，我国的"公法
一元化"必然是"行政一元化"。国家需要严格控制劳动力的自由流动，
实行统购统销，牢牢地将农民捆绑在土地上。而后，我国在经济方针上经
历了"计划为主、市场为辅"的转变，到了 1993 年，《宪法修正案》第
15 条明确规定：国家实行社会主义市场经济。国家加强经济立法，完善
宏观调控，至此，市场经济的宪法地位正式确立。国家与社会、个人开始
分离，一元法律结构逐步式微，三元法律结构开始形成。1992 年的《工
会法》、1994 的《劳动法》以及 2008 年实施的《劳动合同法》等都是强
化三元法律结构的明证。

二　从政治保障到司法保障

从迁徙自由权发展的早期历史可知，在价值取向上，各国多出于政治

层面的考量；从保障方式上，以政治保障为主。也就是说，国家对迁徙自由权的保障，更多的是一种"政治义务"或"道德义务"。因为迁徙自由彰显的是人的一种本性，关涉的是人的一种生存需要，是一种基本人权。既然是人权，其道德意涵也就十分明显。我们从西方国家对迁往城市的贫困农民的救济即可看出，国家的这种"人道援助"一方面是一种道德义务使然，是保障公民基本生存权的体现；另一方面，英美国家的实践也表明：对迁徙自由权的保障也有相当程度的政治层面的考量。英国是最先发展市场经济的国家，圈地运动后，大量农民失去土地，只好到城市求生存。来自农村的贫困流浪者日益增多，他们有的甚至加入了盗窃、抢劫、谋杀等犯罪分子的行列。到了 16 世纪，农村贫困人口的流浪已经成为整个欧洲的一大问题。如英国 1531 年制定的《乞丐和流浪者处罚法》前言即指出："在本王国的各个地方，流浪者和乞丐长期以来都在增长着，且每天都以巨大的数量增长，他们的闲置是所有恶习的根源。"[①] 基于维护社会秩序与政治安定的考虑，英国开始对流浪人员进行管制，并于 1601年出台了济贫法令，确定了地方责任、定居、遣送等原则。之后，通过《定居法》对工人的迁徙进行了限制，后来因为企业招工困难而影响国家的发展，又对迁徙自由进行放开。早期英国在对待公民迁徙自由问题上的一系列变化都说明：政治层面的考量是必须的，也是占主导的。美国早期的政策跟英国类似，对流浪者也进行过管制，但后来随着市场经济的发展，美国人口迁徙越来越频繁，尤其是黑人贫困人口向城市的迁徙更是形成了一股迁徙大潮。基于种族融合和国家秩序的考虑，美国宪法通过正当程序条款和平等条款导出了迁徙自由权，进而通过宪法判例形式建立起对公民迁徙自由权的保障。

随着资本主义国家对传统自由主义的反思，社会法治国原则得以兴起，人权受到普遍重视。各国从传统意义上仰赖行政的力量，转而强调司法对立法的制衡。于是，现代国家普遍设立违宪审查机制，即建立起宪法权利的司法保障。违宪审查制度是迁徙自由权保障的重要发展成果，诚如我国台湾学者林子仪所言："为了要使人民基本权利得到真正保障，宪法

---

① 转引自张千帆："从管制到自由：论美国贫困人口迁徙权的宪法演变"，载《北大法律评论》，2005 年第 6 卷第 2 辑。

尚必须设有一套制度可以确保政府的组织及权力的行使会遵守宪法的规范，并保证宪法保障人民权利的目的能真正落实。这个制度不是司法违宪审查制度。"① 从世界各国宪政实践看，美国是普通法院审查模式，德国是一种宪法法院审查模式，法国是宪法委员会审查模式。通过违宪审查，对侵害迁徙自由权的行为进行了纠正。

　　1969 年的"夏皮罗诉汤普森案"，这一案例中最高法院裁定一项关于需要连续居住一年方可享受福利援助的规定违反了平等保护。另外还有1974 年的"纪念医院诉马里科帕县案"，穷人需连续居住满一年后方可获得公共医疗补助的规定被裁定违反平等保护。1972 年的"邓恩诉布卢施泰因案"，要求连续居住一年方有选举权的规定被裁定违反平等保护。② 最高法院对于某些对州际迁徙施加限制的规定予以严格审查，由此确立了州际迁徙自由的宪法性保障。同时，《美国宪法》第 14 条修正案对穷人的迁徙自由也给予了特别保护，"一方面，最高法院从第 14 条修正案的正当程序条款中'读'出了迁徙自由，禁止各地直接惩罚流浪的法律法规；另一方面，最高法院从该平等保护条款中引申出新居民获得社会福利的权利，禁止各地通过限制新居民的福利权来间接限制穷人的迁徙权"③。至此，不难得出：美国违宪审查机制有力地保障了公民的迁徙自由权。

　　反视迁徙自由权在我国的发展历程，无论是"限制"还是"放开"，有关公民迁徙自由的相关举措总是蕴含着一定的政治考量，无论是中央层面还是地方层面，均是如此，本书第三章相关部分已经作过分析，这里不赘述。其实，"政治考量"可以从我们耳濡目染的一个词语中导出，这即是"政策"。最近几年，国家出台了一系列有关农民工权益保障的政策和制度。这些政策的背后，既是国家对农民工问题的深层分析与权衡，也是对国家秩序稳定与政治安定团结局面的期盼。换句话说，大量农民迁徙的事实存在、农民工问题的凸显，这种形势与局势使得国家不得不考虑农民的迁徙自由权保障问题。此政治保障仍然是当下中国公民迁徙自由权保障

---

① 转引自李念祖：《司法者的宪法》，五南图书出版有限公司 2000 年版，第 2 页。

② ［美］杰罗姆·巴伦、托马斯·迪恩斯：《美国宪法概念》，中国社会科学出版社 1995 年版，第 52 页。

③ 张千帆："从管制到自由：论美国贫困人口迁徙权的宪法演变"，载《北大法律评论》，2005 年第 2 辑，第 590—591 页。

的一个重要特征。

　　然而，迁徙自由权的司法保障既有必要，也属必然。首先从理论上看，如前述及，迁徙自由权的"客观规范"功能已经扩张到立法、行政和司法机关，经由宪法上的迁徙自由权条款对立法、行政和司法机关发生约束。无疑，司法机关应承担保护义务。迁徙自由权的客观规范功能表明，司法机关负有组织与程序保障义务，应提供合理、公正、符合正义的程序保障。迁徙自由权的主观权利与客观规范的"再主观化"都要求司法机关履行保护义务。其次从形势上看，迁徙自由权的侵害主体亦趋向多元化，已不再局限于传统意义上的国家，适时启动迁徙自由权的司法保障亦很有必要。就我国实际情况而言，随着城市进程的加快，大量农民进城务工，势必给城市居民的就业带来较大冲击，"农村劳动力向城市迁移的障碍之一，来自于城市居民和地方政府对外来劳动力的忧虑：担心外来劳动力造成对城市劳动力市场岗位的竞争，担心城市社会治安的恶化等等"①。不仅如此，按照迁徙自由权实质内涵的要求，这些进城务工的农民不仅打工、生活在城市，而且最终要与城市居民享受同等的待遇和权利。这在一定程度上会引起"权利蛋糕"的重新分配，有制度层面的，也有实践层面的，因此，城市居民势必对此会有所担忧、有所抱怨，甚至会用一种实际行动的"反抗"来表达对农民的排斥。此为其一。其二，随着公共治理的兴起，公共权力出现"多中心化"，一些社会组织、团体承担了部分公共权力。也正因为公共权力的介入，原本平衡的私人关系变得力量悬殊，无法为传统的私法关系所吸收，因此必须纳入公法的规制范围。而中国的城市政府，作为地方一级的行政机关，理论上应归属于国家层面，正所谓"各级国家行政机关"，但正如前述，地方政府在对待迁徙自由权的态度上，其考虑的角度并非一定与国家层面（比如中央政府）相一致，地方政府很可能基于"城市病"的担忧以及城市居民的抵触甚至"反抗"而从政策、制度与实践上对农民的迁徙自由权加以限制和侵害。虽然这种情况下并不发生原理②意义上的宪法"第三人效力"问题，

---

　　①　蔡昉、都阳："迁移的双重动因及其政策含义"，载李培林主编：《农民工：中国进城农民工的经济分析》，社会科学文献出版社 2003 年版，第 39 页。
　　②　从原理上看，宪法上的"第三人效力"适用于私人间关系中，即私人主体之间的基本权侵害，而不是传统的国家与人民之间关系问题，这已经成为国内外学者的普遍共识。

但基于"小政府、大社会"背景下的政府体制改革的深入，原本由政府承担的一些行政职能或公共权力已经或正在移交给一些社会组织或团体，这种情形下此类社会组织或团体所发生的迁徙自由权侵害，理应纳入宪法的私法效力范围。其三，随着经济体制改革的不断深入，民营经济异军突起，一些私营企业获得了快速成长，对外来民工的需求日益增多。一些处于优势地位的企业对弱势的农民工的权力侵害已不是什么新鲜事，所谓"近几十年来，则认为基本权利除对抗违法权力之侵害外，尚可对抗社会上的经济优势集团，以保护弱者"①。比如，私人企业替城镇职工交"五险"，却将农民工排除在"五险"之外，或者在缴费比例上对城镇职工给予倾斜。这些都构成了对农民工的权利歧视，也间接侵害了农民的迁徙自由权。基于这些考虑，司法保障于中国公民迁徙自由权的保障意义不可小视，而且也是公民迁徙自由权保障的一个发展趋势。

三　从国内保障到国际保障

如前述及，迁徙自由权含义本身即有狭义与广义之分，狭义的迁徙自由一般指一国境内的迁徙自由，而广义的迁徙自由即自由离开本国、移居他国的权利以及返回本国的权利。简而言之，广义之迁徙自由即为移居他国的自由与返回本国的自由。一个公民从其本国领土迁往他国，其牵涉的显然不只是国内法的问题，国际法的介入成了一种必然。但在人类迁徙的早期，由于交通不发达、信息又闭塞、语言也有障碍，人们的迁徙自由受到很大程度的主客观条件制约，加之各国均有边境条约的严格限制，跨国迁徙显得异常艰难。这个时候国内迁徙几乎成了迁徙自由权的主要内容。十八九世纪欧洲一些国家的宪法即有此特征。有的国家宪法只明确规定国内的迁徙自由权，如1874年《瑞士宪法》第45条规定："凡瑞士公民均可以在本国的任何地方定居。凡瑞士公民均一律不得被驱逐出境。"有的国家宪法没有明确公民的国外迁徙自由权问题。如欧洲大陆最早的一部成文宪法——1791年法国宪法，该宪法第一篇第二款即规定："宪法也同样保障下列的自然权利和公民权利：各人有行、止和迁徙的自由，除非按照宪法所规定的手续，不得遭受逮捕和拘留。"显然，1791年法国宪法并未

---

①　法治斌、董保成：《宪法新论》，元照出版公司2005年版，第161页。

规定公民有移居他国及返回本国的迁徙自由，即"广义上之迁徙自由"。有的国家宪法虽无迁徙自由权的明文规定，但法院判例却给予了一国境内的迁徙自由权保障。如1789年美国宪法虽未明确规定公民的迁徙自由权，但联邦最高法院从宪法中的"正当程序条款"和"平等保护条款"导出了公民的迁徙自由权，并通过判例形式确立了公民迁徙自由权的宪法保障，但从美国最高法院的判例来看，主要仍是针对美国公民在其国内的迁徙自由权问题，基本不牵涉移居他国或返回本国的情况。

　　到了20世纪，随着经济全球化和文化多元化的发展，不同国家、不同民族、不同种族的人员往来日益频繁。一方面，经济全球化下劳动力的国际自由流动对迁徙自由的国际保障产生了迫切需要；另一方面，基于全球化背景下的政治体系的开放和全球法律思维的形成也为实现迁徙自由权的国际保障创造了条件。正如有学者所言："全球法律思维是开放的政治体系面对全球公共问题而作出法律回应的产物，它一旦形成，便反过来对各个民族国家的法律发展产生深刻的影响。其中最重要的影响表现在各个民族国家的发展必须承认、维护和促进世界政治体系的共同价值标准，比如法治、公正、人权等等。这就要求各个民族国家必须把自己的宪政制度发展纳入全球化的轨道中。"① 迁徙自由权作为一项人权，即世界各国的一项共同的价值标准，理应纳入世界宪政的共同发展之中。因此，处于20世纪的许多国家宪法都明确规定了迁徙自由权的国际保障。如1919年德国《魏玛宪法》第112条规定："德国人民有移住国外之权。此项移住，唯联邦法律得限制之。"《西班牙宪法》第19条规定："西班牙人有权在本国领土内自由选择住所和迁徙。同样有权依法律规定之条文自由出入西班牙。该权利不得因政治或意识形态之原因而受到限制。"《葡萄牙宪法》第44条规定："任何人移居国外和出入国境的权利受到保障。"1993年《俄罗斯宪法》第27条规定："每个合法居住在俄罗斯联邦境内的人都享有自由迁移、选择停留和居住地的权利。每个人都享有自由离开俄罗斯联邦的权利。俄罗斯联邦公民享有自由返回俄罗斯联邦的权利。"

　　不仅如此，迁徙自由权的国际保障还体现在国际人权文献和区域性的人权公约对迁徙自由权的确认。如1948年《世界人权宣言》第13条规

---

① 潘伟杰："全球化、主权国家与宪政秩序"，载《华东政法学院学报》，2004年第1期。

定："人人在其各国境内有权自由迁徙和居住；人人有权离开任何国家，包括其本国在内，并有权返回他的国家。"联合国大会 1966 年通过的《公民权利与政治权利国际公约》第 12 条规定：1. 合法处在一国领土的每一个人在该领土内有权享受迁徙自由和选择住所的自由。2. 人人有自由离开任何国家，包括其本国在内。3. 上述权利，除法律所规定并为保护国家安全、公共秩序、公共卫生或道德或他人的权利和自由所必需且与本盟约所承认的其他权利不抵触的限制外，应不受任何限制。4. 任何人进入其本国的权利，不得任意加以剥夺。第 13 条规定：合法处在本公约缔约国领土内的外侨，只有按照依法作出的决定才可以被驱逐出境，并且除非在国家安全的紧迫原因另有要求的情况下，应准予提出反对驱逐出境的理由和使他的案件得到合格当局或由合格当局特别指定的一人或数人的复审并为此目的请人作代表。区域性国际人权条约对迁徙自由权利也有规定。从某些方面来看，区域性国际人权条约中的相关规定较全球性国际人权条约的规定，就其内容和对缔约国的要求更为具体和严格。1961 年《欧洲社会宪章》第一编规定："任一缔约国的国民享有在任一其他缔约国境内与后者之国民平等地从事赢利职业之权利；作为缔约国国民的迁徙工人及其家庭享有在另一缔约国境内获得保护和协助之权利。"《美洲人权公约》第 22 条也规定："合法地处在一缔约国领土内的每一个人，有权按照法律的规定在该国领土内迁移和居住；人人都有权自由地离开任何国家，包括他自己的国家在内；任何人都不得从他国籍所属的国家的领土内被驱逐出去，或者剥夺他的进入该国的权利。"

需要指出的是，基于迁徙自由权的国际保障，处于一国境内的外国人迁徙自由权的保障问题自然无法回避，这既是国际人权文献的规定，也是各国基于人道主义考量或国家间的互惠协议的必然选择。因此，无论是从迁徙自由权的内涵考察，还是基于世界各国的宪政实践，国际保障已经成为迁徙自由权保障的一大趋势，我国在未来的迁徙自由权"入宪"以及专门立法中对此应有所体现，这既是适应全球化背景下的法律发展[①]的需要，也是迁徙自由权作为基本人权所具有的一种普适性和国际化的重要体现。

---

① 潘伟杰、王岩："全球化进程与中国法律发展的价值选择"，载《社会科学》，2002 年第 9 期。

第二节　中国迁徙自由权保障的路径选择

迁徙自由权保障的发展趋势表明：宪法保障是迁徙自由权保障的通行做法，但随着私法与社会法的日益兴起，三元法律结构的保障趋势已经形成；政治保障在各国迁徙自由权保障方面发挥过重要功能，但司法机关的作用日益凸显，迁徙自由权的司法保障愈发重要；迁徙自由权的国内保障是迁徙自由权保障的基本内涵，但国际保障已经成为立宪国家迁徙自由权保障的共同需要。应该说，迁徙自由权保障的发展趋势为我国迁徙自由权保障提供了具有前瞻性的指引和参考。结合我国的实际情况，并基于前文对农民身份与迁徙自由权关联的分析，笔者拟提出中国公民迁徙自由权保障的路径选择。

一　恢复"入宪"是前提

谈及迁徙自由权，宪法的确认仍然是我们无法回避的一个前提问题。

1. 从内涵层面看，第一，迁徙自由首先是一种体现行为人主观意愿的行动自由。首先，从主观意愿看，它是指行为人能自主决定自身的移动，而不受非法限制，即对应英语中的 freedom of movement。在英美法的两部重要的法律辞典中，《牛津法律大辞典》（The Oxford Companion to Law）将自由解释为："不受约束，控制或限制"，"国家或团体应当把每一个理智健全的人当作自由人，让其按照自由的利益进行思维和行动，按自由的方式发展自身的能力，行使和享受作为这种发展之条件的其他各项权利。"《布莱克法律辞典》（Black's Law Dictionary）则解释为："免于外来的控制，免于所有除由法律正当施加以外的约束"，"是免于任意专断的约束，而非对由团体共同利益施加的合理规章和禁令的免除。"自由的本义是不受限制、不受约束。迁徙自由是迁徙者主动的、自发的迁徙，而不是被动的、强制性的迁徙，是符合迁徙者的意愿、迁徙者希望发生的迁徙。是否迁徙、往何处迁徙是迁徙者不受外界强迫而自主决定的，是迁徙者的一种自由。"就迁徙自由本身，这一定是一种出自人自身的，不受任何外界强制或安排的一种行为。任何的受到外界强制或安排的迁徙活动，一定不是迁徙自由。"① 从这个意义上说，"迁徙"与"移民"是不同的，现在的移民更多是在政府主导下实施的，而迁徙自由强调主体的主动和自愿。其次，从行动自由看，迁徙自由意味着一个人可以在任何时间从任何地方出发，移动到异地进行学习、工作、生活等这一系列过程所享有的自由。这一行动过程的自由既是迁徙自由的形式要件，也是迁徙自由的成立前提和基础。一句话，没有行动自由，就不可能有迁徙自由。这是国内不少学者（包括我国台湾学者陈慈阳②等）将迁徙自由视为行动自由的原理所在。也正是从这个层面出发，现在不少人认为中国大量农民进城务工所形成的"民工潮"已经充分体现了农民的迁徙自由权，或者说尽管宪法并未确认公民的迁徙自由权，但实际中国农民已经享有了此项权利。

第二，迁徙自由的本质要求是权利的同等对待。即迁徙者能得到与迁入地居民同等的权利，包括政治、经济、文化、社会等诸方面的权利。"迁徙自由还包括对异地迁居而来的居民，地方政府（在联邦制国家指各州政府）不能对其歧视或实行差别待遇。"③ 如在美国著名的"夏皮罗诉汤普森"④ 一案中，联邦最高法院在判例中承认美国公民有移居任何一州并享受与移居州公民同等待遇的权利。若不能得到与迁入地居民之同等待遇，在迁入地是二等公民，遭遇歧视，或以资金、技术等为条件换取平等待遇，这是给予特定人的有条件的迁徙，而不是真正的迁徙自由⑤。张千

---

① 张永和：《权利的由来——人类迁徙自由的研究报告》，中国检察出版社 2001 年版，第11 页。

② "迁徙自由乃狭义之行动自由"，参见陈慈阳：《宪法学》，元照出版公司 2005 年版，第502 页。

③ 参见朱福惠："论迁徙自由"；李树忠："迁徙自由与我国户籍制度改革"，均见《宪法研究》（第 1 卷），法律出版社 2002 年版，第 462 页，第 584 页。

④ Shapiro v. Thompson, (1969). 本案源于哥伦比亚特区、康涅狄格州和宾夕法尼亚州州法的规定，即凡州民必须住满一年以上才可领取政府发放的抚恤金。州政府的目的在于避免过多的财政支出。联邦最高法院在判决中承认人民在美国任何地区有"旅行"及"定居"的权利。该法院认为，这些法律的动机虽在于维持本州的财政，但实际上关闭了短期州际旅行者获取"生活必需品"的渠道，因而拒绝采纳那种认为这种居住期限规定是同许可的预算目标和行政管理目标相关联的，因而是合理的这一观点。该法院认为，这些法律具有"惩罚"（penalty）的效果，基于"平等权"要求，是违宪的。这一案件不但首次以平等权来捍卫人民的国内自由旅行权，而且首次在否决某一州法的合宪性的基础上进而提出联邦政府亦不得限制人民的国内旅行权。

⑤ Norman Vierira. *Constitutional Civil Rights.* 1st ED. Beijing：Legal Publishing house，1999.

帆教授曾对美国迁徙自由的演变历程作了实证分析，针对美国地方政府增设"新居民获得社会福利等权利所必须符合的条件"，他阐述道，"如果来到新的居住地点后，得不到地方福利的支持，那么穷人实际上并不具有平等的迁徙权，因为尽管一般人可以在迁徙后安居乐业，穷人如果得不到必要的生活保障就只有沦落为乞丐或罪犯"[①]。因此，权利的平等对待是迁徙自由的应有之义，也是本质要求。从这个意义上说，现有的"民工潮"更多的是一种形式意义上的行动自由，而不是实质意义上的迁徙自由。因为大多数农民工并不能享受与城市居民同等的待遇（如教育、医疗、社会保障等权益），"他们与生活和工作在同一城市的户籍居民之间存在着公民身份差异和权利不平等，尤其表现在劳动权、居住权、福利权、教育权、医疗权方面"[②]。基于这种社会现象，有学者表述为，"就目前实际情况来看，中国公民只有自由流动的权利，但没有自由迁徙的权利，即农民工有到城市就业谋生的权利，但无长久定居与成为城市居民的权利"[③]。

迁徙自由权的"平等"意蕴彰显了迁徙自由权的精神实质，也由此揭示了：现阶段中国农民的进城务工更多的是一种形式意义上的迁徙自由，或称之为"流动自由"，而非实质意义上的迁徙自由。现行宪法中迁徙自由权的缺位，表面上于"流动自由"无妨，但却不利于迁徙自由的保障与实现。同时，迁徙自由权与其他宪法权利如选举权、受教育权、社会保障权等有着密切的关联，迁徙自由权的重要性已经凸显。也即迁徙自由权并不是权利的"孤独域"，已成为"牵一发而动全身的基础性权利"[④]。因此，将迁徙自由权定位于"一项十分重要的宪法权利"便顺理

---

① 张千帆：《权利平等与地方差异——中央与地方法治化的另一种视角》，中国民主法制出版社2011年版，第21页。

② 俞可平："新移民运动、公民身份与制度变迁——对改革开放以来大规模农民工进城的一种政治学解释"，载《经济社会体制比较》，2010年第1期。

③ 甘满堂：《农民工改变中国——农村劳动力转移与城乡协调发展》，社会科学文献出版社2011年版，第281页。

④ 就当下中国而言，由于迁徙自由问题与中国户籍制度密不可分，同时与选举权、受教育权、劳动权、社会保障权、婚姻权等公民权利紧密联系在一起，因此，在事实上已经成为引人注目的、在现实社会中牵一动万的基础性权利。参见赵小鸣："迁徙自由权研究"，山东大学博士论文，2006年。

成章。从这个意义上说，作为一项重要的宪法权利，得到宪法上的确认应是题中之义。

2. 从历史演进看，迁徙自由的宪法保障是民主立宪国家迁徙自由保障的通行做法和基本规律。康德说过："一个臣民有移居出境的权利。因为他所在国家不能把他看成似乎是它的财产而留住他。"① 大部分民主立宪国家都在宪法中明确规定了迁徙自由，据荷兰宪法学者马尔赛文等就以20 世纪70 年代中期为分界线，对世界各国制定的157 部成文宪法有过统计，结果表明："在公民个人自由中规定迁徙自由的有87 部，占被统计宪法的57%；而在20 世纪70 年代中期以后制定的近60 部宪法中，明文规定公民迁徙自由的有49 部，占被统计宪法的91%。"② 这些统计数据说明，世界上大多数宪法确认了公民的迁徙自由权，关于国外迁徙自由权的宪法保障，第三章已有详述，这里不赘述。就我国而言，我国制宪史上，最早承认公民迁徙自由的是《中华民国临时约法》。1912 年《中华民国临时约法》第6 条第6 款规定："人民有居住、迁徙之自由。"自此以后，无论是袁记约法、贿选宪法还是国民党政府制定的宪法性文件，都不得不承认公民应当享有迁徙自由。如1913 年《天坛宪法草案》第8 条："中华民国人民有选择住居③及职业之自由，非依法律不受限制。"1923 年的《中华民国宪法》几乎复制了天坛宪草的文本，上述之条亦无例外。1931年《中华民国训政时期约法》第12 条："人民有迁徙之自由，非依法律不得停止或限制之。"1936 年《中华民国宪法草案》第12 条以及民国政府在大陆的最后一部宪法1946 年《中华民国宪法》第10 条："人民有居住及迁徙之自由。"

新中国成立以前，在中共领导下的各根据地在进行艰苦卓绝的革命斗争的同时，纷纷进行了地方立法，这其中不乏地方性人权约法。1940 年11

---

  ① 转引自韩大元、胡锦光主编：《宪法教学参考书》，中国人民大学出版社2003 年版，第398 页。

  ② 韩大元、胡锦光主编：《宪法教学参考书》，中国人民大学出版社2003 年版，第398 页。

  ③ 这里的"选择住居"自由，在宪法草案文本中别无解释。但该草案第6 条"中华民国人民之住居，非依法律不受侵入或搜查"，已经规范了"住居"不受侵犯的权利，所以"选择住居"的自由，我们应当认为包含了公民在国家境内不同地区选择的权利，也即暗含了迁徙的自由。在王世杰和钱端升合著的《比较宪法》中也提道："迁徙的自由，就是选择居住的自由"，商务印书馆1999 年版，第88 页。

月 11 日通过并且公布施行的《山东省人权保障条例》，在第 4 条第 2 款这样表述："人民有居住与迁徙之自由。"1941 年 11 月 17 日陕甘宁边区二届参议会通过，1942 年 2 月边区政府公布的《陕甘宁边区保障人权财权条例》第 2 条："边区一切抗日人民，不分民族、阶级、党派、性别、职业与宗教，都有言论、出版、集会、结社、居住、迁徙及思想、信仰之自由，并享有平等之民主权利。"新中国诞生前夜，1949 年 9 月 29 日，中国人民政治协商会议第一届全体会议通过了《中国人民政治协商会议共同纲领》，该纲领在新中国成立初至 1954 年起到了临时宪法的作用，其中第 5 条以列举的方式指出："中华人民共和国人民有思想，言论，出版，集会，结社，通讯，人身，居住，迁徙，宗教信仰及示威游行的自由权。"

新中国成立以来，我国先后经历了四部宪法，最早的一部宪法——1954 年宪法曾规定了公民的迁徙自由权，但出于多种原因，[1] 1975 年宪

---

　　① 有关迁徙自由权自 1954 年宪法以后消失之缘由，学界有过一些评述，主要有以下几种观点：一是计划经济体制使然。我国 1954 年宪法第 90 条第 2 款规定：中华人民共和国公民有迁徙自由。但是这一规定在后来制定的 1975 年宪法、1978 年宪法、1982 年宪法中都没有再出现，主要原因是我国社会主义改造完成后，资源配置改为完全由计划控制，以市场机制配置人力资源的迁徙自由被取消。参见李步云主编：《宪法比较研究》，法律出版社 1998 年版，第 479 页。计划经济理论否认劳动力的商品属性，人口不能自由流动。我国法律对迁徙自由的限制乃至禁止，是国家实行计划经济体制的需要。参见殷啸虎：《感悟宪政》，北京大学出版社 2006 年版，第 221 页。二是优先发展重工业的需要。有学者在分析毛泽东反击梁漱溟的一段讲话后指出，之所以限制农民进城，并不是为了保护城市人的利益，而是要保证工业化。优先发展重工业的战略直接降低了城市的就业容纳能力，这也是导致 1958 年户籍制度取消自由迁移原则的原因之一。参见赵文远："1958 年中国改变户口自由迁移制度的历史原因"，载《史学月刊》，2004 年第 10 期。这也可以从当时的公安部部长罗瑞卿那里得到证实，"既不能让城市劳动力盲目增加，也不能让农村劳动力盲目外流"，罗瑞卿："关于户口登记条例草案的说明"，载《人民日报》，1958 年 1 月 10 日。三是现实保障条件不具备。国内有许多学者持这一意见。著名宪法学家张友渔解释道：在对宪法草案进行讨论时，有的意见建议写上居住迁徙自由。考虑到实现起来有困难，现在不能让农村人口随意迁入城市，规定迁徙自由会造就混乱。参见张友渔："在全国政协在京委员座谈会上关于宪法修改草案的情况说明"，载《宪政论丛》（下册），群众出版社 1986 年版，第 124 页。蔡定剑教授理解为，考虑到我国的经济发展水平还比较低，在可以预见的未来，还不可能为公民的自由迁徙提供保障条件，所以，从现实情况出发，没有作出规定。参见蔡定剑：《宪法精解》，法律出版社 2006 年版，第 263 页。也有学者认为是出于政治层面的考虑。参见刘政："1954 年宪法施行三年后为什么被逐渐弃废"，载《中国人大》，2002 年第 14 期。还有学者认为，宪法取消迁徙自由权，而对人口流动进行限制是学习模仿苏联的结果。参见周其仁："迁徙不自由，苏联给中国带坏了"，载网易新闻：http://news.163.com/12/0609/00/83H3SD6P00012Q9L.html，2012 年 10 月访问。

法取消了迁徙自由的规定，1978 年宪法和现行的 1982 年宪法均未再恢复迁徙自由权的设置。从国内迁徙自由的"入宪"变迁中不难发现：理论和实务界对"迁徙自由应取得宪法的明文确认"是有过共识的，或者说宪法取消迁徙自由权不代表否认迁徙自由权。但是，以户籍身份制度为核心的一系列制度对农民迁徙自由权的限制所导致的社会问题日益突出[①]，基于农民身份的弱势所造成的一系列不平等的权利对待，正成为国内外关注的焦点，"农民工权益保障"也成为当下中国的热点话题。由此，以追求权利的平等对待为实质内涵的农民迁徙自由权保障就显得异常紧迫。换句话说，中国公民迁徙自由保障的脆弱现状对宪法的明文确认产生了迫切需要。

3. 从国家义务看，公民迁徙自由权保障迫切需要得到国家层面的关照，"国家义务"也是迁徙自由权研究的一个新视域。首先，国家的尊重义务是迁徙自由权保障的基点。尊重义务源于宪法权利的防御权功能。防御权功能是宪法权利最原始和最根本的功能，也是"自由权"的含义所在。近代以来，民主宪政国家的理论和实践都强调国家要尊重和保障迁徙自由权，强调国家权力制约。这些国家，通过权利宣言、宪法条款，抑或通过宪法解释、先例判决等形式确认公民享有迁徙自由，并重点确认和强调迁徙自由权对国家权力的防御功能。"就基本权利之性质而言，迁徙自由具有消极防御性，为抵抗国家对迁徙自由侵害时的权利"[②]，防御权被

---

① 户籍制度研究专家陆益龙教授认为，现行户籍制度存在的主要问题，除了对国民身份作了不公正的等级界定，在某种程度上甚至成为有关职业、地域和身份性歧视的制度性基础之外，再有就是它的立足点和出发点还是较多偏重于"限制"和"管制"，而较少"服务"和"方便"公众的属性。参见陆益龙：《超越户口——解读中国户籍制度》，中国社会科学出版社 2004 年版，第 3 页。农村问题研究专家于建嵘认为，中国现行户籍管理制度，是计划经济时代以限制公民迁徙自由而确立的、具有明显等级特征的、与现代社会文明相冲突的制度。参见"于建嵘赴英签证要求遭'查户口'，要求英政府取消"，载搜狐网：http://news.sohu.com/20130122/n364223726.shtml，2012 年 1 月 22 日访问。中共党史研究专家王海光教授认为，城乡二元户籍制度的这项制度安排，在马克思主义的自由和人性解放的意义上，不仅退回了革命时的出发点，甚至还倒退得更远。我们似乎又看到了中世纪的编户齐民、世袭身份和贵贱等级的历史遗蜕。参见王海光："城乡二元户籍制度的形成"，载《炎黄春秋》，2011 年第 12 期。孙国东博士认为，户籍制度问题，显然不符合平等这一首要哲学规范和政治哲学原则。参见孙国东：《合法律性与合道德性之间：哈贝马斯商谈合法化理论研究》，复旦大学出版社 2012 年版，第 11 页。

② 法治斌、董保成：《宪法新论》，元照出版公司 2005 年版，第 214 页。

看作迁徙自由权的最初的、最首要的功能。考察我国迁徙自由权保障之现状，笔者认为，尊重义务的内容主要体现在"选择居所的自由"与"身份平等"两个方面。而从国家尊重义务的主体来看，立法机关是首要的义务主体；基于行政机关职能的多样性，行政机关是否尊重义务的主体需区别对待。司法机关也应当是迁徙自由权的尊重义务主体。其次，国家的保护义务是迁徙自由权保障的基础。国家保护义务的实质即"第三人效力"，"保护义务的核心关系是侵害方与被侵害方之间，也就是私人之间的关系，国家只是以中立的身份来平衡基本权利主体之间的权益"①。种种分析表明，非国家行为已经或正有可能成为迁徙自由权侵害的另一来源。在我国，由于迁徙自由权并未取得宪法层面的确认，相关的立法尚未启动，而制度层面对迁徙自由权的侵害已非常明显。一个"孙志刚案件"震惊中外，也带给了国人持久的反思，正是基于这样的背景，迁徙自由权的国家保护既非常必要，也十分紧要。来自城市居民、私人企业或团体以及政治体制改革后承担一部分国家权力的社会组织等都有可能成为迁徙自由权侵害的主体，因此，国家在这一问题上不应该"袖手旁观"，而应积极地履行保护义务。从保护义务的层级看，立法保护是第一层级，行政机关的保护处于第二层级，司法机关为第三层级。最后，国家的给付义务是迁徙自由权保障的基石。国家的给付义务可以"社会国原则"与社会权导出，依据"社会国原则"，也应达成如下目标：其一，提供陷入困境人民必要的社会给付；其二，保障人民机会的平等；其三，立法者有义务平衡及消除社会中的冲突，来形成并维持合乎正义的社会秩序；其四，"社会国原则"的优惠对象限于自然人。②且社会权作为一项宪法权利，旨在保护困难群体的人性尊严，国家负有保护义务。人民并非仅被动地等待国家的给付，社会权作为一项宪法权利而非国家恩赐，人民可进一步要求国家改善其给付不足，以尽可能实现个人自由、人格发展和平等待遇。从给付类型上看，可分为制度性给付、物质性给付、服务性给付与程序性给付四种。迁徙自由权的国家给付也不是无限的，我们提出了横向与纵向两个维度作为国家给付义务的判别基准。横向基准即确定了国家给付义务的范围，纵向基准

---

① 陈征："基本权利的国家保护义务功能"，载《法学研究》，2008 年第 1 期。

② 谢荣堂：《社会法治国基本问题与权利救济》，元照出版公司 2008 年版，第 149 页。

则明确了国家给付义务的程度。笔者认为，迁徙自由权国家给付义务的程度应以自由权为上限，以人性尊严为下限，以平等权为准则，以国家能力为边界。

4. 从"入宪"分析看：一是从正当性出发，迁徙自由首先彰显的是人的一种固有本性。孟德斯鸠认为，人类有四条自然法则，按先后顺序排列如下：保存生命、寻找食物、自然爱慕和过社会生活。① 而心理学者麦独孤认为，人类迁徙行为应该是人的避害本性、求食本性、求新本性和收集本性的外在表现形式。这里我们可将孟氏的保存生命与麦氏的避害本性、寻找食物与求食本性、自然爱慕与求新本性、过社会生活与收集本性对应起来。而按照张永和教授关于人类迁徙行为动因的分析，即可将迁徙之本性分为生存和求优。生存的迁徙即避害本性和求食本性，而求优的迁徙即求新本性和收集本性。② 从农民迁徙的历史与现实来看，无论是出于生存之需，还是求优之盼，人类的迁徙行为源于人的本性，是人类"生命权"、"发展权"等基本人权的表征。其次，从政治层面看，现有的城乡二元户籍制度以制度化形式区分并固化了农民与城市居民的身份差异，经过长期的"城乡分治"，农民与城市居民权利享有上存在严重不对等，对迁徙自由的限制则导致这种不对等成了"理所当然"和"习惯定律"。这种"城乡分割"所带来的问题不仅在于城乡矛盾日益突出、城乡冲突日益尖锐，更深层次是对国家统一和民族融合的妨碍，因为"城乡长期分割"与"地方分裂割据"如果说有距离，那很可能也只有一步之遥。从这个意义上说，只有充分保障迁徙到领土内的任何地区的宪法自由，公民才能真正被认为是生活在一个法律上统一的国家之内。国家宪法必须保证，体现于公民权和迁徙自由的国家统一不会被形形色色的地方限制所割裂。最后，从经济角度看，迁徙自由不仅有利于自然资源的整合，而且有益于人力资源的优化配置。从现实看，承认并保护农民的迁徙自由权，既适应了市场经济对自由劳动力的需求，也大大提高了人才资源配置的市场化程度，欧美发达国家的实践早已证明了这一点，我国改革开放实践对劳

---

① ［法］孟德斯鸠：《论法的精神》（上册），张雁深译，商务印书馆1961年版，第4—5页。

② 张永和：《权利的由来——人类迁徙自由的研究报告》，中国检察出版社2001年版，第335页。

动力区域流动的现实需求也是一个有力的说明。

二是就必要性而言，不可否认，宪法第四次修改关于"尊重和保障人权"的规定是我国宪政发展史上具有里程碑意义的事件。"国家尊重和保障人权"作为一个概括性条款写进了宪法。人权入宪为迁徙自由权的研究提供了契机，促进了相关研究成果的丰富。宪法上的"人权条款"在某种意义上也是宪法对庞大的人口迁移与流动现状所作的积极回应。[①] 学界以宪法上的"人权条款"对迁徙自由权进行解读的尝试值得肯定，这至少表明，宪法研究者已经重视迁徙自由权的理论研究与中国宪政发展的衔接问题，而且也能在一定程度上保持宪法结构的相对稳定。然而，首先，从长远看，这种宪法解释或法教义学的方式，[②] 无论对迁徙自由权的理论研究还是其现实保障，意义都将是有限的。于此，我们提出了四点理由，第三章已有阐述，这里不赘述。其次，从实践上看，对公民尤其是中国农民迁徙自由权的限制已经阻碍了市场经济的充分发展，也由此妨碍了国家战略的实现；迁徙自由权的法律缺位制约了民主法治的进程和公民权利的增长，也导致"市民社会"出现一定程度上的"萎缩"；对迁徙自由权的限制与当下中国正在推进的城市化战略与"农民市民化"的中央决策显得格格不入；迁徙自由权的宪法缺位不符合立宪国家的宪政实践上的通常做法，也违背我国的国际承诺，最终损害的是整个国家的形象。最后，从主体上看，农民仍

---

① 国内有宪法学者从宪法解释学、法教义学（rechtsdogmatik）等角度，主张以宪法上的"人权条款"对迁徙自由权等宪法未明文规定的权利进行解释和含摄。如韩大元教授认为，对没有写入宪法典但对人的尊严与价值又密不可分的那部分权利如生命权、罢工权、迁徙自由权、诉权等，可从人权条款中解释出来。参见韩大元：《基本权利概念在中国的起源与演变》，载《中国法学》，2009年第6期。张薇薇博士认为，"人权条款"中所蕴含的宪法未列举的环境权和迁徙权是实现人与人和谐和人与自然和谐的重要途径。参见张薇薇："'人权条款'：宪法未列举权利的'安身之所'"，载《法学评论》，2011年第1期。张翔博士也认为，"人权条款"入宪前，我们对于基本权利的理解具有实证主义的封闭性，只能认定列举在《宪法》第2章中的才是基本权利。"人权条款"入宪后，宪法未列举的生命权、健康权、迁徙自由权等权利可因人权条款而被纳入基本权利范围，从而受到宪法层面的保护。参见张翔："基本权利的体系思维"，载《清华法学》，2012年第4期。

② 基于我国宪法适用现状，以韩大元教授为核心的学术团队提出了以宪法解释来加强宪法适用的路径，具有极其重要的价值，特别是近年来提出建立《宪法解释程序法》的呼声引起巨大反响。参见韩大元："《宪法解释程序法》的意义、思路和框架"，载《浙江社会科学》，2009年第9期。

然占中国人口的多数，当下我们论及迁徙自由权，更多的仍然是农民这部分权利的保障问题，这不仅缘于中国的国情，而且从迁徙自由的演变和发展历史、人口迁徙流动的现状来看，迁徙自由从来都与农民有着千丝万缕的联系。从身份看，农民仍是数量最大的困难群体。所谓"主要群体弱化"①，"中国农民同妇女、儿童、老人、残疾人等一样成为十足的困难群体"②。根据学者陈成文在《社会弱者论》中对困难群体特征的表述，农民作为社会困难群体，突出表现在三个方面：一是经济利益的贫困性；二是生活质量的低层次性；三是承受能力的脆弱性。③ 正是基于农民这种弱势地位，农民的迁徙自由权保障需要摆在更加优先的位置，"相对于强势之国家及私人，弱势人权保障具有优先之宪法地位，系基本权利保障之核心内容"④。因此，从宪法层面构建公民迁徙自由权保障是当下中国提升农民宪法地位、保障农民宪法权利的必然要求。

三是从可行性考察，我国的城市化尽管取得了快速发展，"目前城市化率比较高，已经超过50%，但城市化质量不高，按户籍人口计算仅为35%左右"⑤。并且，"2亿多农民工'候鸟式'迁徙，作为统计上的'城镇居民'却享受不到城镇基本公共服务和社会保障，具有明显'过渡性城镇化'（'半城镇化'）特点"⑥。基于这一情况，新型城镇化和"农民市民化"的政策便得以出台。然新型城镇化的核心是"农民市民化"，农民要能转变为城市居民，涉及的必然是农民身份的改变和农民权益的保障。而这些要得到实现，首要前提是农民迁徙自由权的保障和实现。从这个意义上说，首先，中央"新型城镇化"战略的提出与实施，与迁徙自由权的"入宪"，确实提供了一个难得的时代机遇和现实条件。其次，农民的大规模向城市流动已经成为一个不容否认的事实存在。这种事实上的

---

① 朱全宝、吴传毅："宪法权利视阈下的农民'法律排斥'问题探析"，载《时代法学》，2013年第1期。

② 龚向和、袁立："后乡土社会语境下中国农民人权研究——基于法社会学的视角"，载《东南大学学报》，2009年第4期。

③ 陈成文：《社会弱者论》，时事出版社2000年版，第29页。

④ 黄俊杰：《弱势人权保障》，台湾传文文化出版社1998年版，第13页。

⑤ 王鹤、尹来盛、冯邦彦："从传统城市化到新型城市化——我国城市化道路的未来选择"，载《经济体制改革》，2003年第1期。

⑥ 李迅："推进新型城镇化建设重在做好顶层设计"，载《环境保护》，2013年第2期。

"流动态势"尽管还不能构成宪法意义上的"迁徙自由"，但它至少表明：农民流动的规模化是迁徙自由得以"入宪"的事实条件所在，或许说我们可将它称作为"入宪"前的一次"演习"。从"演习"的情况来看，事实也许并不那么美好，但它至少说明，农民"该来的已经来了，不想来、不能来的也不大会来"，它也有力地诠释着：即便我们不进行城市管理方式的变革和完善，凭借现有的城市容量和管理模式，大多数城市对农民的大量进城仍是可以承受的，城市并没有因此而造成秩序混乱和社会动荡。最后，农民也是充满理性的。农民已不再是"盲流"，户籍制度的放开并不必然导致迁徙潮，迁徙自由权的"入宪"也并非"洪水猛兽"，并非所有的农民都会往城市跑。"农民理性化"作为现代中国农民的一个标志已经充分说明农民不是所谓的"盲流"。是否向城市迁徙？什么时候迁徙？能不能迁徙？对这些问题，农民是有考虑的，也是会作权衡的。我们有充分理由相信，如果农民在家乡能够过上幸福的生活，没有人愿意背井离乡，四处奔波流浪。

首先，从障碍因素分析，有来自中央层面对"秩序混乱"、"政局动荡"的恐惧，也有地方政府对"城市病"的担忧，还有社会结构的"二元化"对农民迁徙自由权的限制。针对中央层面的"秩序乱"之惧，笔者分解出两个层面的问题：其一，国家在保障公民宪法权利的"位置"如何？也即，面对公民的迁徙自由权，国家应该处于一个什么样的立场？由此，本书第三章"公民迁徙自由权保障的国家义务"作了专门论述。其二，国家以宪法确认公民迁徙自由权是否必然导致秩序混乱与社会动荡？国家层面的这种担忧是否需要过分强调或高度警觉？对这一问题，笔者进一步分解为：（1）宪法一旦确认农民的迁徙自由权，是否必然导致"迁徙潮"，即立即引发大量人口向城市聚集因城市来不及应对而出现社会秩序混乱、社会动荡不安？（2）伴随城市化的进程，大量农民已经进城，有的也形成了"贫民窟"，"贫民窟"是否为社会不稳定的根源？我们认为：保障公民的宪法权利即维护社会秩序，对人的宪法权利的尊重更有利于社会的长治久安，而一个缺少对公民宪法权利的尊重、甚至肆意践踏的社会，即便一时稳定，也是很难保持长久的。其次，从地方政府"城市病"的层面分析，我们围绕几种常见的城市病如"环境污染"、"违法犯罪"、"资源紧张"等与农民的迁徙自由之间的关系进行了检视，之后发现：农民迁往城市并不必然导致环境污染、违法犯罪与资源紧张。最后得出："城市病"之"病根"很大程度上并不在于迁徙的农民，很多时候其实是政府陈旧的政策和管理模式所致，或者说是政府的城市管理能力和管理水平还有待提高。如有学者所言，"因为城市病的根源或者在于城市规划的指导思想存在片面性，或者在于城市的产业布局结构不合理，或者在于城市的功能区配置不合理等原因所致。那种惯用的低密度扩张或'摊大饼'式的城市发展，才是导致城市病产生的最大根源"①。最后，从社会结构"二元化"的层面分析，以户籍制度为核心的一系列制度形成并固化了如今的二元社会结构，这种"二元化"突出表现在户籍身份制度的权益差别方面。二元社会结构严重限制了农民的迁徙自由权，也对迁徙自由权的"入宪"提出了现实挑战。

　　综上所述，无论是基于迁徙自由权本质内涵的探讨，还是历史维度的考察，甚或"入宪"层面的分析与"国家义务"的考量，迁徙自由权的"入宪"都应该成为迁徙自由权保障的前提和基础。值得指出的是，那种以"现实条件不具备"之模糊语言进行搪塞或自我麻痹的方式，至少逻辑上存在很大问题。权利的宪法确认与权利的保障、实现从来就不是同步的，更不是要等到所有现实条件完全准备好，再去确定宪法的相关权利条款。现实总是在发展与变化中，现实条件也是处于一个逐步形成的过程中。试问一下，世界宪政史上最早确立迁徙自由权的英国，1215年的现实条件怎样？而十七八世纪的欧洲又如何呢？现实是：民主立宪国家并未因现实问题的出现以及现实条件的制约就取消迁徙自由权的宪法规定。其实，我们完全可以从世界上大多数国家宪法关于"平等权"的规定中得到解释，显然，平等权在今天都还没有得到完全的实现，我们是否可以说，因为现实条件不具备，实现不了，不如取消此条款呢？当然不是。更何况，如果我们一定要说现实条件不具备，首先也是"入宪"这一关键条件没有准备好。也就是说，要保障一项权利的实现，首先想到的自然是其法律建构，就迁徙自由权而言，首先是宪法确认，其次才是保障权利实现的相关举措问题。

二　制度"嵌入"是条件

　　公民迁徙自由权的保障与实现，仅有迁徙自由权的"入宪"显然是

---

　　①　辜立家：《中国户籍制度创新与农村城市化研究》，西北农林科技大学出版社2009年版，第114页。

不够的，或者说宪法上的迁徙自由权条款要得到全面落实、产生实效，相关制度的配套改革自不可避免。国内有研究者针对农民工群体的代际分化及社会后果，深入分析了"制度脱嵌"（游离于制度性权力结构和福利保障体系之外）与"传统脱嵌"（主观认同与客观纽带上脱离于传统乡土社会）的"双重脱嵌"问题，进而提出了从"脱嵌"到"入嵌"的解决方案。"'制度赋权'除了要完善社会保障体系之外，还要让新生代农民工参与到制度供给安排的讨论和决策过程中"，"要保护传统关系网络，其中最重要的是对家庭化迁徙和定居提供政策性支持"①。这需要国家层面进行顶层设计，牵涉到一系列相关制度的安排，因此"制度嵌入"便必不可少。从学术溯源上看，"制度嵌入性"的提出是从经济行动的社会嵌入性分析开始的。"制度的嵌入性，源自格兰诺维特归纳的一个新经济社会学命题。"② 格兰诺维特在"作为社会结构的经济制度：分析框架"一文中指出，经济制度（像所有的制度一样）不会以某种必然发生的形式从外部环境中自动生成，而是被社会建构的。简而言之，制度是由社会结构形塑的。③ 因此，制度的嵌入往往是一个宏大、多重因素交织在一起的、整体性的构造。"制度嵌入"作为新制度主义、新经济社会学的一大理论成果，已被国内一些学者引入经济学、社会学的研究之中，尤其在"农民问题"的研究中不乏一些质量上乘之作④。有鉴于此，笔者认为，在宪法恢复确认迁徙自由权、推进户籍制度改革这一宏大背景下，有必要将一些相关配套制度"嵌入"于城乡社会一体化这一整体结构中，进而

---

① 朱妍、李煜："'双重脱嵌'：农民工代际分化的政治经济学分析"，载《社会科学》，2013 年第 11 期。

② 胡仕勇："制度嵌入性：制度形成的社会学解读"，载《理论月刊》，2013 年第 3 期。

③ ［美］马克·格兰诺维特："作为社会结构的经济制度：分析框架"，梁玉兰译，载《广西社会科学》，2011 年第 3 期。

④ 典型的如顾昕、方黎明："自愿性与强制性之间——中国农村合作医疗的制度嵌入性与可持续性发展分析"，载《社会学研究》，2004 年第 5 期；肖林生："农村五保供养制度变迁研究：制度嵌入性的视角"，载《东南学术》，2009 年第 3 期；杨红燕、叶小舟："制度嵌入性分析：农民医疗保险的东亚经验与中国道路"，载《华中农业大学学报》，2010 年第 3 期；姚尚健："制度嵌入与价值冲突：'飞地'治理中的利益与正义"，载《苏州大学学报（哲学社会科学版）》，2012 年第 6 期；杜威璇："论农地流转的非正式制度嵌入性分析"，载《求实》，2012 年第 5 期；韩鹏云、刘祖云："农村公共品供给制度变迁：基于制度嵌入性的分析范式"，载《甘肃理论学刊》，2012 年第 2 期，等等。

为实现公民迁徙自由权创造条件。归纳起来，有几个方面的制度尤需引起重视：

一是农村土地制度。目前的农村土地使用权不仅不利于资源在城乡之间有效、合理地流转，而且对农村和农民的发展也不利。"对于新型城镇化来说，目前的土地制度不可持续，已经形成共识。"① 通过创新农村承包耕地、宅基地的流转和使用制度，将会促进城乡之间的交流和资源利用率的提高，最终也促进了农民迁徙自由的实现。如有学者所言，"注重发挥市场机制作用，使农民可以公平转让土地承包经营权和宅基地使用权，提高农民进城能力"②。显然，中央已经充分认识到这一点，中共十八届三中全会对此有过重要表述。③ 最近有学者也对迁徙自由的现实困境进行了认真的检视，提出"解决农村土地权属是实现迁徙自由的核心问题"，"关键问题是应当在宪法上进一步明确肯定农民对集体土地的所有权，赋予农民主体地位"④。一旦农民拥有农村集体土地的所有权主体地位，农民在迁徙自由过程中的对话资本就会有所增加，农民的土地权益有了保障，土地转换收益也会明显提高。

二是劳动就业制度。中共十八届三中全会特别提出：建设统一开放、竞争有序的市场体系，是使市场在资源配置中起决定性作用的基础。统一开放、竞争有序的市场体系和市场经济，必然要求自由、统一的劳动力市场的培育和发达。建立健全城乡统筹的就业制度，不仅是保障劳动者平等就业权利的要求，同时也是市场经济对全社会劳动力资源市场化配置的内在要求。根据学者们的研究测算，我国农村剩余劳动力仍有 1.5 亿到 1.7 亿人，大规模的劳动力流动将持续存在。按人口城镇

---

① "户籍改革总纲初步厘定：全面放开小城镇落户限制"，载人民网：http：//house. people. com. cn/n/2013/0413/c164220—21122716. html，2013 年 4 月 13 日访问。

② 王保安："关于推进城镇新型城镇化的思考"，载《人民日报》，2013 年 9 月 24 日。

③ 2013 年 11 月 12 日，中共十八届三中全会通过了《中共中央关于全面深化改革的若干重大问题的决定》，《决定》指出：建立城乡统一的建设用地市场。在符合规划和用途管制前提下，允许农村集体经营性建设用地出让、租赁、入股，实行与国有土地同等入市、同权同价。缩小征地范围，规范征地程序，完善对被征地农民合理、规范、多元保障机制。参见："授权发布：中共中央关于全面深化改革若干重大问题的决定"，载新华网：http：//news. xinhuanet. com/politics/2013—11/15/c_ 118164235. htm，2013 年 11 月 15 日访问。

④ 殷啸虎、陈春雷："迁徙自由的现实困境及实现路径分析"，载《法学》，2013 年第 6 期。

化水平年均增长 1 个百分点测算，今后 20 年将有 3 亿农村人口陆续转化为城镇人口。[①] 这意味着大量农村剩余劳动力都要转移到非农产业中来，其中多数人需要进入城市寻找新的工作机会。为此，应当逐步建立健全城乡统筹的就业制度，建立城乡统一的劳动力市场，形成城乡劳动者平等就业的制度，引导农村富余劳动力在城乡、不同地区间的有序流动和迁徙。就当前而言，要切实保障农民工的劳动权益，"我们应改变既有制度供给的'城市中心主义'立场，基于新生代农民工参与城镇经济活动的劳动者身份赋予其相关权益，并以此作为劳动关系管理和社会保障供给的基础"[②]。

三是社会保障制度。社会保障制度由社会保险、社会救助、社会福利、社会优质等几部分制度构成。"大量农村居民处在社会保险、社会保障的体制之外，是构成城乡分割和城乡差别的重要方面。"[③] 2011 年全国雇主或单位为农民工缴纳养老、医疗保险的比例仅为 13.9% 和 16.7%。相比非农户籍外来人口和本地市民而言都居于劣势[④]。要改革现行社会保险、保障体制，建立覆盖城乡的、机会均等的医疗、养老保险和最低生活保障制度，是实现城乡一体化发展目标的重要途径。英国政府于 1601 年颁布的《济贫法》被视为现代社会保障制度的前身。1883 年德国俾斯麦执政时以颁布疾病保险法为标志，现代社会保障制度正式产生。1948 年的《联合国宪章》第 22 条规定：每个人，作为社会成员的一员，有权享受社会保障。《经济、社会和文化权利国际公约》第 9 条规定：本公约缔约各国承认人人有权享受社会保障，包括社会保险。该公约已于 2001 年 7 月在我国开始生效。此外，2004 年 3 月 4 日，十届全国人大二次会议通过的《宪法》修正案明确规定：国家建立健全同经济发展水平相适应的社会保障制度。因此，建立健全覆盖全民、城乡一体的保障制度既是国家

---

① 参见张谦元、柴晓宇等：《城乡二元户籍制度改革研究》，中国社会科学出版社 2012 年版，第 189 页。

② 蔡禾："行政赋权与劳动赋权：农民工权利变迁的制度文本分析"，载《开放时代》，2009 年第 6 期。

③ 陆益龙：《农民中国——后乡土社会与新农村建设研究》，中国人民大学出版社 2010 年版，第 442 页。

④ 王海宁等："城市外来人口劳动福利获得歧视分析"，载《中国人口科学》，2010 年第 2 期。

的职责所在，也是迁徙自由权保障的现实需要。①

　　四是公共财政和公共管理体制。为推进农民市民化，中央已经有了明晰的改革配套方案。中共十八届三中全会指出：建立财政转移支付同农业转移人口市民化挂钩机制。② 二元的财政和公共管理体制是形成城乡分割和发展差距的重要根源，农村基础设施、公共产品和公共服务的财政投入不足造成农村地区医疗、教育等经费投入的下降，这就从相反方向扩大了城乡差距。著名经济学家周其仁认为："落户行不行？看病报销行不行？子女上学行不行？都不行。为什么不行？追下去是我们的财税体制……一个人不是本地居民，本地财政就没有管他的那一套。政府管不了，流动人口只能靠自己管。"③ 因此，进行公共财政和公共管理体制的创新，构建统筹城乡的财政体系，建立统一的公共服务和管理体系，为城乡居民提供均等的公共卫生、文化教育、基础设施等公共物品，将对改变城乡二元发展格局、保障公民迁徙自由权起到积极作用。德国在这一方面的经验或许值得我们借鉴，"德国政府干预模式，通过宪法保证各地财政均衡来实现公共福利的基本平等，而财政平等的目的至少部分也是为了公民更理性地行使迁徙自由"④。农民一方面为国家作出了重要贡献，社会学家陆学艺就曾指出："首先，工农业产品剪刀差还很大，农民每年向国家贡献 1000多亿元；其次，国家通过农村税收和支农支出收付相抵，农村每年贡献也是 1000 多亿元；再次，近 20 年内通过征地总共从农民手中拿走 2 万亿元以上，平均每年又是 1000 多亿元；此外，还有农民工的巨大贡献。据专家计算，每个农民每年创造价值 2.5 万元的财富，而所得约为 8000 元，每个农民工每年的贡献为 1.7 万元，2011 年约为 2.5 亿农民工，合计贡

---

　　① 《中共中央关于全面深化改革若干重大问题的决定》指出：稳步推进城镇基本公共服务常住人口全覆盖，把进城落户农民完全纳入城镇住房和社会保障体系。参见："户籍制度改革瞄准破除城乡壁垒"，载新华网：http://news.sohu.com/20131116/n390245520.shtml，2013 年 11月 15 日访问。

　　② "户籍制度改革瞄准破除城乡壁垒"，载新华网：http://news.sohu.com/20131116/n390245520.shtml，2013 年 11 月 15 日访问。

　　③ 周其仁："城镇化要吸取国家工业化教训"，载《经济观察报》，2013 年 1 月 15 日。

　　④ 张千帆：《权利平等与地方差异——中央与地方关系法治化的另一种视角》，中国民主法制出版社 2011 年版，第 4 页。

献 4.25 万亿。"[1] 而另一方面，国家给农民的补贴却相当有限（尽管这些补贴在逐年提高），2005 年世界经济合作组织的一份报告显示：中国政府补贴给本国农民的钱只占本国农业总产值的 6%，而欧盟诸国平均是34%；美国是 20%；日本是 58%；韩国是 64%。[2] 因此，建立公平合理的公共财政体制，以形成城乡均等的公共产品、公共服务供给机制是保障农民平等权实现的重要基础，也是迁徙自由权的本质内涵所在。

三　深层"户改"是突破

如前述及，城乡二元户籍制度具有身份等级制度的一些特征，户籍身份也承担了权益分配的功能，农民与城市居民基于户籍身份上的差异而导致了权利上的差别对待。[3] "户改"虽然得到了中央的力推与地方的试验，一些地方还取得了突破，积累了不少新鲜经验。但就全国而言，"户改"的阻力仍然不少，收效仍然不大。[4] 许多地区仍在观望和等待。而今，"户改"虽不是个别地区的"独角戏"，但却远未形成整体之势，更未达致全国行动。由于公民的迁徙自由权与平等权、人身自由、经济自由权、受教育权、社会保障权等宪法权利直接关联，[5] 现行户籍制度与教育、社保、医疗等诸多福利挂钩，当前户籍制度的单方面改革取得了一定的进展，但其效果仍如"隔靴搔痒"，所谓"户籍管理松动、权益捆绑依旧"。因此，"户改"与公众的期望仍有较大差距，其深层次推进必然不能回避

---

[1]　转引自熊培云：《一个村庄里的中国》，新星出版社 2012 年版，第 283 页。

[2]　熊培云：《一个村庄里的中国》，新星出版社 2011 年版，第 283 页。

[3]　城乡二元户籍制度表面上看不过是户口登记和管理上的问题，实质则是城乡二元体制的操作系统，它为城乡之间的不平等资源配置提供了一个操作平台，同时也是城乡有别于社会待遇的法律依据。参见陆益龙：《农民中国——后乡土社会与新农村建设研究》，中国人民大学出版社 2010 年版，第 433 页。

[4]　要解决进城民工的市民化问题并非易事。过去城镇化主要是地方政府层面的推动，尽管在城市扩张方面取得不少成绩，但在涉及深层次的户籍改革、农民工市民化等方面，进展甚微。2012 年 8 月，媒体曾披露，国家城镇化专题调研组在全国不同城市调研发现，"户改几乎遭遇所有市长的反对"。参见："农民工成城镇化最大难题，几乎所有市长反对户改"，载搜狐网：http://business.sohu.com/s2012/chengzhenhua/，2013 年 1 月 8 日访问。

[5]　迁徙自由作为一项人身权利，与户籍、就业、工作、住房、教育和社会保障等一系列权利是联系在一起的。参见邓剑光：《法治、宪政与人权保障》，知识产权出版社 2009 年版，第276 页。

相关制度的修改与完善，包括教育、医疗、社会保障等相关制度的供给是迁徙自由权得以保障和实现的关键环节。① 为此，城乡二元户籍制度的深层次改革必须确立如下价值取向：

（一）深层次"户改"的根本是保障迁徙自由，实现公民平等权

罗尔斯指出，一个社会制度的基本结构于两个原则进行设计和安排就是公平和正义的。这两个原则即为，一是每人享有和其他人同样的基本自由体系相类似的权利和自由；二是社会和经济的不平等必须符合处于最不利地位的人的最大利益，在机会平等的情况下公共职务和地位向所有人开放。② 在城乡二元的户籍制度下，"我国形成了城市居民对就业、公共秩序、公共服务等公共物品的垄断。这种垄断具有法律和社会的双重合法性，这就造成农民难以享有同城市居民平等的经济、文化、社会权利"③。而迁徙自由的本质内涵即在于权利的同等对待，因此，深层次"户改"必须着眼于保障公民的迁徙自由，"户籍制度改革应建立以身份证管理为核心的人口流动制度，实现人口自由迁徙居住和安居乐业"④，通过保障迁徙自由进而实现农民的平等权。⑤ 保障农民的平等权理应成为国家的基本义务和执政党的自觉行动。"英明的执政党，就其根本任务来说，是要把幸福普及给所有的人，不让它只为少数人所有；否则，在一边全是实力和幸福，而在另一边只是软弱无力和贫困。"⑥ 也只有在户籍制度得到深层次改革的情形下，"在同一片蓝天下的同胞和公民能够有着同样的尊严和权利，能够有着同样的发展机会；对社会作出了不同贡献的社会成员也

---

① 国家发改委国土开发与地区经济研究所所长肖金成认为，城市政府希望年轻的农民工在城市干活，年龄大的应当回到农村去，不想解决这部分人的市民化问题。因此，国家应该出台相应的、强有力的政策配套和制度供给，以深入推进户籍改革，保障农民的迁徙自由权得以实现。参见："城镇化规划仍在征询意见，发展重点或在县镇级"，载新华网：http：//news. xinhuanet. com/fortune/2013—01/08/c_ 124200375. htm，2013 年 1 月 8 日访问。

② ［美］罗尔斯：《作为公平的正义》，姚大志译，上海三联书店 2002 年版，第 70—72 页。

③ 王刚："保障农民权利的价值及路径"，载《河南社会科学》，2011 年第 7 期。

④ 王保安："关于推进城镇新型城镇化的思考"，载《人民日报》，2013 年 9 月 24 日。

⑤ 农民平等权是指作为中国社会大家庭中处于弱势地位的农民，同等地享有或应该享有与其他成员（市民）无差别的法律权利和公平的利益，以及受到平等对待的要求，从而维护农民作为人的尊严和实现其为人之为人的价值。参见龚向和、刘耀辉："农民平等权——'二等公民'和'受损者'的平等主张"，载《东南大学学报（哲学社会科学版）》，2008 年第 1 期。

⑥ 贝卡利亚：《论犯罪与刑罚》，中国大百科全书出版社 1993 年版，第 6 页。

能得到相应的、应有的回报；'结束牺牲一些人的利益来满足另一些人的需要的状况'（恩格斯语），是赋予群众利益的增进同困难群体生活状况的改善之间能够实现同步化；中国不但能够成为一个发达的社会，同时也能成为一个公正的社会"①。同时，需要说明的是，农民由于身份上的弱势，当前主张农民权利的平等保护，更应该体现出实质意义上的平等。②

（二）深层次"户改"的核心是消除身份差别，剥离附着的利益

美国学者德沃金认为，"政府必须让它所统治的人过上更好的生活，它必须对每个人的生活给予平等的关切"③。城乡二元户籍制度的一个显要特征即在于身份上的区别与固定，并由此导致利益上的差异与失衡。"从体制上看，城市社会中的农民阶层，属于计划编制外的职业群体；从生活方式的角度来看，城市中的农民阶层多数属于'两栖人'，他们根据季节的变换，以及在城市中寻找工作的情况和传统习俗，在城市和乡村之间来回奔波；从阶层地位的角度来看，他们属于非市民的'边缘人'"，"流动农民在现行户籍管理体制背景下，并没有合法的或与城市居民相同的身份"④。因此，让农民"市民化"，重塑"公民"身份，以消除身份上的差别，最终实现权利的平等对待是深层"户改"的核心。根据学者周作翰与张英洪的分析，中国农民在通向现代国家的公民身份道路上历经曲折。"1949年以后，中国农民的身份经历了四次大的身份变迁，即农民身份的阶级化、农民身份的结构化、农民身份的社会化、农民身份可能的公民化。"⑤ 现阶段，农民身份的阶级化已经终结，而结构化却较为明显，

① 吴忠民：《社会公正论》，山东人民出版社2004年版，第404页。
② 实质上的平等原理，主要指的是为了在一定程度上纠正由于保障形式上的平等所招致的事实上的不平等，依据各个人的不同属性采取分别不同的方式，对作为各个人的人格发展所必须的前提条件进行实质意义上的平等保障。参见林来梵：《从宪法规范到规范宪法》，法律出版2001年版，第107页。
③ ［美］德沃金：《至上的美德：平等的理论与实践》，冯克利译，江苏人民出版社2007年版，第128页。
④ 陆益龙：《农民中国——后乡土社会与新农村建设研究》，中国人民大学出版社2010年版，第246、247页。
⑤ 周作翰、张英洪："从农民到公民：农民身份的变迁路径"，载《湖南文理学院学报（社会科学版）》，2007年第6期。

"国家通过建立二元社会结构，将全体国民划分为农业户口和非农业户口，形成了农民与市民权利和义务截然不同的两种人，农民沦为国家成员中的'二等公民'"①。也就是说，由于二元户籍制度的存在，农民的结构化特征仍然比较明显，它也制约了农民的社会化与公民化进程。因此，深层"户改"的一个核心目标即在于充分实现农民"公民身份"的转换。农民身份的完全公民化至少蕴含三重含义：一是农民要与城镇居民一样获得平等的公民身份；二是农民作为公民要充分参与国家和社会的公共生活，享有完全的公民身份；三是农民要与其他社会成员一样平等分享国家和社会文明进步的共同成果。正是从这个意义上，剥离与户籍身份相关的利益应成为户籍制度改革的重要方向。如果说计划经济时期城市户口具有极高的含金量，使农村户口居民趋之若鹜的话，那么，缘何在当下农村户口居民仍然把一纸城市户口作为追求？这至少说明户籍上附加的不合理仍未彻底剥离，而且在新时期又附加了新的不合理利益。当前，城乡户籍人口在社会保障待遇、享受住房政策和公共产品及公共服务、士兵退伍安置等方面仍然存在显著差异。关于这一点，本章已作了详述，这里不赘述。值得指出的是，国家层面就此已经有了明确表态，"第一就是要有序推进农业转移人口的市民化，逐步解决现有 2 亿多和每年新增 1000 多万农民工的半市民化问题。统筹推进户籍制度改革和基本公共服务均等化，按照分类推进的原则，逐步把符合条件的农民工转为城市居民，全面放开小城镇的落户限制，有序放开中小城镇的限制"、"我国将会逐步剥离附加在户籍上的福利待遇，健全户籍制度和居住证制度有效衔接的人口管理制度"②。

（三）深层次"户改"的重点是缩小城乡差距，推进均衡化发展

基于"影响迁徙自由的主要因素是资源分配的不均衡"，有学者提出"以城乡均衡化发展推动迁徙自由的逐步实现"，并具体化为"利益的均衡化"、"权利的均衡化"和"流动的均衡化"③。城乡的均衡化发展作为

---

①　周作翰、张英洪："从农民到公民：农民身份的变迁路径"，载《湖南文理学院学报（社会科学版）》，2007 年第 6 期。

②　"户籍改革总纲初步厘定：全面放开小城镇落户限制"，载人民网：http://house. people. com. cn/n/2013/0413/c164220—21122716. html，2013 年 4 月 13 日访问。

③　殷啸虎、陈春雷：《迁徙自由的现实困境及实现路径分析》，载《法学》，2013 年第 6 期。

实现迁徙自由的基本路径，无疑是深层次"户改"的重点所在。2013 年
11 月 15 日发布的《中共中央关于全面深化改革若干重大问题的决定》明
确指出：城乡二元结构是制约城乡一体化发展的主要障碍。变革二元户籍
制度，缩小城乡差距，推进城乡均衡化发展，不仅是中央的战略决策，也
是保障公民迁徙自由权的重要条件。诚如张千帆教授所言，"迁徙自由和
城市开放的前提必然是城乡差别的实质性缩小"①。城乡差距不仅限制了
迁徙自由，也导致了一系列系社会问题。② 农村困难群众以及农村征地中
的失地农民等利益受损者，大规模越级上访，甚至酿成群体性事件，造成
的负面影响严重地干扰和破坏了社会秩序。这些社会矛盾和不和谐因素的
消弭需要从立法和制度架构上逐步建立以权利公平、机会公平、规则公
平、分配公平为主要内容的社会公平机制。而首当其冲的是现行户籍制
度。新中国成立以来，城乡差距一直存在。当代中国，城乡差距不但没有
消除，而且已经成为一个非常严峻的问题。1957 年，城市居民收入是农
村居民的 3.48 倍。根据 20 世纪 80 年代末和 90 年代初的调查，中国最穷
的 10% 人口有 99.6% 在农村，最富的 10% 人口则有 88.1% 在城市。③ 近
几年是我国农民收入增长最快的年份，但城乡居民收入差距也在不断扩
大。2007 年，农村居民人均纯收入实际增长 9.5%，为 1985 年以来增长
最高的一年；而城乡居民收入比却扩大到 3.33∶1，绝对差距达到 9646 元
（农村居民收入 4140 元，城市居民收入 13786 元），也是改革开放以来差
距最大的一年。④ 如此系统性的城乡差距不可能纯粹归咎于自然原因，与
国家制度对农民和农村的区别对待有着不可分割的联系。因此，推进城乡
二元户籍制度改革，首先在理念上应从缩小城乡差别入手，统筹城乡发
展。美国学者诺思（D. North）认为，有必要把意识形态对个人和集体关

---

①　张千帆：《权利平等与地方差异——中央与地方关系法治化的另一种视角》，中国民主法
制出版社 2011 年版，第 4 页。

②　美国学者亨廷顿认为，如果不能在消除社会绝对贫困的同时，逐步缩小社会成员之间的
贫富差距，那么这种"相对剥夺感"容易使人倾向于暴力。转引自朱四倍："应看到弱势群体被
剥夺感背后社会的真实进步"，载腾讯网：http://news.qq.com/a/20050425/000021.htm，2013
年 4 月 10 日访问。

③　谢海定：《我国城乡贫富差距的成因——户籍法律制度的视角》，载《中国法治新闻》，
2004 年第 3 期，第 33 页。

④　童大焕："中国城乡差距的真实面目"，载《东方早报》，2008 年 9 月 1 日。

于公平性观念的影响纳入到制度变迁的动态考察之中。① 根据这一原理，只有当人民关于城乡二元体制的不公平性观念在增强时，改革这种体制的动力才会增强。由此说明，转变观念、重塑理念非常重要。在这一崭新理念的指引下，国家要在人、财、物等方面给予农村一定程度的倾斜，要尽快建立一个基于劳动力资源自主流动的全国统一的劳动力市场，并允许各类劳动者在不受任何歧视的情况下参与城市职位的公开竞争，从而实现劳动力要素的最优配置。而这一方面，户籍制度改革无疑有助于农村剩余劳动力参悟市场竞争与享受公平待遇，客观上为缩小城乡差别创造条件。

第三节　中国迁徙自由权保障的机制建构

在把握公民迁徙自由权保障的大势之下，立足于本国国情，选择适当的路径就成为了理智之举，"纯粹的模仿不能解决它们的问题，因为制度和信仰必须扎根于本国的土地，否则便会枯萎"②。接下来便是制度构建和机制构造。进言之，"与其用各种'理论'来回避我国宪政改革的真问题，不如坦诚面对、大胆假设、小心求证，用谨慎而有效的制度设计开启我国宪法实施的新阶段"③。

一　宏观：宪法保障机制

迁徙自由权作为一项宪法权利，最根本的保障之道在宪法层面。构建迁徙自由权的宪法保障，首当其冲的是立宪④或者说"入宪"。宪法是法律渊源中的最高规范，迁徙自由权的"入宪"既是立宪国家的价值追求，也是国家义务的有力彰显。本部分内容将从宪法修改、宪法诉讼和违宪审查予以展开论述。需要澄清的是，有学者将宪法诉讼、违宪审查、司法审

---

① 参见［美］诺思：《经济史中的结构与变迁》，陈郁、罗华平译，上海人民出版社1994年版，第64页。

② 潘伟杰：《现代政治的宪法基础》，华东师范大学出版社2001年版，第3页。

③ 张千帆："宪法实施的概念与路径"，载《清华法学》，2012年第6期。

④ 上官丕亮："论我国公民基本权利立宪模式的重构"，载杨海坤主编：《宪法基本权利新论》，北京大学出版社，第390页。

查等相混淆，① 其实，违宪审查并不等于司法审查，违宪审查有多重模式，司法审查只是其中一种。在中国，宪法并未规定宪法诉讼，对于违宪审查，采取的是由全国人大常委会作为主体，只是实践中并未真正启动过。因此，笔者认为，在我国尚未建立宪法法院、未制定《宪法诉讼法》之前，宪法诉讼、违宪审查应该还是相区隔的。

（一）宪法修改

"一部宪法所宣告的或应当宣告的规则并不是为了正消逝的片刻，而是为了不断延展的未来。"② 前文已就迁徙自由权入宪作了较为详尽的分析，旨在表明：迁徙自由的入宪条件已经具备，时机已经成熟。但从我国立宪实践来看，全面修改宪法尚存在一定难度，以宪法修正案的方式确认公民的迁徙自由权则比较合适。又因我国现行宪法的体例安排及解释机制的不健全，不宜简单地在宪法原有某一条款中加入"迁徙自由权"③ 或者

---

① 关于术语的适用，学界已经混乱不堪，如有"宪法诉讼"、"宪法诉愿"、"宪法监督"、"宪法适用"、"宪法司法化"、"宪法的司法适用性"、"宪法解释"、"违宪审查"等等概念，学界往往交替使用，所谓的争议诸多都是站在各自对概念定义的基础上的争议。而对概念的界定上亦是"纷繁复杂"。笔者在此无意卷入这种所谓的"争议"之中，因此，整个行文采取"宪法诉讼"与"违宪审查"区隔制，尽管两者在一些方面存在交集，但从我国现有制度观察，区别大于类同。

② ［美］本杰明·卡多佐：《司法过程的性质》，苏力译，商务印书馆1998年版，第51页。

③ 学界存在着将迁徙自由与居住自由等同或者迁徙自由包含居住自由的表述，如"迁徙自由，就是选择居住的自由"，见王世杰、钱端升：《比较宪法》，商务印书馆2010年版，第97页；"迁徙自由权指公民选择居住地点的权利"，见何华辉：《比较宪法》，武汉大学出版社1988年版，第230页；"迁徙自由，是公民选择居住地点的自由。作为法律概念，它是指在法律允许的范围内，公民所享有的选择、变更居住地的权利。"见薛江武：《对公民迁徙自由的立法思考》，载《中南政法学院学报》，1994年第1期。也有学者认为，居住自由权和迁徙自由权尽管有一定的联系，但两者是不同的权利，是并列的关系。详见李步云主编：《宪法比较研究》，法律出版社1998年版，第478页。张千帆：《宪法》，北京大学出版社2008年版，第190页。童之伟：《宪法学》，清华大学出版社2008年版，第157—162页。笔者基本赞同李步云、张千帆、童之伟等教授的观点，认为居住自由权既不等同于迁徙自由权，也不是迁徙自由权下的具体权利之一，而是一项与迁徙自由权并列的独立的权利。此外，我国1954年宪法曾经将迁徙自由与居住自由放在一起加以规定，第90条规定："中华人民共和国公民的住宅不受侵犯，通信秘密受法律的保护。中华人民共和国公民有居住和迁徙的自由。"立宪实践也表明，迁徙自由与居住自由虽有联系，但互不隶属，实属一种并列关系。基于迁徙自由与居住自由之联系与区别，本可在居住自由条款中加入迁徙自由即可，但因我国现行宪法并无居住自由的规定，并且，1954年宪法中的第90条第1款已经分属于现行宪法的第39条和第40条，若将迁徙自由权置于两个条款中任何一个都显得逻辑上难以自洽。因此，建议单列一条对迁徙自由权加以规定。

以新的条款简单地规定公民享有迁徙自由权。

借鉴外国的立宪实践和有关国际公约的规定，结合我国的实际情况，笔者提出如下初步设想：以宪法修正案的形式在宪法第二章"公民的基本权利和义务"中单列一条对迁徙自由权加以规定，内容可以表述为：中华人民共和国公民享有在境内迁徙的自由，有出入国境、迁居国外或脱离国籍的自由。中华人民共和国公民有不被驱逐出境或引渡到国外的权利。上述权利非经法律的特别规定不受限制。这项设想性条款中，既有迁徙自由，又有免受驱逐出境的权利。既有国内迁徙自由，又有国际迁徙自由；还有宪法授权法律进行特别限制的规定。但是这里并未包括限制性与保护性的具体规定，表面上看是一种"简单法律保留"，实际上仍是我国宪法体例下的"特别法律保留"原则的体现。理由在于：其一，我国宪法已经规定了一般性的限制规定，如《宪法》第51条规定："中华人民共和国公民在行使自由和权利的时候，不得损害国家的、社会的、集体的和其他公民的合法的权利和利益。"此与"特别法律保留"中"该项法律应满足的前提要件、追求特定的目的"等要求仍然吻合；其二，宪法的纲领性与根本性决定了对迁徙自由权的规定不宜过细，迁徙自由的具体内容、限制条件、救济措施等有待专门立法的进一步细化。

此项条款的主体虽直接指向为"公民"，但也适用于我国境内的外国人和无国籍人士，理由在于：一是该条款虽位于"公民的基本权利和义务"一章之内，确实不适宜明确规定外国人和无国籍人的权利。但是我国《宪法》第32条已规定了外国人的权利："中华人民共和国保护在中国境内的外国人的合法权利和利益，在中国境内的外国人必须遵守中华人民共和国的法律。""中华人民共和国对于因为政治原因要求避难的外国人，可以给予受庇护的权利。"二是迁徙自由权的内涵决定了其必然包括国际迁徙，基于国际条约和国家间的互惠协议，宪法关于迁徙自由权的条款也应适用于我国境内的外国人和无国籍人士。此外，该条款还规定了公民脱离国籍的权利，这与我国《国籍法》及关于国籍的国际条约的精神是一致的。我国《国籍法》奉行避免无国籍和不承认双重国籍原则，如该法第3条规定："中华人民共和国不承认中国公民具有双重国籍。"第9条规定："定居国外的中国公民，自愿加入或取得外国国籍的，即自动丧失中国国籍。"第10条规定："中国公民具有下列条件之一的，可以经申请批准退出中国国籍。"国际上关于国籍的几个条约的宗旨也就是为了解决国籍的积极冲突和消极冲突的，即避免双重国籍和无国籍。

此外，为与迁徙自由条款相一致，有必要修改或补充相关宪法条款，建议条款如下："中华人民共和国公民的权利和义务不得因出生而有所差别"、"中华人民共和国公民有选择对自己有利的生活方式的权利"、"中华人民共和国公民有平等的选举权和被选举权，依法被剥夺政治权利的除外"、"中华人民共和国公民有选择职业的自由，有同工同酬的权利，除资历能力的限制外有同等晋升的机会"、"中华人民共和国公民有平等的接受教育的权利和义务"、"中华人民共和国公民有平等的享受社会福利和社会救济的权利"。

（二）宪法诉讼

"在宪政主义语境里，法治的本质乃宪治，即宪法之治，而宪治的关键则在于宪法诉讼。"① 没有明确的宪法诉讼机制，宪法无以抵御各种外来侵袭，其对于政府权力运行之规控也就势必阙如。"无诉讼即无法治"、"无诉讼即无宪政"，宪法诉讼乃法治之精义所在。因此，宪法诉讼是迁徙自由权保障的重要机制。

承前述，迁徙自由权权作为一项宪法权利，具有"主观权利"和"客观规范"的双重性质，从主观权利属性看，迁徙自由权具有直接请求国家作为或不作为一定的行为；从客观规范看，迁徙自由权对立法权、行政权和司法权均具有拘束力。因此，公民依据宪法相关条款直接提起宪法诉讼是迁徙自由权的本质意涵。从宪法诉讼的目的看，基于宪法是人权保障书的观点，认为宪法诉讼的目的是保障公民的宪法权利免受国家公权力的侵犯②。

在中国，宪法诉讼在理论上还存在极大的争议。在实务中的发展亦是困难重重。从我国国情出发，宪法诉讼需要两个条件，一是由法院进行审

---

① 胡肖华："从行政诉讼到宪法诉讼——中国法治建设的瓶颈之治"，载《中国法学》，2007 年第 1 期。

② 宪法诉讼目的具有多维性，主要有民主瑕疵之补救、程序正义之实现、基本人权之保障、失范权力之矫正、政治和谐之建构。参见胡肖华："论宪法诉讼目的的多维性"，载《法律科学》，2007 年第 2 期。宪法主要规范国家公权力与公民权利，所以宪法人较保障功能是其终极价值目的，也是其最主要的功能。

判；二是与宪法存在直接关联性，即法院对案件的审判必须直接依据宪法规范进行。"与宪法存在直接关联"并不意味着一定要进行违宪审查，我国存在一个不进行违宪审查却又需要依据宪法进行诉讼的空间。[①] 对宪法诉讼的概念在学界亦存在争议，笔者更赞同"宪法诉讼是指公民认为宪法赋予其的基本权利受到国家机构及其公职人员侵害时，该公民向法院提起诉讼以求得最终救济，法院依据宪法受理案件并作出判决或裁定的制度"[②] 的观点，这与学者近年来提到的"宪法司法化"、"宪法适用"、"宪法的司法适用性"等类似。亦即"宪法诉讼"重在强调当公民的宪法权利受到侵害时，是否可以直接依据宪法条款提起诉讼，法院依据宪法作出裁决保障宪法权利。

如今，宪法诉讼已经不是需不需要的问题，而是一个技术性、逻辑性的问题。宪法诉讼的具体运作应以国家权力与公民权利之间的秩序平衡为基础。既要实现社会秩序的和平延展，同时也要实现在社会现实变化形势下对社会秩序的和平变造。诚如 J. Ortega. Gasset 所言："秩序并非一种从外部强加给社会的压力，而是一种从内部建立起来的平衡。"[③] 这种秩序的平衡，表现在我国语境下在合理衡平现有政治体制的前提下，寻求一种科学的宪法诉讼路径以加强迁徙自由权的保障。我们认为宪法诉讼运作的逻辑与技术要注意如下三点：

其一，从个人提起宪法诉讼条件看，根据《德国宪法法院法》和《韩国宪法法院法》的规定，公民个人在提起宪法诉讼要具备基本权利被侵害的事实、相互的关联性与现实性等基本要件。[④] 其二，从法院介入程度看，应实行"司法最低限度主义"，司法限度主义可以被概括为一种

① 谢维雁："中国宪法诉讼存在论"，载《现代法学》，2009 年第 1 期。

② 任进："略论建立宪法诉讼制度"，载《中国律师》，2001 年第 12 期。采用此概念，我们可以比较有效的区分"宪法诉讼"和"违宪审查"的纠缠不清。尽管美国、日本等国家宪法诉讼与违宪审查存在交集，但在中国，如谢维雁所言，"我国存在一个不进行违宪审查却又需要依据宪法进行诉讼的空间"。参见谢维雁："中国宪法诉讼存在论"，载《现代法学》，2009 年第 1 期。

③ ［美］哈耶克：《自由秩序原理》，邓正来译，生活·读书·新知三联书店 1997 年版，第 183 页。

④ 韩大元："论宪法诉愿制度的基本功能"，载中国人民大学宪政与行政法治研究中心：《宪政与行政法治评论》（第 3 卷），中国人民大学出版社 2007 年版，第 21 页。

"司法克制"的形式，一个最低限度主义的法院解决它所遇到的案件，但它对很多事情并不作出裁定。它对在一个多元异质的社会中存在的合理异议很敏感。它知道有很多东西自己都不知道，对自己的局限有非常清醒的认识。它寻求根据一个狭窄的理由裁决案件，避免清晰的规则和终局性的解决方案。迁徙自由权的宪法诉讼宜采取克制主义，尽量作出"窄"、"浅"的判决。其三，在中国通过"宪法诉讼"保障迁徙自由权，需要遵循"循序渐进"过程。具体可分为三步：第一步，由行政审判庭审理少数"准宪法诉讼案件"，这在我国亦有相关司法实践，例如 2002 年四川省人民法院审理的"蒋韬身高歧视案"①。第二步，设立宪法审判庭审理部分宪法诉讼案件。第三步，制定《宪法诉讼法》，设立宪法法院审理全部宪法诉讼案件。② 建立宪法法院是保障公民宪法权利和实现宪政的必然选择。"可以说，凡是建立了宪法法院的国家，宪政都取得了长足的发展。宪法法院一个个判决，催生了人们对宪法和基本人权的尊重。这种尊重，以前根本没存在过。就是现在，缺乏一种有效的违宪审查制度的国家（比如斯堪的纳维亚各国），这种尊重仍付阙如，尽管它们也口口声声宣布宪法至上。晚近西班牙、葡萄牙、希腊各国的宪法就显示出，现代民主国家的宪法，必须得有宪法至上和违宪审查的内容。宪法的实实在在的至上性能经常得到肯定，这和'二战'以前的情形相比，是一个根本性的改变，这一转变无人能够逆转。宪法在欧洲和在美国一样，终于都变成了'圣经宝典'。"③ 笔者不主张在中国一步到位地建立宪法诉讼机制，而是宜采取一种"温和主义"，在现有经济改革、政治改革的基础上，遵循现行宪法的意旨和基本价值取向，逐渐进行宪法诉讼的构建。

---

① 2001 年 12 月 23 日，中国人民银行成都分行在招录行员时规定招录条件之一为"男性身高 168 厘米、女性身高 155 厘米以上"。四川大学法学院毕业生蒋韬（男）因身高不足 168 厘米（实际只有 165 厘米）而被拒之门外。他认为银行招收国家公务员限定身高这一具体行政行为违反了我国《宪法》第 3 条关于"中华人民共和国公民在法律面前一律平等"的规定，剥夺了他平等担任国家机关公职的资格，故向法院提起行政诉讼，成都市武侯区人民法院于 2002 年 1 月受理了此案。参见周伟：《宪法基本权利司法救济研究》，中国人民公安大学出版社 2003 年版，第 270—297 页。

② 上官丕亮："再探宪法诉讼的构建之路"，载《法商研究》，2003 年第 4 期。

③ ［法］路易·法沃勒："欧洲的违宪审查"，载［美］路易斯·亨金等：《宪政与权利》，郑戈等译，生活·读书·新知三联书店 1996 年版，第 54 页。

（三）违宪审查

"有了宪法，并不当然意味着人权就可以得到保障。"[1] 同样，将一项权利载入宪法，并不当然意味着该项权利就有了保障。"在立宪国家，宪法在赋予公民一项基本权利的同时，还提供了相应的保障措施。"[2] 笔者已在前文论述了迁徙自由权保障的国家义务和迁徙自由权的入宪，然而，如果国家直接侵害了迁徙自由权，或者国家不履行迁徙自由权保障的义务，或者国家以履行保障迁徙自由权义务之名，行使侵害迁徙自由权之实的时候，则必须依靠违宪审查予以保障。"如果没有司法检查，那么宪法就会像记载它们的纸一样没有任何价值，而只是文字或公关文件，而不是赋予人们真实权利的法律文件。"[3]

意大利佛罗伦萨大学教授卡培里提（Mauro Cappelletti）认为西方国家不论大陆法系还是英美法系，在发展或移植违宪审查制度上，均经历了三个阶段；一是"自然正义"时期。此时期，王权或国会的行为均须受制于一个更高的、不成文的法则，即自然法。二是"法律正义"时期。强调的是成文法及议会制定法律的优越性，而法律及自然法理论对这种立法至上的控制，显得无能为力。三是"宪法正义"时期。整个制度的目的在于保障人民永久的意识，而非一时的念头，许多现代国家乃透过成文宪法，重新确立上级规范优越的原则。[4] 在我国，尽管《立法法》确立了上级规范优位原则，并规定了全国人大常委会的审查权。[5] 然而，自新中国成立 60 多年来，我国违宪审查却从未真正启动。所以说，在实际中，我国还处于"法律正义"时期。要确立"宪法正

---

[1] 李岩："违宪审查与人权保障"，载《外国法译评》，1997 年第 4 期。

[2] 杨成："论居住自由权及其入宪"，载《求索》，2012 年第 4 期。

[3] ［美］凯斯·R. 孙斯坦：《自由市场与社会正义》，金朝武等译，中国政法大学出版社 2002 年版，第 284 页。

[4] 陈铭祥："比较违宪审查制度"，载李鸿禧教授六秩华诞祝贺论文集编辑委员会：《现代国家与宪法》，月旦出版社股份有限公司 1997 年版，第 1100 页。

[5] 我国《宪法》规定了上级规范优位原则，如《宪法》序言规定宪法是"国家根本大法，具有最高法律效力"，第 5 条第 3 款规定："一切法律、行政法规、地方性法规都不得与宪法相抵触。"并规定全国人大常委会的审查权，例如《宪法》第 67 条规定，全国人大常委会有权撤销与宪法和法律相抵触的行政法规，撤销同宪法、法律和行政法规相抵触的地方性法规。

义"必须建立真正的违宪审查制度。劳动权保障不能停留在"法律正义"阶段，必须加快迈入"宪法正义"时期。

从违宪审查的主体看，世界上违宪审查的模式主要有五种：以美国为代表的普通法院审查模式；以德国为代表的宪法法院审查模式；以法国为代表的宪法委员会审查模式；以英国为代表的立法机关审查模式；以瑞士为代表的复合审查模式（由议会、政府和法院共同行使）。在采取何种模式的违宪审查的问题上，学界多认为《宪法》所规定的由全国人大常委会实施违宪审查，有"自己监督自己"① 的缺陷，且目前司法化违宪审查模式为多数国家采纳。学界倾向于在中国建立司法化的违宪审查制度，"包括笔者在内的另有一些学者都认同和支持'司法化'的理念"②。哈耶克认为："司法审查，并不是美国人的发明，而是一种犹如宪法性法律本身一样历史悠久的安排国。这就是说，没有司法审查，宪政就根本不可能实现。"③ 有学者对司法化违宪审查的意义作了总结："我们可以将建设司法审查制度的意义归纳为：将公共权力的运行纳入司法功能起作用的范围是宪政构成的必要条件，任何一个现代宪政国家都必须着眼于通过司法审查制度的建设维护其价值。"④ 张千帆教授更是反问道："没有谁会认为，民法、刑法、行政法能够在没有诉讼和审判的环境下得到自动实施。既然如此，为什么设想宪法可以没有司法性质的审查而获得自动实施呢？"⑤ 目前，司法化违宪审查模式主要有两种：美国普通法院审查模式和德国宪法法院审查模式。笔者更偏向于德国式的宪法法院模式。在我国宪法未有重大修改之前，应该采取一种渐进式的改革，亦即在现有宪法秩序框架下，在全国人大常委会作为违宪审查主体的前提下，逐步进行改革。

第一步，在全国人大之下设立"宪法委员会"，负责对法律文件的违宪审查。为尽快发挥现行宪法确定的违宪审查制度，根据《宪法》第70条的规定："全国人民代表大会设立民族委员会、法律委员会、财经委员

---

① 马岭：《宪法原理解读》，山东人民出版社2007年版，第439页。
② 陈云生：《宪法监督的理论与违宪审查制度的建构》，方志出版社2011年版，第423页。
③ ［英］哈耶克：《自由秩序原理》（上册），邓正来译，生活·读书·新知三联书店1997年版，第235页。
④ 潘伟杰：《法治与现代国家的成长》，法律出版社2009年版，第240页。
⑤ 张千帆："宪法实施的概念与路径"，载《清华法学》，2012年第6期。

会、教育科学文化卫生委员会、外事委员会、华侨委员会和其他需要设立的专门委员会。”因此，可以在现有的全国人大常委会法制工作委会员法规审查备案室的基础上，由全国人大设立专门委员会性质的“宪法委员会”，由它专门、统一地实行法律法规的事先和事后审查，给全国人大及其常委会作出有关违宪审查的决定提供审查和处理意见，使全国人大常委会能更好地履行违宪审查的职权。“宪法委员会”可由7—9名资深法学家和政治家作为委员组成。

第二步，逐渐扩大“宪法委员会”的权限和司法性质。之所以扩大“宪法委员会”的权限和司法性质，“作为专门工作机构，宪法委员会在人事、财政和运行程序上应当享有独立性；换言之，宪法委员会虽然从属于全国人大常委会之下，却带有相当程度的司法性质，否则将无法抵制政治权力的干预，无从捍卫宪法的尊严及其在公民心目中的地位，亦无从建立机构本身的社会公信力”[1]。此时，“宪法委员会”原则上只审查全国人大常委会制定的法律及其下位阶的法规范，无权审查全国人大制定的法律是否具有合宪性，但可以向全国人大提出法律修改建议案，或者通过宪法解释的方式予以补救。

第三步，在条件具备的时候，通过修改宪法，建立宪法法院。诚如季卫东教授所言：“如果对制宪与立法的主体未作适当区隔，那么对法律进行的合宪性审查就会面临主体缺位的尴尬。显然，如果打算也审查全国人大制定的法律和决定的违宪嫌疑的话，那就需要在全国人大的现有框架之外，再设立一个能够代替全国人大发挥它作为制宪机关而保障最高位阶的规范效力的那部分功能，以免出现现有角色自相矛盾的尴尬。”[2] 有学者更是斩钉截铁地认为：“一句话，宪法司法审查机构必须设立。这是确保我国宪法实施，迈向现代化大国的标志！这是法治与宪政国家达成的标志！”[3] 因此，当政治改革到一定程度，可以考虑通过修改宪法，借鉴德国建立专门的宪法法院。将“宪政委员会”成员增加到9—15名，由国

---

① 张千帆：“宪法实施的概念与路径”，载《清华法学》，2012年第6期。

② 季卫东：“再论合宪性审查——权力关系网的拓扑与制度变迁的博弈”，载《开放时代》，2003年第5期。

③ 范进学：“宪法价值共识与宪法实施”，载《法学论坛》，2013年第1期。

家主席提名，全国人大选举产生，对宪法负责①。宪法法院可按照宪法规定的权限和程序，对任何法律、行政法规、地方性法规、自治条例、单行条例以及部门规章、地方政府规章等进行抽象性审查，并直接否定违宪规范的效力。

总之，宪法诉讼、违宪审查等机制的建立和完善是宪法得到有效实施所无法回避的关键举措，"如果说30年后，改革已经进入到决定成败的攻坚阶段，那么宪法也面临着从程序实施到实体实施的关键转折，而某种形态的司法适用是宪法有效实施绕不过去的门槛"②。与其用各种"理论"来回避我国宪政改革的真问题，不如坦诚面对、大胆假设、小心求证，用谨慎而有效的制度设计开启我国宪法实施的新阶段。

二　中观：法律实施机制

基于迁徙自由权之"特别法律保留"原则与国家义务之本质要求，结合我国的立法实践，启动宪法上"基本权利"③的专门立法是确保迁徙自由权得以实现的关键。又基于迁徙自由权的关联度，即与选举权、受教育权、社会保障权、劳动权等存在一定关联，迁徙自由权的恢复入宪，必然会对现有的选举法、教育法、社会保障法、劳动法等相关法律产生一定影响，这些法律制度是实现迁徙自由权的重要保障，为与宪法修改和补充相适应，有必要对之作出相应的修改或制定新的相关法律。④

（一）迁徙自由的专门立法

迁徙自由权的专门立法既是宪法赋予立法机关的一项重要职权，也是

---

①　在宪法法院法官的任命方式上是采取"一元化"还是"多元化"方式，尚需探讨。从世界各国看，采取专门违宪审查制度的国家多采取"多元化"的任命方式，例如：在法国，宪法会议的九位委员中，有三位由总统任命，三位由众议院议长任命，剩下三位则由参议会议长任命。奥地利宪法法庭的院长、副院长，以及十二位法官中的六位，是由内阁提名，总统任命，另外六位法官则由立法机关提名，总统任命。葡萄牙宪法法院的十三位法官中，十位由国会任命，三位则由选举产生。西班牙宪法法庭是由十二位法官组成，其中四位由众议院议员五分之三同意后提名，四位由参议院议员五分之三同意后提名，两位由内阁提名，剩下两位则由司法总会提名，最后再由国王任命。参见陈铭祥："比较违宪审查制度"，载李鸿禧教授六秩华诞祝贺论文集编辑委员会：《现代国家与宪法》，月旦出版社股份有限公司1997年版，第1101—1102页。

②　张千帆："宪法实施的概念与路径"，载《清华法学》，2012年第6期。

③　这里使用"基本权利"而非宪法权利，主要是基于现行宪法文本上的固定用语，下同。

④　参见曾祥华："对迁徙自由的宪法学思考"，载《政法论丛》，2003年第6期。

保障迁徙自由权、对限制迁徙自由权进行合宪性判断的依据所在。宪法权利的专门立法同时也是我国立法实践的基本做法，其涉及的是"宪法基本权利的具体化"①。具体化的实质，"一则在于确定以立法者为优先的所有国家机关之于基本权利的义务；二则在于在形成基本权利内容的同时划定不受公权力支配的核心领域；三则在于使基本权利于具体生活关系中获得内容"②。从国外的立法实践中，我们似乎并不能得出：凡宪法中有迁徙自由权条款的国家，均实施了相应的专项立法，或者说，"宪法文本中规定的基本权利条款并没有全部立法具体化"③。但是，我国的立法实践表明：现行宪法中"基本权利"的专项立法已经成为保障和实现公民宪法权利的基本趋势和基础条件。在我国现行宪法的文本规定中，共有 19 项条款涉及了基本权利的规定，分别为：第 33 条第 2 款（平等权）、第 33 条第 3 款（国家尊重和保障人权）、第 34 条（选举权与被选举权）、第 35 条（基本政治自由）、第 36 条（宗教信仰自由）、第 37 条（人身自由）、第 38 条（人格尊严）、第 39 条（住宅权）、第 40 条（通信自由和秘密权）、第 41 条（监督权及保障）、第 42 条（劳动权）、第 43 条（劳动者的休息权）、第 44 条（退休人员的社会保障权）、第 45 条（获得物质帮助的权利）、第 46 条（受教育权）、第 47 条（文化活动权）、第 48 条（妇女的平等权）、第 49 条（婚姻家庭制度中的权益保护）、第 50 条（华侨、归侨权益的保护）。在上述关于公民基本权利的条款中，大部分有具体的法律与之相对应，分别为：第 13 条、第 34 条、第 35 条、第 36 条、第 37 条、第 38 条、第 39 条、第 40 条、第 41 条、第 42 条、第 43 条、第 45 条、第 46 条、第 47 条、第 48 条、第 49 条、第 50 条。而从这些权利条款与法律的对应性规定来看，有的规范条文对应着一部相应的法律，如第 34 条对应的就是选举法，第 42 条、第 43 条对应的就是劳动法；

---

① 参见任丽莉："我国宪法基本权利条款立法具体化之必要性分析"，载《江南大学学报（人文社会科学版）》，2010 年第 5 期；韩景、胡延广："宪法未列举的公民基本权利的具体化"，载《河北学刊》，2012 年第 6 期；郑贤君："基本权利具体化之辨伪"，载《北方法学》，2012 年第 6 期。

② 郑贤君："基本权利具体化之辨伪"，载《北方法学》，2012 年第 6 期。

③ 任丽莉："我国宪法基本权利条款立法具体化之必要性分析"，载《江南大学学报（人文社会科学版）》，2010 年第 5 期。

有的规范条文内容由两个或两个以上的法律所调整，如对于第 36 条，我国选举法、民法、刑法和义务教育法等法律中具体规定了对宗教信仰自由的保障。再如第 37 条、第 38 条、第 39 条、第 40 条，刑法、行政处罚法、治安管理处罚法等均对其作了保障规定；而有的法律调整宪法中的若干权利条款，如婚姻法既是对第 49 条的具体化规定，也同时调整第 49 条的婚姻家庭中的各种关系问题。从我国宪法权利的规定和宪政实践来看，我国的宪法权利保障显然采取的是相对保障模式，即宪法权利的保护和限制均通过普通法律加以规定①。特别在我国尚未建立具有实效性的违宪审查机制的情形下，"基本权利的立法具体化对于我国宪法的基本权利保障具有基础性意义"②。

迁徙自由权的专门立法中，必须涵盖五项基本要素：迁徙自由权的条件、内容、主体、限制和救济。"对迁徙自由的条件、内容和限制等也要作出详细规定，让它可以像数理科学一样变得'规范'。"③ 这五大要素在前文中已作论述，这里不赘述。需要指出的是，迁徙自由权的专门立法需要理清这五项要素：一是条件方面，既要有"现实性"的列举，也需有"障碍性"的回应。二是内容方面，既有国内迁徙的自由，也有国外迁徙的自由；既有形式意义上的迁徙自由，如行动自由、人身自由，更有实质意义上的迁徙自由，如迁居者享有与迁入地居民平等的权利和待遇。三是主体方面，既有权利主体，如中国公民、外国人和无国籍人士，也有义务主体，如国家立法机关、行政机关和司法机关。四是限制方面，既有为维护公共利益、公共秩序及公共道德而限制迁徙自由，也有为维护国家安全，防止自然灾害和事故，为了公共卫生、保健及阻止传染病的蔓延而限制迁徙自由，还有出于法律上特定义务而限制迁徙自由，如不能利用迁徙自由进行犯罪、逃避司法追捕和审判。五是救济方面，既有行政机关的行政救济，也有司法机关的司法救济。

---

① 参见林来梵：《从宪法规范到规范宪法》，法律出版社 2001 年版，第 94 页。

② 任丽莉："我国宪法基本权利条款立法具体化之必要性分析"，载《江南大学学报（人文社会科学版）》，2010 年第 5 期。

③ Claus – Wilhelm Canaris, Systemdenken und Systembegriff in der Jurisprudenz, 2. Aufl. Duncker & Humblot, 1983, 23 – 35.

（二）相关法律制度的修改

早在 2004 年 11 月，北京理工大学教授胡星斗教授即向全国人大常委会提交了 2500 字的建议书，要求对现行户籍制度，以及以户籍为标准对公民进行区别对待的教育、医疗、社保、税收、金融和选举等制度进行违宪审查。[①] 与户籍制度相关的一些法律制度迫切需要得到清理和修改。"劳动法、教育法、社会保障法、选举法也应作出必要的修改或制定新的相关法律。"[②] 以选举法为例，《宪法》对公民的选举权有明确规定，但现实国情下，农民的平等选举权未予以明确。《宪法》第 34 条规定：中华人民共和国年满十八周岁的公民，不分民族、种族、性别、职业、家庭出身、宗教信仰、教育程度、财产状况、居住期限，都有选举权和被选举权。此项规定尽管没有明确农民的选举权问题，但可以推导出农民是享有选举权的。因为不论职业、家庭出身、受教育程度等状况，公民均享有选举权。但就选举权而言，农民拥有这项权利，与在多大程度上能行使这项权利，这是两个概念。对此，宪法未予明确规定，也由此产生了相关立法对农民的代表权与城市居民代表权的差别规定。如 1979 年《选举法》对农村与城市每一代表所代表的人口数作了不同规定，即自治州、县为 4∶1，省、自治区为 5∶1，全国为 8∶1，这个比例延续到 1995 年，《选举法》第三次修正统一将各级人民代表选举中的农村与城市每一代表所代表的人口数之比规定为 4∶1。安排各级人民代表名额时，农村社区人民代表的人数仅及居民人数相当的城镇社区人民代表的 1/4。换句话说，四个农民的选票只相当于一个城镇居民的选票。显然，与城市居民相比，农民参与国家政治生活的权利是不平等的。有学者对此进行过调查："我们在江苏省的昆山、扬州，江西省和湖北省进行的实证调查中发现，知道有选举权和被选举权的村民平均在 73.7%，其中昆山、扬州农民知晓率在 90% 以上，而江西、湖北不发达地区农民知道有选举权和被选举权的仅占 14.3%；认为村委会主任是选举产生的占 77%，其中昆山为 100%，扬州为 97.5%，江西、湖北只有 20%。可见农民基层民主选举权的落实情况也

---

① 李慎波："大学教授上书全国人大递交违宪审查建议"，载《法制早报》，2004 年 11 月 24 日。

② 杨海坤主编：《宪法基本权利新论》，北京大学出版社 2004 年版，第 113 页。

不平衡。"①

令人欣喜的是，2010 年 3 月 14 日，十一届全国人大三次会议以赞成 2747 票、反对 108 票、弃权 47 票通过了《选举法修正案》。此次《选举法》修改最大的亮点在于确立了"城乡按相同人口比例选举人大代表"原则，将《选举法》第 16 条修改为："全国人民代表大会代表名额，由全国人民代表大会常务委员会根据各省、自治区、直辖市的人口数，按照每一代表所代表的城乡人口数相同的原则，以及保证各地区、各民族、各方面都有适当数量代表的要求进行分配。"我们有理由相信，农民的参政权因此会得到很大程度的保障，然而由于历史、现实以及农民自身等多方面的因素，农民参政权的真正实现将不是一蹴而就的，而是一个长期的发展过程。现实中，有些情况是"农村来的人大代表，基本都是'农民精英'，他们已经不是纯粹农民，要么是乡村干部，要么是乡镇企业的负责人。农民无法选出真正的利益代言人。这种代表性的缺乏，严重影响了广大普通农民参与社会事务的能力，他们无法对自身利益进行充分表达和有效控制"②。正如有学者所言："选举法的修改体现了国家在实现农民宪法权利平等保护上的努力，但若仅仅提出立法上的形式平等，则农民与市民在社会资源的竞争中是无法处于同一起点的，依然会造成事实上的不平等。"③

承上述，我们建议，在迁徙自由权恢复入宪以及"中华人民共和国公民享有平等的选举权和被选举权，依法被剥夺政治权利的除外"等修改后的宪法条款的指引下，进一步完善现行选举法，可以将《选举法》第 3 条："中华人民共和国年满十八周岁的公民，不分民族、种族、性别、职业、家庭出身、宗教信仰、教育程度、财产状况和居住期限，都有选举权和被选举权。依照法律被剥夺政治权利的人没有选举权和被选举权。"修改为："中华人民共和国年满十八周岁的公民，不分民族、种族、性别、职业、家庭出身、宗教信仰、教育程度、财产状况和居住

---

① 季建业：《农民权利论》，中国社会科学出版社 2008 年版，第 26 页。

② 夏雨："中国农村政治民主现状：基于农民选举权的考察"，载《大连海事大学学报（社会科学版）》，2011 年第 4 期。

③ 龚向和、左权："论农民宪法权利平等保护目标——实质平等"，载《河北法学》，2010 年第 8 期。

期限,都有平等的选举权和被选举权,依照法律被剥夺政治权利的除外。"在《选举法》中加入"平等的",充分彰显了宪法中迁徙自由权条款的价值追求和实质意蕴,也有力地回应了宪法相关条款的修改,确保了国家法制的统一。

以上只是就选举法的修改与完善举例,劳动法、教育法、社会保障法等相关法律都应以宪法上的迁徙自由权条款和其他相关条款为依据作出适当的修改与完善,以充分保障公民迁徙自由权的实现。

三 微观:公民身份机制

公民身份是通往权利平等与民主政治的桥梁,在现代社会亦受到越来越多的重视,"我们开始认识到公民身份重要了。它围绕着至关重要的权利与义务而展开,与宪法事务之外的生活紧密联系。有效的公民身份对广泛的政治参与者类型与国家机构施加一致的强烈义务"①。基于公民身份的基本要素与成长历程的考察,"公民身份"的基本含义与迁徙自由权的实际意蕴具有高度的一致性,公民身份机制建设亦成为保障和实现公民迁徙自由权的重要因素。

(一) 公民身份培育

卢梭说过:"我们都只不过是在成为公民之后,才真正开始变成人的。"② 迄今为止,所有有关人权的论述都未能有效地解决困难群体的文化问题,但是,造成这一问题的原因正是他大力维护的国家所造成的,国家阻碍了人权平等地落实到所有的人身上。③ 去除身份上的各种特权,保障和实现公民的平等权,应成为国家的应有责任和基本义务。而农民作为中国社会的困难群体,尤其需要得到国家层面的制度关怀。"全球化背景下的移民运动,与现代化过程中的移民运动一样,必然要求政府及时推进民主治理变革,努力消除公民身份的差异,确保全体国民享有平等的公民

---

① [美]查尔斯·蒂利:《身份、边界与社会联系》,谢岳译,上海人民出版社 2005 年版,第 209 页。
② [法]卢梭:《社会契约论》,何兆武译,商务印书馆 1980 年版,第 198 页。
③ 转引自[美]基思·福克斯:《公民身份》,郭忠华译,吉林出版集团有限公司 2009 年版,第 85 页。

身份，维护全体人民的人权和公民权。"① 根据学者周作翰和张英洪的分析，"中国农民在通向现代国家的公民身份道路上历经曲折。1949 年以后，中国农民的身份经历了四次大的身份变迁，即农民身份的阶级化、农民身份的结构化、农民身份的社会化、农民身份可能的公民化"②。按照英国社会学家马歇尔关于"公民身份"三个要素的理论，即公民的要素（civil element）、政治的要素（political element）和社会的要素（social element），③ 农民身份要实现完全公民化，也必然包含三个基本要义：一是农民要与城镇居民一样获得平等的公民身份；二是农民作为公民要充分参与国家和社会的公共生活，享有完全的公民身份；三是农民要与其他社会成员一样平等分享国家和社会文明进步的共同成果。我们可以说，公民身份的前提条件是国家、公民身份的本质是平等、公民身份的内容是权利与义务。④ 因此，"公民身份"的基本含义与迁徙自由权的实际意蕴具有高度的一致性，公民身份机制建设亦成为保障和实现公民迁徙自由权的重要因素。

我国现行宪法虽赋予了具有中国国籍的人以"公民身份"。然而，由于二元户籍制度等方面的原因，农民的公民身份并未凸显，农民的公民权利亦受到了不平等对待，或者说"农民权利脱离了国家主流保护范围"⑤。让农民回归公民身份，说到底是要落实宪法赋予农民的"公民权"，让农民同城市居民一样平等享有各项宪法权利，"真正贯彻宪法的平等原则，落实农民的公民待遇"⑥。因此，给农民以"公民待遇"或"国民待遇"是公民身份机制培育的题中之义。"农民身份的典型特征是权利和义务的

---

① 俞可平："新移民运动、公民身份与制度变迁——对改革开放以来大规模农民工进城的一种政治学解释"，载《经济社会体制比较》，2010 年第 1 期。

② 周作翰、张英洪："从农民到公民：农民身份的变迁路径"，载《湖南文理学院学报（社会科学版）》，2007 年第 6 期。

③ 参见［英］T. H. 马歇尔、安东尼·吉登斯：《公民身份与社会阶级》，郭忠华等译，江苏人民出版社 2008 年版，第 10 页。

④ 参见郭忠华："变动社会中公民身份——概念内涵与变迁机制的解释"，载《武汉大学学报（哲学社会科学版）》，2012 年第 1 期。

⑤ 袁立："中国农民权利平等保护的新进路"，载《西南交通大学学报（社会科学版）》，2010 年第 6 期。

⑥ 江国华："从农民到公民——宪法与新农村建设的主体性视角"，载《法学论坛》，2007 年第 2 期。

二律背反，农民同市民的权利与义务严重不平等，解决这一问题的理路在于从法律上取消针对农民的种种带有歧视性的身份制度，还农民以国民待遇。"①

培育农民的公民身份，首要的是制度变革。根据学者俞可平的观点，从中国的经验看，户籍制度、社区制度、教育制度、工会制度、选举制度和社会保障制度的改革，对于切实维护公民合法的政治经济权益，特别是其自由权、平等权、参与权、居住权、劳动权、休息权和社会福利权具有实质性的重大意义。② 也就是说，公民身份机制建设有赖于上述相关制度的改革或变迁。当前最为迫切的城乡二元户籍制度改革将在下文予以探讨，囿于篇幅与本书主题，这里无法就每一相关制度的改革作详述。需要强调的是，完善的社会保障制度，是一个国家实现平等及公平正义的重要保证。国外迁徙自由权的保障经验表明：建立和健全社会保障制度是实现迁徙自由权的重要条件。此外，农民的首要权利之生存权，同样有赖于完善的社会保障体系的支撑。因此，我们建议，应在建立覆盖全民的社会保障体系的基础上，加大对农民最低生活保障、养老、医疗卫生等方面的资金投入，加大对农民的社会保障力度；在社会保障制度建设、基础设施建设和有关资金投入等方面，应给予农民差别补偿。给予农民差别补偿是农民身份上的弱势使然，也是实现公民权利"实质平等"③ 保护的必然要求。

公民身份机制的培育，同样仰赖于"公民社会"的孕育。农民权利的缺失与农民自身权利意识淡薄、主体地位缺失及农民自身组织程度较低存在一定关联。要实现农民权利的平等保护，既要有国家的制度性保障，又要有农民自身公民精神和主体地位的形塑，"要让农民转变成为公民，在相当程度上，即是一种制度上的变革，也是一种精神的塑

---

① 柏骏："农民身份——一个社会学研究的视角"，载《唯实》，2003 年第 12 期。

② 俞可平："新移民运动、公民身份与制度变迁——对改革开放以来大规模农民工进城的一种政治学解释"，载《经济社会体制比较》，2010 年第 1 期。

③ 参见龚向和、袁立："后乡土社会语境下中国农民人权研究"，载《东南大学学报（哲学社会科学版）》，2009 年第 4 期。

造"①。要让农民自觉地关心国家政策和法律的制定与实施；既要有国家继续加强对农民的法制宣传和普法工作，也要有农民群众权利意识、维权意识的萌发与觉醒，进而擅长用权利话语、法律方式来表达自己的利益、参与公共生活，在现代社会中扮演更加积极的角色。农民的集体"失语"和"不在场"，还在于我国缺乏农民利益表达的完善机制。要通过程序设置来保障农民参与有关切身利益的立法，完善人大、政协、信访等制度化表达渠道，成立代表农民利益的维权组织，如可尝试成立专门的"农民工工会"②，从而保障农民话语权。同时提高农民自身组织程度，着手组织农会或其社会中间组织，使农民在权利保护方面获得更多的支持和力量。

（二）户籍制度改革

如前述及，深层次"户改"的核心是消除身份差别。通过户籍制度改革，建立和培育公民身份机制已经刻不容缓。我国户籍制度必须改革，这一点已经达成共识，但对改革时机是否成熟却存有分歧。有的认为"户改"宜缓行，有的认为不宜缓行。③ 争论的焦点是目前我国实现迁徙自由的条件是否具备，户籍改革有无现实可能性。关于这一点，笔者在第四章已经作了详述，结论是：迁徙自由的条件已经具备，深层次"户改"不宜缓行。就户籍制度改革而言，值得一提的是，居民身份证制度的推行已经为户籍改革奠定了基础，身份证制度是实现人口动态化管理的手段，削弱了户口证明公民身份的功能。农业产量的提高、粮食的充分供应为迁徙自由奠定了物质基础。我国20世纪50年代末限制农民进城，原因之一即在于保障粮食供应。时隔几十年后，由于农业产业化和现代化的推进，我国粮食供应基本达到平衡，年年有余。此外，1992年城市户口粮食补助的取消，附着在城市户口上的各种待遇也在弱化，住房、医疗、保险、劳动就业、教育制度等方面的改革进一步淡化了城市居民在以上方面的优势感。也许仍然有人会提出很多反对的理由，但

---

① 江国华："从农民到公民——宪法与新农村建设的主体性视角"，载《法学论坛》，2007年第2期。

② 朱全宝："论美国劳工权利的法律保护及其借鉴"，载《人大研究》，2012年第4期。

③ 参见刘武俊："户籍制度改革不宜缓行"，载《理论导刊》，2001年第6期；王秀卫："户籍立法应当缓行"，载《法学杂志》，2002年第2期。

是试问一下：我国新中国成立后的八年间就能实行迁徙自由，为什么现在不能？难道经过 30 多年改革开放的中国还不如 20 世纪 50 年代的中国？世界上目前只有三个国家实行这种城乡二元户籍制度（中国、朝鲜和贝宁），难道其他所有国家实现迁徙自由的条件都比中国好？也许正如有学者所言，"一项再不合理的制度一旦存在，要废除它总有人反对，并且都有很充分的理由，除了利益因素之外，'习惯了'恐怕是主要原因，这也是改革的阻力所在"①。

改革户籍制度，根本上而言，即要废除现行的户籍身份制度，建立新型的户籍管理制度。基于此，构建新型户籍制度应重点在以下四个方面着力：

1. 遵循户籍平等统一原则。不再划分农业人口和非农业人口，户口登记以住所地为依据，实行全国统一的一元化户籍制度，废除户籍制度中的等级差别和身份特权，户籍面前人人平等。"户改"实践中，四川成都的户籍改革已经取得了重大突破。2010 年 11 月 16 日，成都市政府新闻办公室宣布，成都市将彻底破除城乡居民身份差异，推进户籍、居住一元化管理，充分保障城乡居民平等享受各项基本公共服务和参与社会管理的权利，到 2012 年实现全域成都统一户籍。②

2. 变事前迁移为事后迁移。目前，我国人口迁移要求先由迁出地公安机关开具户籍证明，然后必须由迁入地的公安机关开具准迁证，再到迁出地开出户口迁移书，最后到迁入地交存落户。可谓徒劳往返、劳民伤财，更重要的是它实质上限制了公民的迁徙自由。应按国际惯例，采取事后迁移的做法，即公民在某地居住一定期限（一般为 6 个月）后，即可登记为该地居民。

3. 破除户籍与利益的挂钩，恢复户籍的本来面目和功能。深层次"户改"的核心之一即是剥离附着在户籍上的利益，把社保、低保、义务教育、医疗等制度逐步与户籍制度剥离。要恢复户籍的本来面目，使户口成为登记人口、统计人口信息的手段，为政府管理公共事物和法院裁决民

① 杨海坤主编：《宪法基本权利新论》，北京大学出版社 2004 年版，第 118 页。
② 参见成都市政府新闻办："全域成都统一户籍，2012 年城乡双向自由迁徙"，载《成都商报》，2010 年 11 月 17 日。

事案件提供证据和材料。

4. 废止《中华人民共和国户口登记条例》，代之以新的《中华人民共和国户籍法》①。应以新修改的宪法条款以及推进深层次"户改"的"三个导向"为指引，对我国现行户籍管理制度进行全面的检视与清理，首要的是废止《中华人民共和国户口登记条例》。首先，从法律制度的名称上看，我国立法实践中，"条例"一词更多地带有行政法规、地方性法规的色彩，而《户口登记条例》的制定主体是全国人大常委会，其性质上自然属于"法律"而非"法规"，因此应改"户口登记条例"为"户籍法"。其次，从内容上，应按照有利于保障公民的基本人权，充分实现公民的平等权、迁徙自由权为宗旨酝酿和设置新户籍法的相关条款。就《户口登记条例》而言，涉及限制和侵害公民宪法权利、落后于现实情况发展变化的过时条款主要有：第 1 条、第 3 条第 5 款、第 4 条第 3款、第 6 条、第 10 条、第 13 条、第 16 条、第 20 条、第 21 条、第 22条等。所涉条款之多，仅靠逐条修改可能难以从根本上解决问题，制定新的《户籍管理法》便呼之欲出。至于新的《户籍管理法》，笔者设想，其第 1 条可表述为："为了尊重和保障人权，促进人口有序流动，服务于社会主义建设，依据宪法制定本法。"相较于《户口登记条例》第 1 条"为了维持社会秩序，保护公民的权利和利益，服务于社会主义建设，制定本条例"，应该说在立法理念上有所进步。至于其他条款，笔者无法在此一一"构想"，也无意于"越俎代庖"、侵犯立法者的"形成自由"，这里需要指出的是，新的户籍法应对公民迁徙自由权寄予充分关照，并在前文述及的"三个导向"的指引下进行法条的创建和设置。

此外，户籍制度的法律蓝本虽是《户口登记条例》，城乡二元户籍制度改革首当其冲的自然也是《户口登记条例》，但这还只是迈出了重要的

---

① 早在 2007 年全国两会上，全国人大代表、广州市人大常委会副主任李力即向全国人提交议案：废止颁布施行近 50 年的《户口登记条例》，制定新的户籍法，剥离附着于户口之上的教育、社保等利益关系。参见："代表建议废止《户口登记条例》"，载《羊城晚报》，2007 年 3 月 12 日。学者张英洪也提出废除《户口登记条例》，参见张英洪："从废止《收容遣送办法》到废除《户口登记条例》，载爱思想网：http://www.aisixiang.com/data/1323.html，2013 年 5 月 5 日访问。

一步，户籍身份制度的改革并非借此一劳永逸。实践中，中央和地方的各级行政机关都出台过大量限制公民迁徙自由权的法规、规章，鉴于此类法规、规章之庞杂，笔者在此无法一一列举。需要强调的是，有关部门应从维护国家法制统一高度，在相关宪法条款、法律的指引下，对涉及户籍身份制度相关的法规、规章及其他规范性文件进行全面的检视和清理，以确保公民迁徙自由权规范的贯彻和落实。

参考文献

一　中文类文献

（一）著作

1. 王世杰、钱端升：《比较宪法》，商务印书馆 2009 年版。

2. 许崇德：《宪法》，中国人民大学出版社 2002 年版。

3. 郭道晖：《法的时代挑战》，湖南人民出版社 2003 年版。

4. 何华辉：《比较宪法》，武汉大学出版社 1988 年版。

5. 李步云主编：《宪法比较研究》，法律出版社 1998 年版。

6. 罗豪才：《行政法与公法精要》，辽海出版社、春风文艺出版 1999 年版。

7. 韩大元主编：《中国宪法事例研究》，法律出版社 2009 年版。

8. 韩大元、林来梵、郑贤君：《宪法学专题研究》，中国人民大学出版社 2008 年版。

9. 韩大元、胡锦光主编：《宪法教学参考书》，中国人民大学出版社 2003 年版。

10. 韩大元、莫纪宏主编：《外国宪法判例》，中国人民大学出版社 2005 年版。

11. 张千帆：《宪政原理》，法律出版社 2011 年版。

12. 张千帆：《权利平等与地方差异——中央与地方关系法治化的另一种视角》，中国民主法制出版社 2011 年版。

13. 张千帆主编：《宪法》，北京大学出版社 2008 年版。

14. 张千帆：《西方宪政体系（上册·美国宪法）》，中国政法大学出版社 2005 年版。

15. 张千帆：《西方宪政体系（下册·欧洲宪法）》，中国政法大学出版社 2005 年版。

16. 张千帆、朱应平、魏晓阳：《比较宪法——案例与评析》（下册），中国人民大学出版社 2011 年版。

17. 周叶中主编：《宪法学》，高等教育出版社、北京大学出版社 2000 年版。

18. 徐显明主编：《公民权利义务通论》，群众出版社 1991 年版。

19. 董和平、韩大元、李树忠：《宪法学》，法律出版社 2000 年版。

20. 胡锦光主编：《宪法学原理与案例教程》，中国人民大学出版社 2006 年版。

21. 李树忠主编：《宪法学案例教程》，知识产权出版社 2002 年版。

22. 莫纪宏：《实践中的宪法学原理》，中国人民大学出版社 2007 年版。

23. 莫纪宏：《现代宪法的逻辑基础》，法律出版社 2001 年版。

24. 莫纪宏、刘春萍主编：《宪法研究》（第 11 卷），黑龙江大学出版社 2010 年版。

25. 林来梵：《从宪法规范到规范宪法——规范宪法学的一种前言》，法律出版社 2001 年版。

26. 季卫东：《宪政新论——全球化时代的法与社会变迁》，北京大学出版社 2002 年版。

27. 蔡定剑：《宪法精解》，法律出版社 2006 年版。

28. 孙笑侠：《程序的法理》，商务印书馆 2005 年版。

29. 童之伟：《宪法学》，清华大学出版社 2008 年版。

30. 杨心宇等：《法理学导论》，上海人民出版社 2002 年版。

31. 陈云生：《宪法监督司法化》，北京大学出版社 2004 年版。

32. 陈云生：《宪法学学习参考书》，北京师范大学出版社 2009 年版。

33. 陈云生：《宪法监督的理论与违宪审查制度的建构》，方志出版社 2011 年版。

34. 杨海坤主编：《宪法基本权利新论》，北京大学出版社 2004 年版。

35. 杨海坤主编：《宪法学基本论》，中国人事出版社 2002 年版。

36. 杨海坤主编：《跨入新世纪的中国宪法学》（下），中国人事出版社 2001 年版。

37. 杨海坤、上官丕亮、陆永胜：《宪法基本理论》，中国民主法制出版社 2007 年版。

38. 潘伟杰：《现代政治的宪法基础》，华东师范大学出版社 2001 年版。

39. 潘伟杰：《宪法的理念与制度》，上海人民出版社 2004 年版。

40. 潘伟杰：《法治与现代国家的成长》，法律出版社 2009 年版。

41. 刘志刚：《宪法诉讼的民主价值》，中国人民公安大学出版社 2004 年版。

42. 刘志刚：《立宪主义视野下的公法问题》，上海三联书店 2006 年版。

43. 马岭：《宪法权利解读》，中国人民公安大学出版社 2010 年版。

44. 陆平辉：《宪法权利诉讼研究》，知识产权出版社 2008 年版。

45. 翟小波：《论我国宪法的实施制度》，中国法制出版社 2009 年版。

46. 朱应平：《澳美宪法权利比较研究》，上海人民出版社 2008 年版。

47. 《邓小平文选》（第 2 卷），人民出版社 1994 年版。

48. 《马克思恩格斯全集》（第 23 卷），人民出版社 1972 年版。

49. 《列宁全集》（第 15 卷），人民出版社 1959 年版。

50. 王振民：《中国违宪审查制度》，中国政法大学出版社 2004 年版。

51. 张恒山：《法理要论》（第 2 版），北京大学出版社 2006 年版。

52. 王海明：《公正与人道：国家治理道德原则体系》，商务印书馆 2010 年版。

53. 徐向华主编：《观念与行为：宪政意识与普法宣传教育研究》，中国社会出版社 2003 年版。

54. 周伟：《宪法基本权利司法救济研究》，中国人民公安大学出版社 2003 年版。

55. 程燎原、王人博：《权利及其救济》，山东人民出版社 1998 年版。

56. 陈新民：《法治国公法学原理与实践》（上），中国政法大学出版社 2007 年版。

57. 陈新民：《法治国公法学原理与实践》（下），中国政法大学出版社 2007 年版。

58. 龚祥瑞：《比较宪法与行政法》，法律出版社 2003 年版。

59. 刘兆兴:《德国联邦宪法法院法总论》,法律出版社 1998 年版。

60. 李培林主编:《农民工:中国进城农民工的经济分析》,社会科学文献出版社 2003 年版。

61. 林喆主编:《公民基本人权法律制度研究》,北京大学出版社 2006 年版。

62. 李鸿禧:《宪法与人权》,元照出版社 1995 年版。

63. 李建良:《宪法理论与实践》(一),学林文化事业有限公司 1999 年版。

64. 李建良、简资修主编:《宪法解释之理论与实务》,台湾中央研究院中山人文社会科学研究所 2000 年版。

65. 李震山:《人性尊严与人权保障》,元照出版公司 2001 年版。

66. 许世楷:《世界各国宪法选集》,前卫出版社 1995 年版。

67. 陈慈阳:《宪法学》,元照出版公司 2005 年版。

68. 陈慈阳:《基本权核心理论之实证化及其难题》,翰芦图书出版有限公司 1997 年版。

69. 陈新民:《宪法基本权利之基本理论》(上),元照出版公司 2002 年版。

70. 陈新民:《宪法学导论》(修订二版),三民书局 1997 年版。

71. 许宗力:《法与国家权力》,元照出版公司 1993 年版。

72. 吴庚:《宪法的解释与适用》,三民书局 2004 年版。

73. 法治斌、董保城:《宪法新论》,元照出版公司 2004 年版。

74. 吴庚:《宪法的解释与适应》,三民书局 2004 年版。

75. 李惠宗:《宪法要义》,元照出版公司 2001 年版。

76. 李惠宗:《宪法概要》,元照出版公司 2006 年版。

77. 许育典:《宪法》,元照出版公司 2006 年版。

78. 谢荣堂:《社会法治国基本问题与权利救济》,元照出版公司 2008 年版。

79. 李念祖:《司法者的宪法》,五南图书出版有限公司 2000 年版。

80. 朱瑞祥:《美国联邦最高法院判例史程》,台湾黎明文化事业公司 1984 年版。

81. 葛克昌:《国家学与国家法》,月旦出版股份有限公司 1996 年版。

82. 萧淑芬：《基本权利基础理论之继受与展望》，元照出版公司 2005 年版。

83. 林明昕：《公法学的开拓线》，元照出版公司 2006 年版。

84. 黄舒芃：《变迁社会中的法学方法》，元照出版公司 2009 年版。

85. 林尚立：《当代中国政治形态研究》，天津人民出版社 2000 年版。

86. 王叔文：《市场经济与宪政建设》，中国社会科学出版社 2001 年版。

87. 任强：《法度与理念》，法律出版社 2006 年版。

88. 张树义：《变革与重构：改革背景下的中国行政法理念》，中国政法大学出版社 2002 年版。

89. 毛寿龙、李梅：《有限政府的经济分析》，生活·读书·新知三联书店 2003 年版。

90. 魏健馨：《和谐与宽容：宪法学视野下的公民精神》，法律出版社 2006 年版。

91. 陆润康：《美国联邦宪法通论》，书海出版社 2003 年版。

92. 张永和：《权利的由来——人类迁徙自由的研究报告》，中国检察出版社 2001 年版。

93. 杨立新主编：《民商法理论争议问题——用益物权》，中国人民大学出版社 2007 年版。

94. 李湘刚：《中国宪法实施研究》，湖南人民出版社 2009 年版。

95. 张英洪：《给农民以宪法关怀》，中央编译出版社 2010 年版。

96. 殷啸虎：《感悟宪政》，北京大学出版社 2006 年版。

97. 邓剑光：《法治、宪政与人权保障》，知识产权出版社 2009 年版。

98. 秦奥雷：《基本权利体系研究》，山东人民出版社 2009 年版。

99. 魏建新：《宪法实施的行政法路径研究——以权利为视角》，知识产权出版社 2009 年版。

100. 胡正昌：《宪法文本与实现：宪法实施问题研究》，中国政法大学出版社 2009 年版。

101. 董保华等：《社会法原论》，中国政法大学出版社 2001 年版。

102. 甘满堂：《农民工改变中国——农村劳动力转移与城乡协调发展》，社会科学文献出版社 2011 年版。

103. 陆益龙：《超越户口——解读中国户籍制度》，中国社会科学出版社 2004 年版。

104. 孙国东：《合法律性与合道德性之间：哈贝马斯商谈合法化理论研究》，复旦大学出版社 2012 年版。

105. 谢荣堂：《社会法治国基本问题与权利救济》，元照出版公司 2008 年版。

106. 吴忠民：《社会公正论》，山东人民出版社 2004 年版。

107. 扈立家：《中国户籍制度创新与农村城市化研究》，西北农林科技大学出版社 2009 年版，第 114 页。

108. 陆益龙：《农民中国——后乡土社会与新农村建设研究》，中国人民大学出版社 2010 年版。

109. 陈成文：《社会弱者论》，时事出版社 2000 年版。

110. 黄俊杰：《弱势人权保障》，台湾传文文化出版社 1998 年版。

111. 张谦元、柴晓宇等：《城乡二元户籍制度改革研究》，中国社会科学出版社 2012 年版。

112. 熊培云：《一个村庄里的中国》，新星出版社 2011 年版。

113. 周伟：《宪法基本权利司法救济研究》，中国人民公安大学出版社 2003 年版。

114. 朱全宝：《法治视野："三农"问题的调查与思考》，吉林人民出版社 2011 年版。

115. 张翔：《基本权利的规范构建》，高等教育出版社 2008 年版。

116. 中国人民大学宪政与行政法治研究中心：《宪政与行政法治研究》，中国人民大学出版社 2003 年版。

（二）译著

1. ［古希腊］亚里士多德：《政治学》，吴寿彭译，商务印书馆 1995 年版。

2. ［英］洛克：《政府论》（下篇），叶启芳、瞿菊农译，商务印书馆 1964 年版。

3. ［英］戴雪：《英宪精义》，雷宾南译，中国法制出版社 2001 年版。

4. ［英］A. J. M. 米尔恩：《人的权利与人的多样性》，夏勇、张志铭译，中国大百科全书出出版社 1995 年版。

5. ［英］阿克顿：《自由与权力》，侯健等译，商务印书馆 2001 年版
页。

6. ［英］哈耶克：《自由秩序原理》（上册），邓正来译，生活·读
书·新知三联书店 1997 年版。

7. ［英］培根：《论司法》，载《培根论说文集》，水同天译，商务
印书馆 1983 年版。

8. ［英］T. H. 马歇尔、安东尼·吉登斯：《公民身份与社会阶级》，
郭忠华等译，江苏人民出版社 2008 年版。

9. ［英］德里克·希特：《公民身份》，张慧芝、郭进成译，韦伯文
化国际出版有限公司 2006 年版。

10. 〔德］格尔德·克莱因海尔、扬·施罗德：《九百年来德意志及
欧洲法学家》，许兰译，法律出版社 2005 年版。

11. ［德］弗里德赫尔穆·胡芬：《行政诉讼法》，莫光华译，法律出
版社 2003 年版。

12. ［德］康德拉·黑塞：《联邦德国宪法纲要》，李辉译，商务印书
馆 2007 年版。

13. ［德］罗尔夫·斯特博：《德国经济行政法》，苏颖霞、陈少康
译，中国政法大学出版社 1999 年版。

14. ［德］威廉·冯·洪堡：《论国家的作用》，林荣远、冯兴元译，
中国社会科学出版社 1998 年版。

15. ［德］黑格尔：《法哲学原理》，范扬等译，商务印书馆 1961 年
版。

16. ［德］马克斯·韦伯：《经济与社会》，林荣远译，商务印书馆
1997 年版。

17. ［美］卡尔·J. 弗里德里希：《超验正义——宪政的宗教之维》，
周勇、王丽芝译，生活·读书·新知三联书店 1997 年版。

18. ［美］罗纳德·德沃金：《自由的法——对美国宪法的道德解
读》，刘丽君译，上海人民出版社 2001 年版。

19. ［美］路易斯·亨金等：《宪政与权利》，郑戈等译，生活·读
书·新知三联书店 1996 年版。

20. ［美］巴林顿·摩尔：《民主和法制的社会起源》，拓夫等译，华

夏出版社 1987 年版。

21. ［美］萨托利：《民主新论》，冯克利等译，东方出版社 1993 年版。

22. ［美］保罗·布莱斯特：《宪法决策的过程：案例与材料》（上册），张千帆等译，中国政法大学出版社 2002 年版。

23. ［美］斯蒂芬·L. 埃尔金等：《新宪政论》，生活·读书·新知三联书店 1997 版。

24. ［美］汉密尔顿等：《联邦党人文集》，程逢如等译，商务印书馆 1980 年版。

25. ［美］托马斯·杰斐逊：《杰斐逊选集》，朱曾汶译，商务印书馆 1999 年版。

26. ［美］杰罗姆·巴伦、托马斯·迪恩斯：《美国宪法概念》，刘瑞祥等译，中国社会科学出版社 1995 年版。

27. ［美］路易斯·亨金、阿尔伯特·J. 罗森塔尔：《宪政与人权》，郑戈等译，生活·读书·新知三联书店 1996 年版。

28. ［美］伯纳德·施瓦茨：《美国法律史》，王章等译，中国政法大学出版社 1990 年版。

29. ［美］詹姆斯·M. 伯恩斯等：《民主政府》，陆震纶等译，中国社会科学文献出版社 1996 年版。

30. ［美］昂格尔：《现代社会中的法律》，吴玉章等译，中国政法大学出版社 1994 年版。

31. ［美］吉尔摩等：《美国大众传播法：判例评析》，梁宁译，清华大学出版社 2002 年版。

32. ［美］E. 博登海默：《法理学：法律哲学与法律方法》，邓正来译，中国政法大学出版社 1999 年版。

33. ［美］托克维尔：《论美国的民主》（上），董果良译，商务印书馆 1991 年版。

34. ［美］约拉姆·巴泽尔：《国家理论》，钱勇、曾咏梅译，上海财经大学出版社 2006 年版。

35. ［美］罗文斯坦：《现代宪法论》（日文版），阿部照哉、山川雄译，（日本）有信堂 1986 年版。

36．［美］约瑟夫·熊彼特：《资本主义、社会主义与民主》，吴良健译，商务印书馆 1999 年版。

37．［美］卡多佐：《司法过程的性质》，苏力译，商务印书馆 1998 年版。

38．［美］罗尔斯：《作为公平的正义》，姚大志译，上海三联书店 2002 年版。

39．［美］道格拉斯·C. 诺思：《经济史中的结构与变迁》，陈郁、罗华平译，上海人民出版社 1994 年版。

40．［美］凯斯·R. 孙斯坦：《自由市场与社会正义》，金朝武等译，中国政法大学出版社 2002 年版。

41．［美］本杰明·卡多佐：《司法过程的性质》，苏力译，商务印书馆 1998 年版。

42．［美］德沃金：《至上的美德：平等的理论与实践》，冯克利译，江苏人民出版社 2007 年版。

43．［美］查尔斯·蒂利：《身份、边界与社会联系》，谢岳译，上海人民出版社 2005 年版。

44．［美］基思·福克斯：《公民身份》，郭忠华译，吉林出版集团有限公司 2009 年版。

45．［法］莱昂·狄骥：《宪法学教程》，王文利等译，春风文艺出版社 1999 年版。

46．［法］孟德斯鸠：《论法的精神》（上），张雁深译，商务印书馆 1987 年版。

47．［法］卢梭：《社会契约论》，何兆武译，商务印书馆 2010 年版。

48．［法］狄骥：《宪法学教程》，王文利等译，辽海春风文艺出版社 2000 年版。

49．［法］皮埃尔·勒鲁：《论平等》，王允道译，商务印书馆 1988 年版。

50．［日］大沼保昭：《人权、国家与文明》，王志安译，生活·读书·新知三联书店 2003 年版。

51．［日］大木雅夫：《比较法》，范愉译，法律出版社 1999 年版。

52．［日］芦部信喜：《宪法》，林来梵、凌维慈、龙绚丽译，北京大学出版社 2006 年版。

53. ［日］阿部照哉等：《宪法》（下），周宗宪译，中国政法大学出版社 2006 年版。

54. ［日］大须贺明：《生存权论》，林浩译，法律出版社 2000 年版。

55. ［日］盐野宏：《行政法》，杨建顺译，法律出版社 2001 年版。

56. ［意］萨尔沃·马斯泰罗：《当代欧洲政治思潮》，社会科学文献出版社 1998 年版。

57. ［意］贝卡利亚：《论犯罪与刑罚》，中国大百科全书出版社 1993 年版。

58. ［荷］马尔赛文等：《成文宪法的比较研究》，陈云生译，华夏出版社 1987 年版。

59. ［加拿大］道格·桑德斯：《落脚城市：最后的人类大迁移与我们的未来》，陈信宏译，上海译文出版社 2012 年版。

（三）论文

1. 张友渔："在全国政协在京委员座谈会上关于宪法修改草案的情况说明"，载《宪政论丛》（下册），群众出版社 1986 年版。

2. 郭道晖："为权利而斗争就是为法治而斗争"，载《政治与法律》，1997 年第 6 期。

3. 韩大元："宪法实施与中国社会治理模式的转型"，载《中国法学》，2012 年第 4 期。

4. 韩大元："基本权利概念在中国的起源与演变"，载《中国法学》，2009 年第 6 期。

5. 韩大元："宪法文本中'人权条款'的规范分析"，载《法学家》，2004 年第 4 期。

6. 韩大元："《宪法解释程序法》的意义、思路和框架"，载《浙江社会科学》，2009 年第 9 期。

7. 韩大元、王德志："中国公民宪法意识调查报告"，载《政法论坛》，2002 年第 6 期。

8. 韩大元、秦强："社会转型中的公民宪法意识及其变迁"，载《河南政法管理干部学院学报》，2008 年第 1 期。

9. 张千帆："宪法实施的概念与路径"，载《清华法学》，2012 年第 6 期。

10. 张千帆："从管制到自由——论美国贫困人口迁徙权的宪法演变"，载《北大法律评论》，2005 年第 2 辑。

11. 张千帆："流浪乞讨人员的迁徙自由及其宪法学意义"，载《法学》，2004 年第 1 期。

12. 胡锦光："从宪法事例看我国宪法救济制度的完善"，载《法学家》，2003 年第 3 期。

13. 徐显明：《应以宪法固定化的十种权利》，载《南方周末》，2002 年 3 月 14 日。

14. 蔡定剑："宪法实施的概念与宪法施行之道"，载《中国法学》，2004 年第 1 期。

15. 蔡定剑："中国宪法司法化路径探索"，载《法学研究》，2005 年第 5 期。

16. 蔡定剑："关于什么是宪法"，载《中外法学》，2002 年第 1 期。

17. 蔡定剑："中国社会转型时期的宪政发展"，载《华东政法学院学报》，2006 年第 4 期。

18. 贺卫方："没有违宪审查机制的宪法难成最高法"，载《领导决策信息》，2003 年第 23 期。

19. 贺卫方："生机盎然的宪法——任东来等《美国宪政历程》读书一得"，载《社会科学论坛》，2005 年第 2 期。

20. 刘作翔："权利冲突：一个应该重视的法律现象"，载《法学》，2002 年第 3 期。

21. 季卫东："再论合宪性审查——权力关系网的拓扑与制度变迁的博弈"，载《开放时代》，2003 年第 5 期。

22. 袁曙宏、韩春晖："社会转型时期的法治发展规律研究"，载《法学研究》，2006 年第 4 期。

23. 焦洪昌："抓住契机加强宪法实施和解释"，载《法制日报》，2003 年 5 月 22 日。

24. 罗豪才："社会转型中的我国行政法制"，载《国家行政学院学报》，2003 年第 1 期。

25. 龚向和："国家义务是公民权利的根本保障——国家与公民关系新视角"，载《法律科学》，2010 年第 4 期。

26. 龚向和："理想与现实：基本权利可诉性程度研究"，载《法商研究》，2009 年第 4 期。

27. 龚向和、左权："论农民宪法权利平等保护目标——实质平等"，载《河北法学》，2010 年第 8 期。

28. 龚向和、袁立："后乡土社会语境下中国农民人权研究——基于法社会学的视角"，载《东南大学学报》，2009 年第 4 期。

29. 龚向和、刘耀辉："农民平等权——'二等公民'和'受损者'的平等主张"，载《东南大学学报（哲学社会科学版）》，2008 年第 1 期。

30. 李树忠、王炜："论宪法监督的司法化"，载龚祥瑞主编：《宪政的理想与现实》，中国人事出版社 1995 年版。

31. 李树忠："迁徙自由与我国户籍制度改革"，载《宪法研究》（第 1 卷），法律出版社 2002 年版，第 462 页。

32. 郑贤君："作为客观价值秩序的基本权"，载《法律科学》，2006 年第 2 期。

33. 郑贤君："基本权利具体化之辨伪"，载《北方法学》，2012 年第 6 期。

34. 郑贤君："试论宪法权利"，载《厦门大学法律评论》（第 4 辑），厦门大学出版社 2002 年版。

35. 马岭："宪法权利与法律权利：区别何在？"，载《环球法律评论》，2008 年第 1 期。

36. 马岭："'违宪审查'相关概念之分析"，载《法学杂志》，2006 年第 3 期。

37. 魏建新："我国宪法权利的司法实施"，载《理论导刊》，2009 年第 7 期。

38. 魏建新："国外宪法权利的司法实施研究"，载《河北法学》，2009 年第 9 期。

39. 魏建新："论宪法权利的实施"，载《河北法学》，2011 年第 7 期。

40. 张翔："基本权利的双重性质"，载《法学研究》，2005 年第 3 期。

41. 张翔："基本权利的受益权功能与国家的给付义务"，载《中国法学》，2006 年第 1 期。

42. 张翔："论基本权利的防御权功能"，载《法学家》，2005 年第 2 期；

43. 张翔："基本权利的体系思维"，载《清华法学》，2012 年第 4 期。

44. 胡肖华："从行政诉讼到宪法诉讼——中国法治建设的瓶颈之治"，载《中国法学》，2007 年第 1 期。

45. 胡肖华："论宪法诉讼目的的多维性"，载《法律科学》，2007 年第 2 期。

46. 夏正林："从基本权利到宪法权利"，载《法学研究》，2007 年第 6 期。

47. 刘志刚："论宪法权利的本质"，载《政治与法律》，2004 年第 3 期。

48. 张晓玲："宪法权利与人权"，载《理论视野》，2004 年第 5 期。

49. 朱福惠："公民基本权利宪法保护观解"，载《中国法学》，2002 年第 6 期。

50. 欧爱民："论宪法实施的统一技术方案——以德国、美国为分析样本"，载《中国法学》，2008 年第 3 期。

51. 欧爱民："立宪主义语境下对我国宪法权利属性的考问"，载《法学评论》，2006 年第 2 期。

52. 韩秀义："中国宪法权利'新'类型的划分、解释与应用"，载《现代法学》，2012 年第 6 期。

53. 强世功："基本权利的宪法解释"，载赵晓力：《宪法与公民》，上海人民出版社 2004 年版。

54. 邓联繁："论宪法权利学理分类之重构"，载《湘潭大学学报（哲学社会科学版）》，2008 年第 6 期。

55. 晓红："中国法学会宪法学研究会 1999 年年会综述"，载《中国法学》，1999 年第 6 期。

56. 王海光："城乡二元户籍制度的形成"，载《炎黄春秋》，2011 年第 12 期。

57. 上官丕亮："关于中国公民宪法意识的调查报告"，载《苏州大学学报特刊·东吴法学》，2003 年号。

58. 储建国："市场经济、市民社会和民主政治"，载《武汉大学学报》，1999 年第 1 期。

59. 高烊辉："本质内容保障作为基本权利限制之实质界限"，载《宪政时代》，1993 年第 3 期。

60. 赵宏："限制的限制：德国基本权利限制模式的内在机理"，载《法学家》，2011 年第 2 期。

61. 李意宗："论营业许可基准之司法审查——荣论宪法上营业自由之限制"，载《经社法制论丛》，1990 年第 1 期。

62. 刘春萍："俄罗斯宪法实施的司法路径评述"，载《俄罗斯中亚东欧研究》，2009 年第 2 期。

63. 王宝明、孙春柳："美国的行政机关与宪法实施的监督"，载《行政法学研究》，2001 年第 4 期。

64. 丁泰镐："宪法诉愿的概念与历史的发展"，载《宪法研究》，1996 年第 4 期。

65. 任东来："美国宪法的形成：一个历史的考察"，载《社会科学论坛》，2004 年第 12 期。

66. 胡震钰、邵敏："权利型宪法的生成逻辑与基本表征——对美国宪法的价值分析"，载《甘肃王希："活着的宪法"》，载《读书》，2000 年第 1 期。

67. 陈醇："论国家的义务"，载《法学》，2002 年第 8 期。

68. 杨成铭："受教育权的国家义务研究"，载《政法论坛》，2005 年第 2 期；

69. 陈征："基本权利的保护义务功能"，载《法学研究》，2008 年第 1 期。

70. 蒋银华："论国家义务的理论渊源：现代公共性理论"，载《法学评论》，2010 年第 2 期。

71. 袁立："公民基本权利视野下国家义务之边界"，载《现代法学》，2011 年第 1 期。

72. 袁立："中国农民权利平等保护的新进路"，载《西南交通大学学报（社会科学版）》，2010 年第 6 期。

73. 潘伟杰："全球化、主权国家与宪政秩序"，载《华东政法学院学报》，2004 年第 1 期。

74. 潘伟杰、王岩："全球化进程与中国法律发展的价值选择"，载《社会科学》，2002 年第 9 期。

75. 朱全宝、吴传毅："宪法权利视阈下的农民'法律排斥'问题探析"，载《时代法学》，2013 年第 1 期。

76. 朱全宝："论美国劳工权利的法律保护及其借鉴"，载《人大研究》，2012 年第 4 期。

77. 林志强："论健康权的国家义务"，载《社会科学家》，2006 年第 4 期。

78. 徐钢："论宪法上国家义务的序列与范围——以劳动权为例的规范分析"，载《浙江社会科学》，2009 年第 3 期。

79. 钟会兵："论社会保障权实现中的国家义务"，载《学术论坛》，2009 年第 10 期。

80. 张清、严婷婷："适足住房权实现之国家义务研究"，载《北方法学》，2012 年第 4 期。

81. 庄国荣："西德之基本权理论与基本权的功能"，载《宪政时代》，第 15 卷第 3 期。

82. 许宗力："基本权利的功能及司法审查"，载许宗力：《宪法与法治国行政》，元照出版公司 1999 年版。

83. 张嘉尹："违宪审查中之基本权客观功能"，载《月旦法学杂志》，2010 年第 10 期。

84. 张红："方法与目标：基本权利民法适用的两种考虑"，载《现代法学》，2010 年第 2 期。

85. 邢爱芬："论迁徙自由在中国的确立与实现：价值、契机与措施"，载《北京师范大学学报（社会科学版）》，2009 年第 2 期。

86. ［德］Christoph Degenhart："联邦宪法法学院的功能与地位"，林明昕译，载《月旦法学杂志》，2003 年第 7 期。

87. ［德］Robert Alexy："作为主观权利与客观规范之基本权"，程明修译，载《宪政时代》，第 24 卷第 4 期。

88. ［德］V. 诺依曼："社会国家原则与基本权利教条学"，娄宇译，载《比较法研究》，2010 年第 1 期。

89. ［德］Christoph Degenhart："联邦宪法法院的功能与地位"，载《月旦法学杂志》，2003 年第 7 期。

90. ［美］马克·格兰诺维特："作为社会结构的经济制度：分析框架"，梁玉兰译，载《广西社会科学》，2011 年第 3 期。

91. ［法］路易·法沃勒："欧洲的违宪审查"，郑戈等译，载路易斯·亨金等：《宪政与权利》，生活·读书·新知三联书店 1996 年版。

92. 张嘉尹："基本权理论、基本权功能与基本权客观面向"，载翁岳生教授祝寿论文编辑委员会：《当代公法新论》（上），元照出版公司 2002 年版。

93. 黄越钦："宪法中工作权之意义暨其演进"，载《法令月刊》，2001 年第 10 期。

94. 沈宏："迁徙自由权的界定"，载《广西政法管理干部学院学报》，2003 年第 6 期。

95. 周刚志："论基本权利之均等保护"，载《厦门大学学报（哲学社会科学版）》，2010 年第 1 期。

96. 李建良："基本权利的理论与变迁与功能体系——从耶林内克'身份理论'谈起"，载《宪政时代》，第 27 卷第 1 期。

97. 汪太贤："论法律权利的构造"，载《政治与法律》，1999 年第 5 期。

98. 陈爱娥："自由—平等—博爱：社会国原则与法治国原则的交互作用"，载《台大法学论丛》，第 26 卷第 2 期。

99. 钱福臣："宪政基因概论——英美宪政生成路径的启示"，载《法学研究》，2002 年第 5 期。

100. 董燔舆："中国人权利意识的基本结构及提高——以北京为中心的调查"，载《社会科学战线》，1996 年第 6 期。

101. 陈丽娅："全国首例'亲吻权'侵害赔偿案代理词"，载《律师与法制》，2002 年第 2 期。

102. 李凤新："国内首例'悼念权'案记实"，载《法庭内外》，2002 年第 8 期。

103. 王珊：""'中国宪法平等权第一案'庭审实录"，载《中国律师》，2002 年第 2 期。

104. 殷啸虎、李莉："对'乙肝歧视'一案的宪法学分析"，载《法治论丛》，2004 年第 2 期。

105. 王小红："论行政歧视及其司法审查"，载《政治与法律》，2006 年第 1 期。

106. 叶海波："对一起选举案的法律分析"，载《法学》，2006 年第 3 期。

107. 王琳："公民提请违宪审查：关键在于确认违宪后的处理"，载《人大研究》，2006 年第 2 期。

108. 上官丕亮："关于中国宪法意识的调查报告"，载《苏州大学学报特刊·东吴法学》，2003 年号。

109. 陶波："论中国公民宪法意识生成的阻却性因素"，载《理论观察》，2007 年第 3 期。

110. 王岩："契约理念：历史和现实的反思——兼论全球化时代的契约文明"，载《哲学研究》，2004 年第 4 期。

111. 刘丹："领导干部宪法意识问卷调查与实证分析"，载《国家行政学院学报》，2004 年第 5 期。

112. 夏雨："中国农村政治民主现状：基于农民选举权的考察"，载《大连海事大学学报（社会科学版）》，2011 年第 4 期。

113. 吴行政："中国农村土地征收补偿法律问题研究"，载张千帆主编：《新农村建设的制度保障》，法律出版社 2007 年版。

114. 温家宝："中国农业和农村的发展道路"，载《求是》，2012 年第 2 期。

115. 苗连营、杨会永："权利空间的拓展——农民迁徙自由的宪法学分析"，载《法制与社会发展》，2006 年第 1 期。

116. 晓红："社会转型时期公民迁徙权的宪法保障"，载《湖北民族学院学报（哲学社会科学版）》，2003 年第 2 期。

117. 孙来冰："论'迁徙自由权'应当重新入宪"，载《中共福建省委党校学报》，2004 年第 6 期。

118. 马存利："宪法平等权司法适用研究"，吉林大学博士学位论文，2005 年。

119. 俞可平："新移民运动、公民身份与制度变迁——对改革开放以来大规模农民工进城的一种政治学解释"，载《经济社会体制比较》，2010 年第 1 期。

120. 赵小鸣："迁徙自由权研究"，山东大学博士论文，2006 年。

121. 赵文远："1958 年中国改变户口自由迁移制度的历史原因"，载《史学月刊》，2004 年第 10 期。

122. 罗瑞卿："关于户口登记条例草案的说明"，载《人民日报》，1958 年 1 月 10 日。

123. 刘政："1954 年宪法施行三年后为什么被逐渐弃废"，载《中国人大》，2002 年第 14 期。

124. 张薇薇：""人权条款"：宪法未列举权利的'安身之所'"，载《法学评论》，2011 年第 1 期；

125. 王鹤、尹来盛、冯邦彦："从传统城市化到新型城市化——我国城市化道路的未来选择"，载《经济体制改革》，2003 年第 1 期。

126. 李迅："推进新型城镇化建设重在做好顶层设计"，载《环境保护》，2013 年第 2 期。

127. 王刚："保障农民权利的价值及路径"，载《河南社会科学》，2011 年第 7 期。

128. 周作翰、张英洪："从农民到公民：农民身份的变迁路径"，载《湖南文理学院学报（社会科学版）》，2007 年第 6 期。

129. 谢海定："我国城乡贫富差距的成因——户籍法律制度的视角"，载《中国法治新闻》，2004 年第 3 期。

130. 童大焕："中国城乡差距的真实面目"，载《东方早报》，2008 年 9 月 1 日。

131. 胡仕勇："制度嵌入性：制度形成的社会学解读"，载《理论月刊》，2013 年第 3 期。

132. 顾昕、方黎明："自愿性与强制性之间——中国农村合作医疗的制度嵌入性与可持续性发展分析"，载《社会学研究》，2004 年第 5 期。

133. 肖林生："农村五保供养制度变迁研究：制度嵌入性的视角"，载《东南学术》，2009 年第 3 期。

134. 姚尚健："制度嵌入与价值冲突：'飞地'治理中的利益与正

义"，载《苏州大学学报（哲学社会科学版）》，2012 年第 6 期。

135. 杜威璇："论农地流转的非正式制度嵌入性分析"，载《求实》，2012 年第 5 期。

136. 韩鹏云、刘祖云："农村公共品供给制度变迁：基于制度嵌入性的分析范式"，载《甘肃理论学刊》，2012 年第 2 期。

137. 薛江武：《对公民迁徙自由的立法思考》，载《中南政法学院学报》，1994 年第 1 期。

138. 谢维雁："中国宪法诉讼存在论"，载《现代法学》，2009 年第 1 期。

139. 上官丕亮："再探宪法诉讼的构建之路"，载《法商研究》，2003 年第 4 期。

140. 李岩："违宪审查与人权保障"，载《外国法译评》，1997 年第 4 期。

141. 杨成："论居住自由权及其入宪"，载《求索》，2012 年第 4 期。

142. 陈铭祥："比较违宪审查制度"，载李鸿禧教授六秩华诞祝贺论文集编辑委员会：《现代国家与宪法》，月旦出版社股份有限公司 1997 年版。

143. 曾祥华："对迁徙自由的宪法学思考"，载《政法论丛》，2003 年第 6 期。

144. 任丽莉："我国宪法基本权利条款立法具体化之必要性分析"，载《江南大学学报（人文社会科学版）》，2010 年第 5 期。

145. 韩景、胡延广："宪法未列举的公民基本权利的具体化"，载《河北学刊》，2012 年第 6 期。

146. 郭忠华："变动社会中公民身份——概念内涵与变迁机制的解释"，载《武汉大学学报（哲学社会科学版）》，2012 年第 1 期。

147. 江国华："从农民到公民——宪法与新农村建设的主体性视角"，载《法学论坛》，2007 年第 2 期。

148. 柏骏："农民身份——一个社会学研究的视角"，载《唯实》，2003 年第 12 期。

149. 刘武俊："户籍制度改革不宜缓行"，载《理论导刊》，2001 年第 6 期。

150. 王秀卫："户籍立法应当缓行"，载《法学杂志》，2002 年第 2 期。

151. 任进："略论建立宪法诉讼制度"，载《中国律师》，2001 年第 12 期。

152. 农业部政策研究中心课题组："二元社会经济：城乡关系：工业化·城市化"，载《经济研究参考资料》，1988 年第 90 期。

二　外文类资料

1. Michal S. Moore, *Nature Rights*, *Judicial Review*, *and Constitutional Interpretation*, *Legal Interpretation in Democratic States*, Jeffry Gold Sworthy and Tom Campbell, ed. Dartmouth, 2002.

2. D. Merten, Annerkung, Njw, 1972.

3. Civil Rights Cases, 109 U. S. 3.

4. Champion & Dickason v. Casey, CCDRI, 1792.

5. Kenneth F. Ripple, *Constitutional litigation*, The Michie Company, Charlattesville, Virginia, 1984.

6. Leeth v. Commonwealth（1992）174CLR455—85；107ALR672.

7. Louis Flsher, *Constitution Dialogues*：*Interpretation as Political Process*, Princeton University Press, 1988.

8. 5U. S. C. k3331（1994）.

9. Daan Braveman, William C. Banks, Rodney A. Smolla, *Constitutional Law*：*Structure and Rights in Our Federal System*, Fourth Edition, Lexis Publishing, 2000.

10. Louis Fisher, *Constitution Dialogues*：*Interpretation as Political Process*, Princeton University Press, 1988.

11. Portland v. Bangor, 65 Me. 120, 121（1876）.

12. Shapiro v. Thompson, 394 U. S. 618.

13. Helmut Goerlich, Fudamental Constitutional right：Content, Meaning and General Doctrines, *in The Constitution of the Federal Republic of Gemany*, Ulrich Karpen ed. Nomos Verlagsgesellschaft, 1988.

14. Elfes Case, 6BVerfGE32.

15. Miller v. TCN Channel Nine Pty Ltd (1986) 161 CLR 556.

16. R v. Smithers ; Exparte Ben son (1912) 16 CLR 99.

17. Ibid at 117.

18. Gratrm. ck v. Johnson (1945) 70 CLR 1.

19. Ibid at 19.

20. Javaid Rehman, *International Human Rights Law*: *A Practical Approach*, Pearson Education Limited, 2003.

21. Shapiro v. Thompson, 1969.

22. Henry Shue, *Basic Rights*: *Subsistence, Affluence and U. S. Foreign Policy*, Princeton: Princeton University Press, 1980.

23. Asbjorn Eide, Economic, Social and Cultural Rights as Human Rights, in Asbjom Eide, Catarina, Krause and Allan Rosas, Economic, Social and Cultural Rights: A Text book . Dordrecht/Boston/London: Martinus Nijhoff Publishers, 2001.

24. Dieter Grimm, *The Protective Function of the State*, *Goerg Nolte, European and US Constitutionalism*, Cambridge University Press, 2005.

25. Helmut Goerlich, Fudamental Constitutional Right: Content, Meaning and General Doctrines, *in The Constitution of the Federal Republic of Gemany*, Ulrich Karpen ed. Nomos Verlagsgesellschaft, 1988.

26. Robert Alexy, *A Theory of Constitutional rights*, transtated by Julian Rivers, Oxford University press, 2002.

27. Michaelis, Die Deutschen undihr Rechtsstaat, 1980. S. 5.

28. Stern, K. , Staatsrecht I, § 20, S. 776f.

29. Edwards V, California, 314 U. S. 160.

30. Norman Vierira. *Constitutional Civil Rights*. 1st ED. Beijing: Legal Publishing house, 1999.

31. Claus – Wilhelm Canaris, Systemdenken und Systembegriff in der Jurisprudenz, Aufl. Duncker&Humblot, 1983.

后　记

　　"人类一思考，上帝就发笑"，但上帝不论怎么笑，人类依旧要思考；在上帝面前，人类永远是可笑的，但因为思考，人类与自己相比才有了不断的进步。本书中的些许内容或许就是在这样"可笑"的情境下问世的，但我仍然希冀"可笑"之余能有一定的"可读"性，或者能让读者感受到片刻的价值，哪怕是瞬间的愉悦，我将心满意足。又到了写后记的时候，总想逃避每一次后记，因为害怕时光的流逝；但又无法逃避，因为要感谢的人太多。

　　感谢潘伟杰教授的支持和鼓励，读博的岁月是我一生的财富；感谢董茂云教授的教导和包容，甬城的生活寄托我未来的憧憬！

　　感谢宁波大学张炳生院长、刘满达副院长的关怀和帮助，感谢宁波大学的接纳和法学院的友善，给了我新的平台和家的温暖。

　　借此，我还要感谢复旦大学刘志刚教授、山东大学肖金明教授、华东政法大学朱应平教授等师长前辈提出的宝贵意见。感谢复旦大学孙国东副教授、华东理工大学胡伟博士、中央党校张治江博士等好友同窗给予的真诚鼓励。

　　最后，我要感谢我的家人，妻子工作上虽忙，却依然承担起照料 3 岁儿子的责任，以让我心无旁骛地专注学业。感谢我的父母，你们挑起了几乎所有的家务，你们用这天底下最无私的大爱诠释了父母的伟大，做儿子的我一定会用实际行动去回报和赡养你们。

　　囿于本人的学识和水平，本书难免于疏漏和谬误，愿接受学界同人的真诚批评和指正！

朱全宝

2014 年 10 月于宁波大学文萃新村